链库
liankur.com

U0947988

全国
冷库

超越冷链·领鲜生活

长春
沈阳
北京
包头
天津
济南
安阳
郑州
洛阳
西安
许昌
商丘
泰州
上海
南京
驻马店
合肥
昆山
成都
武汉
杭州
长沙
鲜易温控供应链基地
广州
深圳
南海诸岛

地址
郑州市郑东新区商务内环路1号

服务热线
400-816-0366

电话
0371-5535 8377

网址
www.hnxianyi.com

物流网络

Logistics Network

领鲜物流已建立起仓配一体化配套服务体系，在全国范围内常温、冷藏和冷冻库面积更高达20多万平方米。拥有各自有车型冷藏车辆300余台，合作承运商不同车型的运输车辆1500余台， 日配送终端网点多达50000余家，由上海及全国各物流中心始发的每日干线线路多达100余条，形成高效送达的全国物流网络。

物流概况

Logistics Overview

WMS仓储管理系统—美国恩富公司的EXE4000
TMS运输管理系统—美国UPS公司产品
DPS电子拣货系统—日本爱欧公司标签产品
GPS车辆监控系统（轨迹，温度，油耗）
运营现场和冷库温度可视化管理平台

WMS system warehousing management system—the United States Enfu's EXE4000
TMS transport management system—the United States UPS products
DPS electronic training system—Japan love Ou company label products
GPS vehicle monitoring system (track, temperature, fuel consumption)
Operation site and cold storage temperature visualization management platform

领鲜物流

SPEED FRESH LOGISTICS

领鲜品质保证

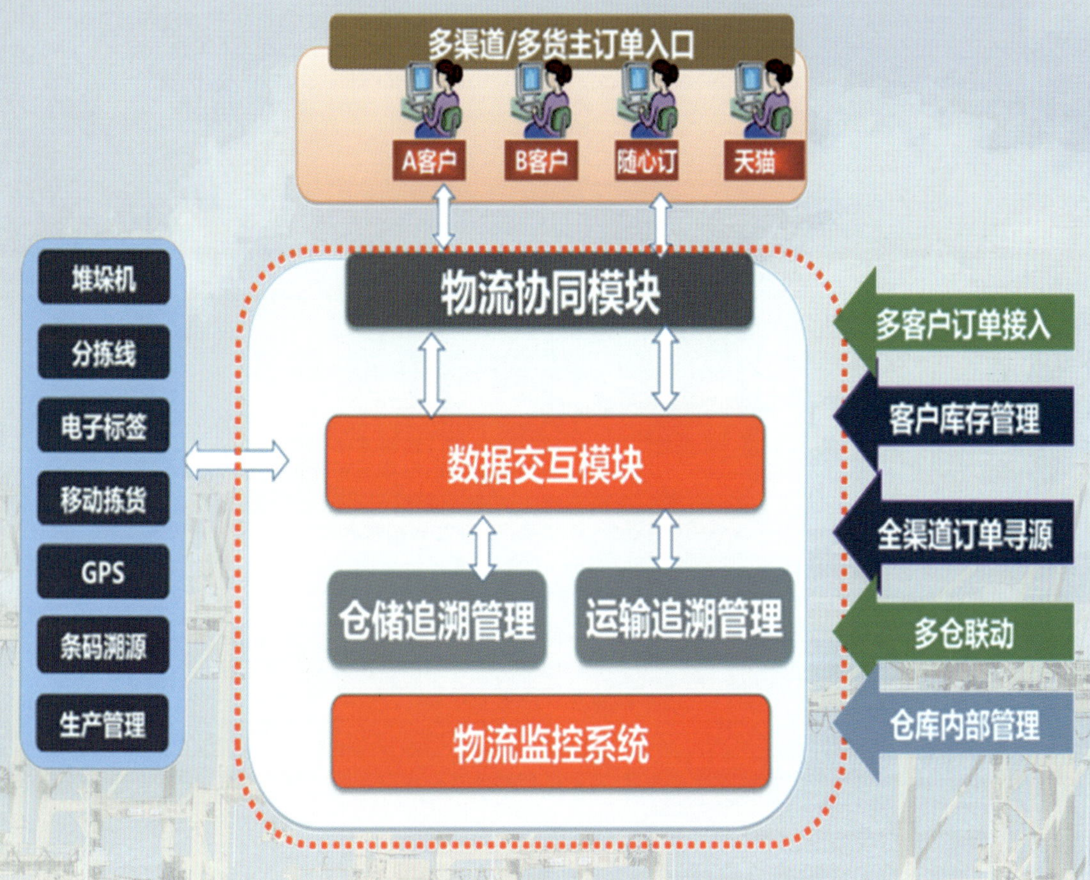

完善和改进仓储管理系统，升级自动化的仓储管理系统，实现库存数据的处理，包括货架、出入库、业务盘点、发货、退货等日常内部管理。

同时，该系统可实现基于产品批号、生产日期、温度环境等的预警。

在成品出入库时，通过对产品的扫码来完成工厂至仓储配送的数据传递，为全程追溯体系提供动态数据保障。

在此基础上，全面实现运输管理系统、订单管理系统的升级，进一步推动物流信息的一体化发展。

GTG 长运冷链·长运冷库™

GTG（广州交通集团）长运冷链依托2016年投产的高端冷库以及与之相匹配的冷藏车队、现代化物流设备、先进物流信息系统和高效进取业务团队，为客户提供多温仓储、冷链配送、产品加工和包装、供应链金融等形式多样的冷链物流服务，致力于打造立足广州、服务珠三角、辐射华南地区的全程冷链物流服务体系。

冷链仓储基地

优越的地理位置

- 距离广州CBD仅8千米；
- 紧邻3个高速路出入口；
- 便捷连通华南快速、环城高速、广深高速和广河高速，通达珠三角及华南区域。

强大的仓储能力

- 一期储量40000吨；
- 温度涵盖-25℃～15 ℃；
- 20个独立库房；
- 54个装卸平台；
- 7000平方米低温封闭穿堂 。

全程温度控制

- 采用美国约克制冷机组，性能高效稳定；
- 全自动远程温度监控系统；
- 用双回路供电系统，降低冷库断电风险。

便捷的物流操作

- 穿堂宽15米，采用超平地坪，实现无尘操作；
- 双深度货架，设置多个通道；
- 使用原装进口高位叉车及电动托盘车；
- 库内照度参照美国标准达300Lux；
- 拥有2万平方米停车作业场地。

信息管理全覆盖

- 库内已实现无线Wi-Fi全覆盖；
- 数据系统可精准管理到每个库房和每板货物；
- 操作指令通过PDA、车载电脑等载体，下达到仓管员、叉车司机等操作人员；
- 系统可满足客户直接下单、库存共享及全程可追溯管理等需求。

冷链运输服务

干线运输： 为客户提供国内主要城市间的冷链干线运输及终端配送服务。

城市配送： 公司有着10多年的城市配送经验，拥有完善的业务管理流程；拥有24小时广州城市配送通行资质，满足客户全天候的城市配送需求。

全程温控： 冷库采用变频制冷机组和智能温度控制系统，冷藏车辆配备带温度监控的GPS设备，实现货物仓储配送全程温控。

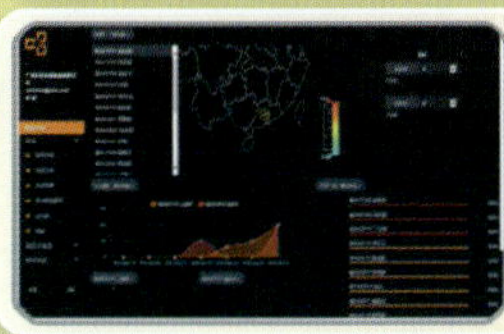

运输可视化： 客户可通过网页、手机终端与冷链物流信息管理系统进行实时数据对接，实现货物流转可追溯管理、运输全程可视化。

冷链物流一体化信息管理系统

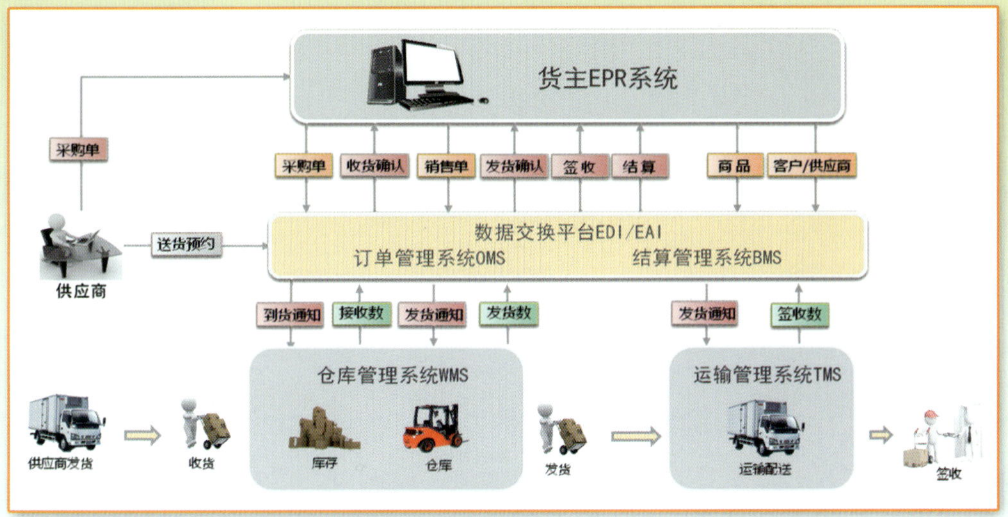

冷库地址：广州市天河区天源路933-939号
公司网址：http://www.cytl.net
业务电话：**4008-933-939**

中国冷链物流发展报告

China Cold-chain Logistics Development Report

（2017）

中国物流与采购联合会冷链物流专业委员会
China Cold-chain Logistics Association of CFLP
国家农产品现代物流工程技术研究中心
National Engineering Research Center for Agricultural Products Logistics

中国财富出版社

图书在版编目（CIP）数据

中国冷链物流发展报告．2017／中国物流与采购联合会冷链物流专业委员会，国家农产品现代物流工程技术研究中心编．—北京：中国财富出版社，2017.6

ISBN 978－7－5047－6534－5

Ⅰ.①中…　Ⅱ.①中…　②国…　Ⅲ.①冷冻食品—物流—物资管理—研究报告—中国—2017　Ⅳ.①F252.8

中国版本图书馆 CIP 数据核字（2017）第 148768 号

策划编辑　惠　婳　　**责任编辑**　惠　婳
责任印制　石　雷　　**责任校对**　胡世勋　张营营　　**责任发行**　敬　东

出版发行	中国财富出版社		
社　　址	北京市丰台区南四环西路 188 号 5 区 20 楼	**邮政编码**	100070
电　　话	010－52227588 转 2048/2028（发行部）		010－52227588 转 307（总编室）
	010－68589540（读者服务部）		010－52227588 转 305（质检部）
网　　址	http://www.cfpress.com.cn		
经　　销	新华书店		
印　　刷	中国农业出版社印刷厂		
书　　号	ISBN 978－7－5047－6534－5/F・2786		
开　　本	787mm×1092mm　1/16	**版　　次**	2017 年 7 月第 1 版
印　　张	16　　**彩　插**　6	**印　　次**	2017 年 7 月第 1 次印刷
字　　数	283 千字	**定　　价**	280.00 元

《中国冷链物流发展报告》
（2017）

编　委　会

冉　旭　平安银行现代物流金融事业部　总裁
付　建　中国重汽集团济南卡车股份有限公司　销售事业部总助
白慧涛　大连铁越集团有限公司　总经理
冯仁君　郑州凯雪冷链股份有限公司　董事长
邢金蛟　漯河双汇物流投资有限公司　总经理
朱长良　武汉良中行供应链管理有限公司　董事长
朱林河　内蒙古伊利实业集团股份有限公司　物流部副总经理
刘　翼　东风商用车有限公司营销公司　副总经理
刘全胜　绝味食品股份有限公司　副总经理
刘培军　快行线冷链物流有限公司　董事长
孙永军　好当家集团有限公司　副总裁
孙亚民　增益冷链（武汉）有限公司　总经理
孙国庆　上海莱奥制冷设备有限公司　董事长
李　胜　中国物流与采购联合会冷链物流专业委员会　执行副秘书长
李小红　湖南惠农物流有限责任公司　董事长
杨颖芳　青岛海尔开利冷冻设备有限公司　董事总经理
辛　明　中铁铁龙集装箱物流股份有限公司　总经理
沈伟波　麦当劳（中国）　供应链副总裁
张　彤　海航冷链控股股份有限公司　董事长兼总裁
张　瑜　上海安鲜达物流科技有限公司　董事长
陆鑑青　河南冰熊冷藏汽车有限公司　董事长
周　亮　华润万家有限公司　物流管理部总监
房鼎容　沃尔玛（中国）投资有限公司　运输部高级总监
赵英甫　大连港毅都冷链有限公司　董事
胡媛媛　中远集装箱运输有限公司　全球销售部副总经理
姜　旭　北京物资学院　教授
姜立涛　松下冷机系统（大连）有限公司　副总经理
姜松余　众美联商城　联合运营中心总经理
姚松巍　北京首发投资控股有限公司　副总经理
秦　鹏　郑州千味央厨食品股份有限公司　总经理
袁旭东　广东劲达制冷集团有限公司　董事长
唐　艳　獐子岛集团股份有限公司冷链物流业务群　执行总裁

《中国冷链物流发展报告》
（2017）

编　辑　部

主　　　编： 秦玉鸣

副　主　编： 李　胜　孔德磊　刘　飞　于凤龙
于怀智　张长峰

编 辑 人 员： 肖银妮　李彦丽　周丽平　王　臻
纪桂英　陈玉勇　邓志奇　刘丽娜
刘丹丹　秦　桐　赵一宁　田高鹏
杨晓娟　郭　月

联 系 方 式：

中国物流与采购联合会冷链物流专业委员会
中国冷链产业网：www. lenglian. org. cn
电　　话：010－88120448
传　　真：010－88139979
邮　　箱：llw@ lenglian. org. cn
地　　址：北京市海淀区阜成路58号新洲商务大厦612室

智 慧 支 持： 中国物流与采购联合会冷链物流专业委员会研究院

前　言

2017 年是《中国冷链物流发展报告》（绿皮书）连续编写并出版发布的第七年。回看过去七年中国冷链产业的发展历程，可以给它贴上很多标签，比如新兴、浮躁、热闹、迷茫、磨合、沉淀……这可能是每个行业都必须走过的阶段。历经“七年之痒”之后，我们发现中国冷链产业开始走向成熟、趋于理性、回归本质。

《中国冷链物流发展报告》（2017）主要是梳理、总结和分析 2016—2017 年我国冷链物流的发展特点、面临问题和发展趋势。2016 年，我国冷链市场需求进一步扩大，冷链物流总体呈现健康、快速、平稳的发展态势，基础设施规模进一步增加，冷链物流体系不断完善，行业发展模式日趋多元化。整个冷链行业呈现出一些新的发展特点，比如冷链零担市场需求激增、企业自建冷链物流体系逐步走向第三方、传统物流大鳄跨界冷链物流市场、冷链相关的平台型企业陆续出现……读者可以从报告里面看到最新的冷链行业变化情况。

今年的报告，在结构布局方面分为八大章节：第一章是冷链物流行业发展环境分析，包含三节内容，涉及宏观经济环境、物流发展情况和冷链物流政策与标准环境分析；第二章是冷链物流行业发展综述，包含三节内容，分别介绍冷链物流发展情况、现状与特点和发展趋势；第三章是冷链仓储情况分析，共有三节内容，依次是冷库发展概况、冷库特点与趋势和常见类型冷库功能及趋势分析；第四章是冷链运输情况分析，包含四节内容，分别从公路、铁路、航运与港口和冷藏车市场的角度对冷链运输进行分析；第五章是细分领域冷链需求分析，分为五节内容，依次涉及果蔬、水产品、肉制品、乳制品和餐饮领域；第六章是区域冷链物流发展情况介绍，包含安徽、海南、云南、辽宁、山东、广西、新疆、河北八个省市（区）的冷链情况；第七章是冷链领域企业案例，共收集了六个不同类型企业的冷链案例；第八章是资料汇编，汇集了冷链政策、标准情况以及冷链相关企业排名情况。

总之，在今年的报告中，编者试图通过更多维的视角、更翔实的数据、更直接的观点为读者提供有价值的内容，不足之处请批评指正。

中国物流与采购联合会副会长兼秘书长　崔忠付

2017 年 6 月

目　录

第一章 2016 年中国冷链物流行业发展环境分析

本章从宏观经济环境、物流行业环境、冷链物流政策和标准环境 4 个方面对 2016 年全年和 2017 年第一季度中国冷链物流行业发展的总体环境进行了分析。

其中，宏观经济环境方面主要分析了 GDP（国内生产总值）、固定资产投资、进出口等几个总量指标。分析发现，经济保持了总体平稳、稳中有进、稳中向好的发展态势，固定资产投资增速有所回落。物流行业总体运行缓中趋稳，实现了“十三五”良好开局，各个细分领域利好政策出台并推进实施，特别是随着最新食品安全法的颁布实施，冷链物流发展所面临的政策和产业环境迎来进一步改善。

第一节 宏观经济环境分析

一、国内经济增长放缓

2016 年，我国经济运行呈现出总体平稳、稳中有进的良好态势，全年国内生产总值 744127 亿元，比上年增长 6.7%。（如图 1-1 所示）

2017 年第一季度国内生产总值 180683 亿元，按可比价格计算，同比增长 6.9%，创下 2015 年 9 月以来的最高。从环比看，第一季度国内生产总值增长 1.3%。

从产业来看，2016 年第一产业增加值 63671 亿元，增长 3.3%；第二产业增加值 296236 亿元，增长 6.1%；第三产业增加值 384221 亿元，增长 7.8%。第一产业增加值占国内生产总值的比重为 8.6%，第二产业增加值比重为 39.8%，第三产业增加值比重为 51.6%，比上年提高 1.4 个百分点。

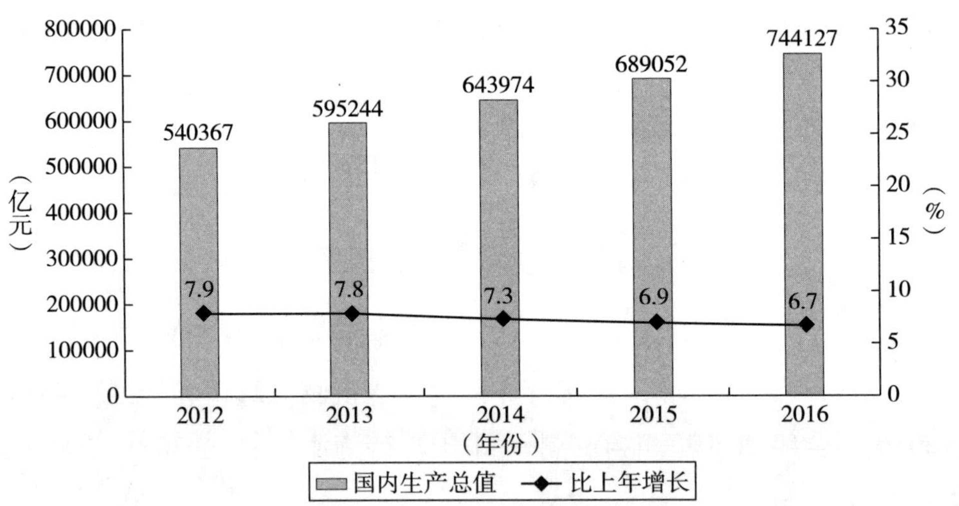

图 1－1　2012—2016 年国内生产总值及其增长速度

资料来源：国家统计局。

全年人均国内生产总值 53980 元，比上年增长 6.1%。全年国民总收入 742352 亿元，比上年增长 6.9%。（如图 1－2 所示）

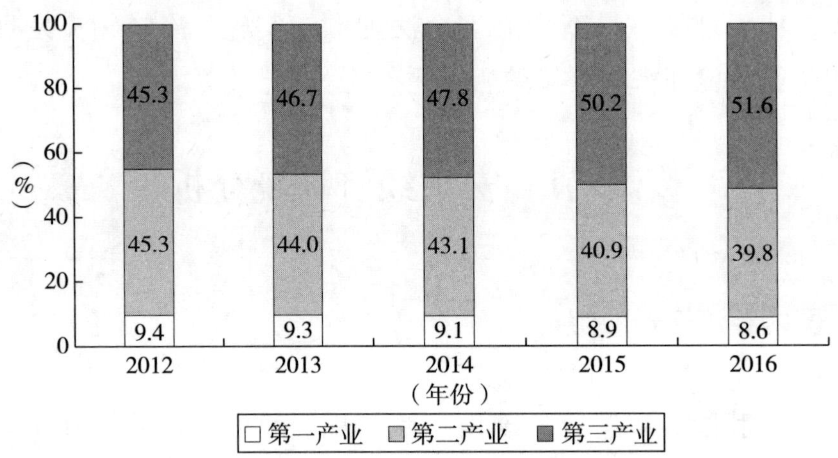

图 1－2　2012—2016 年中国三大产业增加值占比

资料来源：国家统计局。

2017 年第一季度，第一产业增加值 8654 亿元，同比增长 3.0%；第二产业增加值 70005 亿元，增长 6.4%；第三产业增加值 102024 亿元，增长 7.7%。

二、固定资产投资增长明显

2016 全年全社会固定资产投资 606466 亿元，比上年增长 7.9%，扣除

价格因素，实际增长 8.6%。其中，固定资产投资（不含农户）596501 亿元，增长 8.1%。（如图 1－3 所示）

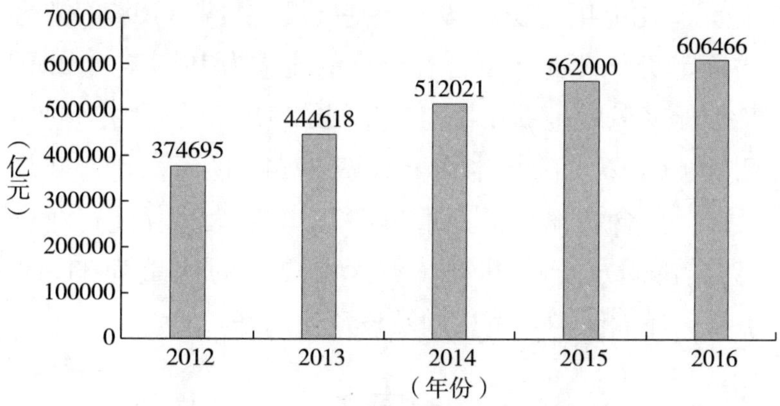

图 1－3　2012—2016 年全年社会固定资产投资

资料来源：国家统计局。

根据统计局数据，2017 年 1—3 月，全国固定资产投资（不含农户）93777 亿元，同比名义增长 9.2%，增速比 1—2 月提高 0.3 个百分点。从环比速度看，3 月固定资产投资（不含农户）增长 0.87%。

分区域看，2016 年东部地区投资 249665 亿元，比上年增长 9.1%；中部地区投资 156762 亿元，增长 12.0%；西部地区投资 154054 亿元，增长 12.2%；东北地区投资 30642 亿元，下降 23.5%。分析发现，东北地区固定资产投资仍在减弱，随着"一带一路"的发展，西部地区固定资产投资增长比较明显，"一带一路"将带领西部地区走向新一轮开发前沿。（如图 1－4 所示）

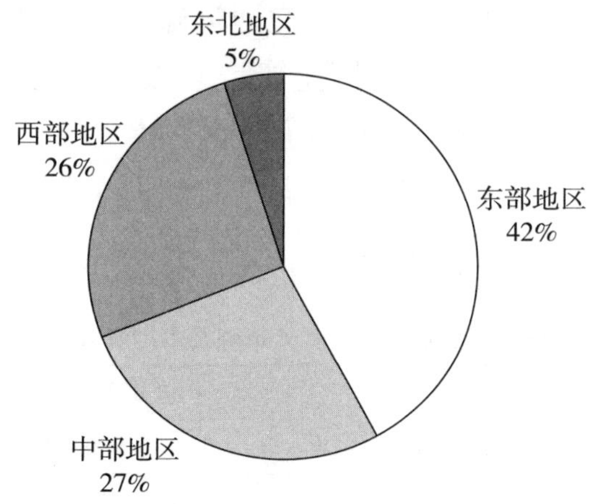

图 1－4　2016 年四大区域社会固定资产投资对比

资料来源：国家统计局。

在固定资产投资（不含农户）中，2016 年第一产业投资 18838 亿元，比上年增长 21.1%；第二产业投资 231826 亿元，比上年增长 3.5%；第三产业投资 345837 亿元，比上年增长 10.9%。基础设施投资 118878 亿元，比上年增长 17.4%，占固定资产投资（不含农户）的比重为 19.9%（如图1－5所示）。民间固定资产投资 365219 亿元，比上年增长 3.2%，占固定资产投资（不含农户）的比重为 61.2%。高技术产业投资 37747 亿元，比上年增长 15.8%，占固定资产投资（不含农户）的比重为 6.3%。六大高耗能行业投资 66376 亿元，增长 3.1%，占固定资产投资（不含农户）的比重为 11.1%。农、林、牧、渔业，水利，环境保护等短板领域投资快速增长。

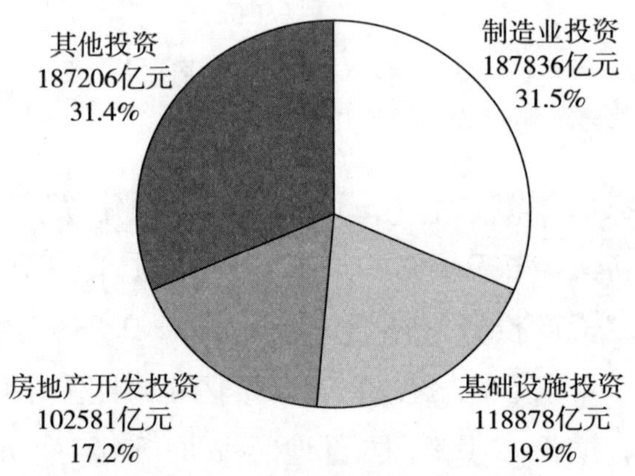

图 1－5　2016 年按领域分固定资产投资（不含农户）及占比

资料来源：国家统计局。

分析发现，各级政府对现代物流发展的重视度持续提升，政府和企业层面对行业的投资加大。2016 年我国交通运输、仓储和邮政业固定资产投资达 53628 亿元，增长 9.5%，占固定资产总投资的 8.8%，占第三产业固定资产投资的 15.5%。（如表 1－1 所示）

2017 年第一季度，国内道路运输业投资增长 24.7%，增速提高 3.1 个百分点；铁路运输业投资增长 10.8%，增速回落 1.3 个百分点。

表 1－1　　2016 年分行业固定资产投资（不含农户）及其增长速度

行　业	投资额（亿元）	比上年增长（%）
总计	596502	8.1
农、林、牧、渔业	22774	19.5

续　表

行　业	投资额（亿元）	比上年增长（%）
采矿业	10320	-20.4
制造业	187836	4.2
电力、热力、燃气及水生产和供应业	29736	11.3
建筑业	4577	-6.5
批发和零售业	17939	-4.0
交通运输、仓储和邮政业	53628	9.5
住宿和餐饮业	5947	-8.6
信息传输、软件和信息技术服务业	6319	14.5
金融业	1310	-4.2
房地产业	135284	6.8
租赁和商务服务业	12316	30.5
科学研究和技术服务业	5568	17.2
水利、环境和公共设施管理业	68647	23.3
居民服务、修理和其他服务业	2677	1.8
教育	9324	20.7
卫生和社会工作	6282	21.4
文化、体育和娱乐业	7830	16.4
公共管理、社会保障和社会组织	8188	4.3

资料来源：国家统计局。

三、进出口增长显著放缓

2016 全年货物进出口总额 243387 亿元，比上年下降 0.9%。其中，出口 138455 亿元，下降 1.9%；进口 104932 亿元，增长 0.6%。货物进出口差额（出口减进口）33523 亿元，比上年减少 3308 亿元。对“一带一路”沿线国家进出口总额 62517 亿元，比上年增长 0.5%。其中，出口 38319 亿元，增长 0.5%；进口 24198 亿元，增长 0.4%。（如图 1-6 所示）

2017 年第一季度，我国货物贸易进出口总值 6.2 万亿元，比 2016 年同期增长 21.8%，其中，出口 3.33 万亿元，增长 14.8%；进口 2.87 万亿元，增长 31.1%；贸易顺差 0.46 万亿元，收窄 35.7%。

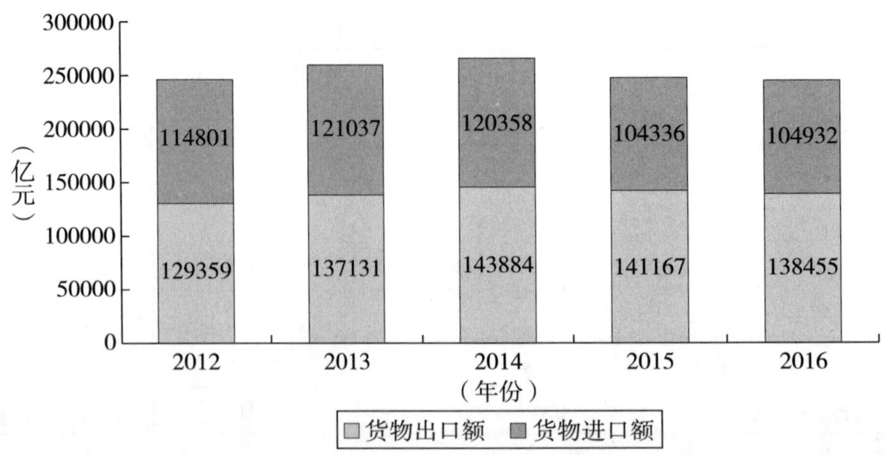

图 1－6　2012—2016 年中国进出口总额

资料来源：国家统计局。

2016 年 1—12 月，全国食品行业完成累计进出口总额同比增长－3.57%。比重主要集中在新西兰、美国、日本、中国香港、韩国、巴西、马来西亚、澳大利亚、德国、泰国等地区（如图 1－7 所示）。其中，新西兰完成累计进出口总额同比增长 7.82%；美国完成累计进出口总额同比增长 －1.97%；日本完成累计进出口总额同比增长－1.13%；中国香港完成累计进出口总额同比增长 3.72%；韩国完成累计进出口总额同比增长 9.25%。

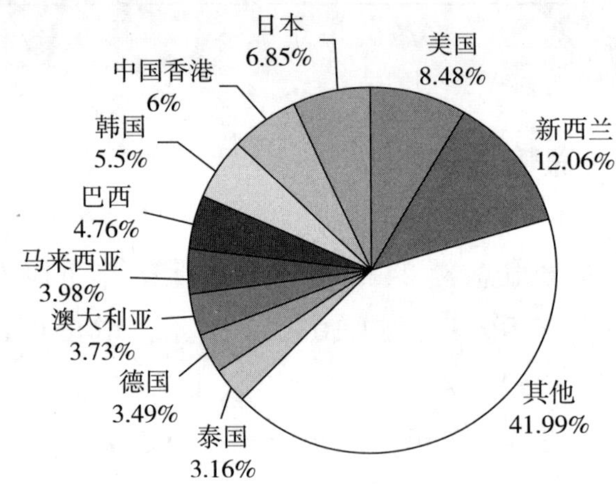

图 1－7　2016 年食品行业累计进出口总额贸易国分布情况

资料来源：国家统计局。

四、社会消费平稳增长

2016 年，全年社会消费品零售总额 332316 亿元，比上年增长 10.4%，扣除价格因素，实际增长 9.6%。按经营地统计，城镇消费品零售额 285814 亿元，增长 10.4%；乡村消费品零售额 46503 亿元，增长 10.9%。按消费类型统计，商品零售额 296518 亿元，增长 10.4%；餐饮收入额 35799 亿元，增长 10.8%。分析发现，粮油、食品类增长迅速，增长 10.9%，总额为 15055 亿元。（如图 1－8 所示）

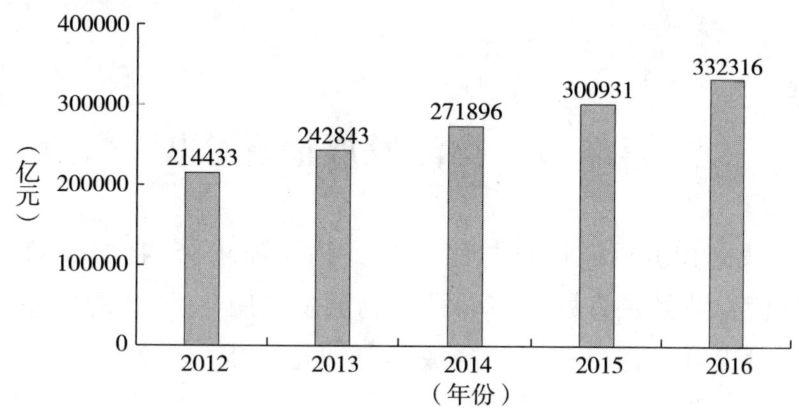

图 1－8　2012—2016 年中国社会消费品零售总额

资料来源：国家统计局。

2017 年 1—3 月，社会消费品零售总额 85823 亿元，同比增长 10.0%。其中，限额以上单位消费品零售额 37460 亿元，增长 7.9%。

2016 年全年，全国网上零售额 51556 亿元，比上年增长 26.2%。其中，实物商品网上零售额 41944 亿元，增长 25.6%，占社会消费品零售总额的比重为 12.6%；在实物商品网上零售额中，吃、穿、用类商品分别增长 28.5%、18.1%、28.8%。

2016 年，全国居民人均食品烟酒消费支出增长 7%，占消费支出的比重为 30.1%，比上年回落 0.5 个百分点，食品消费支出比重继续下降。其中，城镇居民和农村居民的食品烟酒消费支出比重分别为 29.3% 和 32.2%，分别比上年下降 0.4 个和 0.8 个百分点。（如图 1－9 所示）

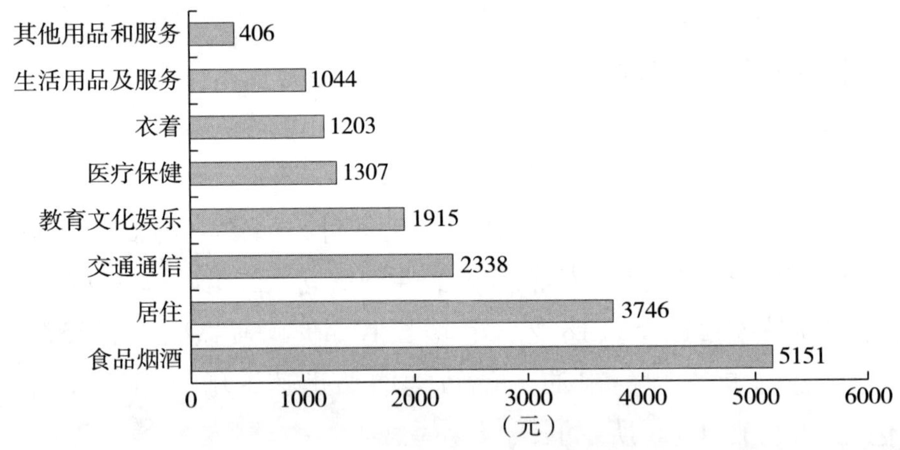

图1-9 2016年全国居民人均消费支出

资料来源：国家统计局。

第二节 物流发展情况分析

2016年我国物流行业运行总体平稳，物流需求结构优化，物流运行环境改善，物流企业经营有所好转。社会物流总费用与GDP的比率明显下降，物流运行质量提升，物流领域“降成本”取得了积极成效。

一、社会物流总额小幅回升

2016年全国社会物流总额229.7万亿元，按可比价格计算，比上年增长6.1%，增速比上年提高0.3个百分点。分季度看，第一季度50.7万亿元，增长6.0%，提高0.4个百分点；上半年107万亿元，增长6.2%，提高0.5个百分点；前三季度167.4万亿元，增长6.1%，提高0.3个百分点；全年社会物流总额呈现稳中有升的发展态势。（如图1-10所示）

2017年第一季度，社会物流总费用为2.7万亿元，同比增长9.9%，比上年同期提高7.6个百分点。社会物流总费用显著回升主要是受到物流服务价格上涨较快，物流实物量增加及去年同期基数比较低等因素影响。

第一季度社会物流总费用与GDP的比率为14.9%，比上年同期下降0.2个百分点，与上年全年持平。

从构成看，工业品物流总额214万亿元，按可比价格计算，比上年增长

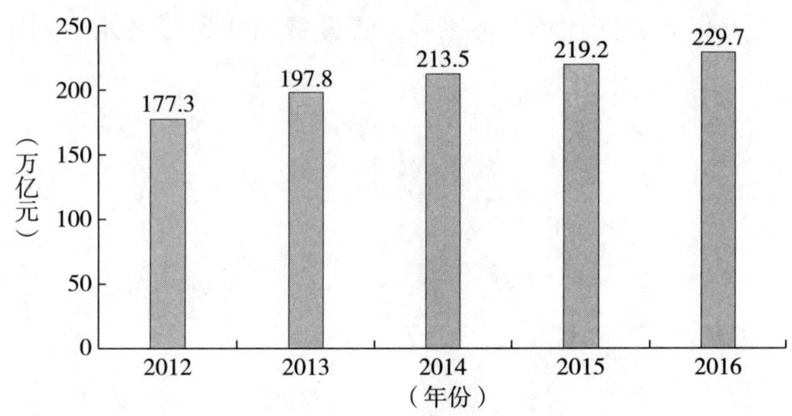

图 1－10 2012—2016 年全国社会物流总额

资料来源：中国物流信息中心。

6.0%，增速比上年回落 0.1 个百分点；进口货物物流总额 10.5 万亿元，增长 7.4%，提高 7.2 个百分点；农产品物流总额 3.6 万亿元，增长 3.1%，回落 0.8 个百分点；再生资源物流总额 0.9 万亿元，增长 7.5%，回落 11.5 个百分点；单位与居民物品物流总额 0.7 万亿元，增长 42.8%，提高 7.3 个百分点。

二、社会物流总费用低速增长

2016 年社会物流总费用 11.1 万亿元，比上年增长 2.9%，增速虽比上年提高 0.1 个百分点，但明显低于社会物流总额、GDP 增速。2016 年社会物流总费用与 GDP 的比率为 14.9%，比上年下降 1.1 个百分点。其中，运输费用 6 万亿元，增长 3.3%，增速比上年提高 0.2 个百分点；保管费用 3.7 万亿元，增长 1.3%，回落 0.3 个百分点；管理费用 1.4 万亿元，增长 5.6%，提高 0.6 个百分点。

我国社会物流总费用年复合增长率达 8.75%，反映我国物流行业在需求旺盛的情况下，费用规模也不断扩大。从构成看，运输费用占社会物流总费用的比重为 54%，比上年提高 0.2 个百分点；保管费用占 33%，下降 0.8 个百分点；管理费用占 13%，提高 0.4 个百分点（如图 1－11 所示）。由此可见，我国的物流发展阶段已从传统的运输功能转向综合式的物流服务发展。

按结构分类，2017 年第一季度运输费用 1.4 万亿元，同比增长 12.6%；

保管费用0.9万亿元，同比增长6.8%；管理费用0.3万亿元，同比增长8%。

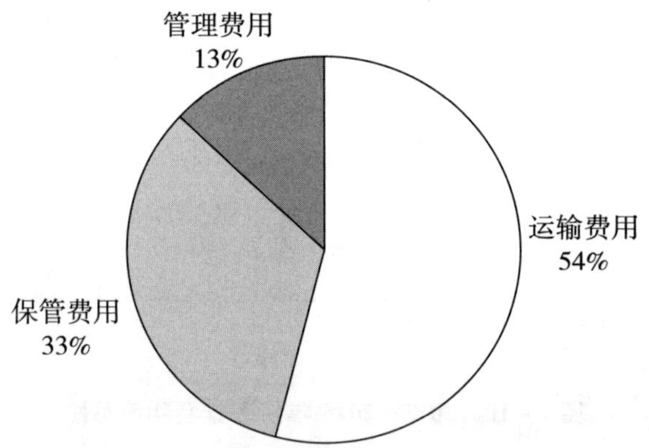

图1－11　2016年社会物流总费用中各子类费用占比

资料来源：中国物流信息中心、中国物流与采购联合会冷链物流专业委员会（简称中物联冷链委）加工分析。

三、社会物流景气指数稳中回升

我国社会物流景气指数始终活跃在50%以上，2016年受企业经营环境有所改善影响，物流企业资金周转效率加快，物流企业主营业务利润增长。从后期走势上看，新订单指数和业务活动预期指数均位于55%以上，显示出在“新常态”的经济背景下，物流业仍将保持较快的增长。（如图1－12所示）

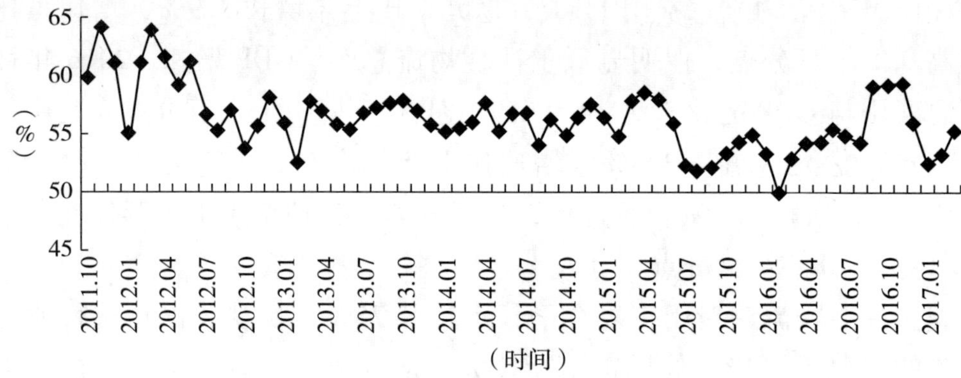

图1－12　社会物流景气指数走势

资料来源：中国物流信息中心。

2017年3月，中国物流业景气指数为55.4%，较上月回升2.2个百分点；中国仓储指数为54.5%，较上月回升0.5个百分点；中国公路物流运价指数为107.8点，比上月回落1.8%。（如图1－13、图1－14所示）

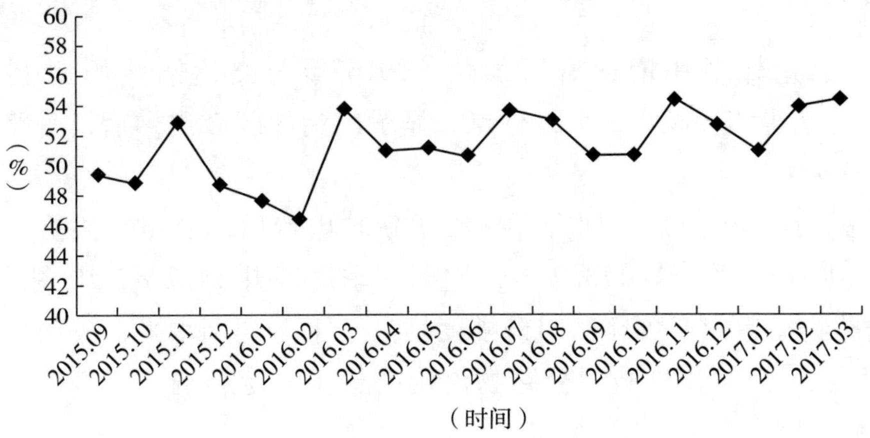

图1-13　中国仓储指数走势

资料来源：中国物流信息中心。

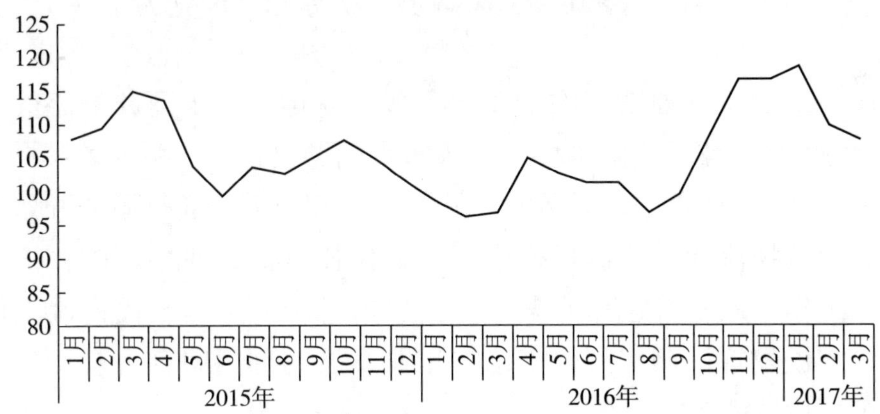

图1-14　中国公路物流运价指数走势

资料来源：中国物流信息中心。

四、2016年交通运输业发展特点

2016年9月，新GB 1589修订和新一轮公路治超新政相继出台，第四季度交通运输市场结构调整明显。从长期趋势看，新政将对交通运输市场产生一定影响，有利于交通运输供给侧改革，推动行业向标准化、集约化方向发展。从2016年内的情况看，影响体现在以下几个方面。

其一，运输结构调整。受到新政等因素影响，2016年下半年铁路物流需求低位回稳；民航货运量加速增长，运输结构较上半年调整明显。数据显示，2016年铁路货物发送量比上年下降0.9%，降幅比上年收窄11个百分点，12月实现止跌回稳。民航货运量同比增长6.8%，比上年提高0.8个百分点。

其二，运输费用增速有所加快。2016 年公路运输费用比上年增长 4.0%，比上半年提高 0.2 个百分点。显示出治超新政出台后，公路物流费用增长有所加快。

其三，运输价格加速回升。从治超新政出台后，公路物流价格在第四季度明显回升，平均为 113.9 点，比第三季度回升 14.7%，10 月、11 月、12 月公路物流运价指数环比回升幅度均高于上年同期水平，波动幅度较前期明显增大，反映出新政对公路物流价格产生一定影响，公路市场低价竞争的态势短期内有所改变。

第三节　冷链物流政策与标准环境分析

2016 年，针对交通物流融合发展、多式联运、电子商务物流等重点领域及物流业“补短板”“降本增效”等重点问题出台了一系列政策措施。如“营改增”试点全面扩围，无运输工具承运业务和道路通行服务开票资格获得承认。商贸物流标准化试点推进，标准化托盘扩大使用范围；快递市场清理整顿工作开展，寄递物流渠道安全要求升级。全国现代物流工作部际联席会议积极发挥协调作用，支持物流业发展的部门间合力有所加强，物流业政策环境持续改善。

本节重点分析了 2016 年中央和各级政府出台的关于冷链物流发展的一些政策和标准情况。分析发现，中央和各级政府对冷链物流发展的支持力度在不断加大，各专项政策的出台将为冷链行业的发展提供强大的助力作用，同时冷链行业标准水平显著提升，标准化程度越来越高。

一、国家部委冷链政策分析

从“十二五”开始，冷链物流被提到空前的高度，从 2010 年的《农产品冷链物流发展规划》到 2016 年中央一号文件，“冷链物流”“农产品冷链物流”多次出现在重要文件与规划当中。（如图 1 – 15 所示）

2016 年以来中央和地方政府因势利导出台多项冷链产业政策，在国家层面，全年共出台冷链相关政策、规划 11 项，提出了加速冷链物流体系建

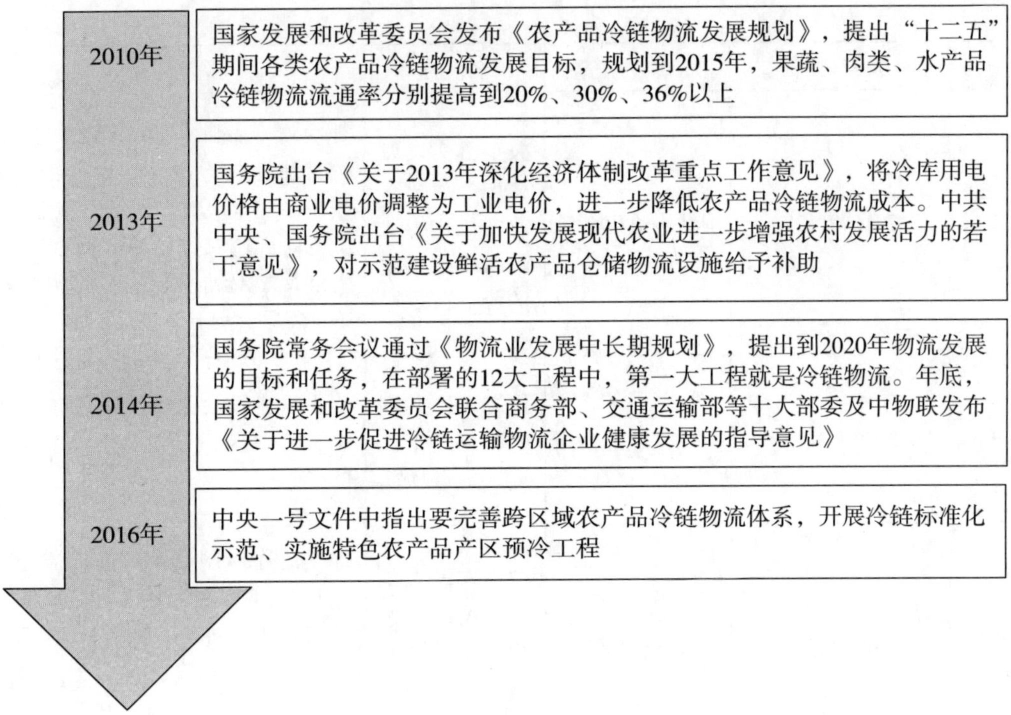

2010年	国家发展和改革委员会发布《农产品冷链物流发展规划》，提出“十二五”期间各类农产品冷链物流发展目标，规划到2015年，果蔬、肉类、水产品冷链物流流通率分别提高到20%、30%、36%以上
2013年	国务院出台《关于2013年深化经济体制改革重点工作意见》，将冷库用电价格由商业电价调整为工业电价，进一步降低农产品冷链物流成本。中共中央、国务院出台《关于加快发展现代农业进一步增强农村发展活力的若干意见》，对示范建设鲜活农产品仓储物流设施给予补助
2014年	国务院常务会议通过《物流业发展中长期规划》，提出到2020年物流发展的目标和任务，在部署的12大工程中，第一大工程就是冷链物流。年底，国家发展和改革委员会联合商务部、交通运输部等十大部委及中物联发布《关于进一步促进冷链运输物流企业健康发展的指导意见》
2016年	中央一号文件中指出要完善跨区域农产品冷链物流体系，开展冷链标准化示范、实施特色农产品产区预冷工程

图 1－15　国家部委冷链政策

设、基础设施建设、追溯体系建设、标准化建设等多项促进冷链产业全面发展的指引性内容，明确了“十三五”期间冷链产业的发展方向。

与之前的政策相比，2016 年的冷链政策更关注政策本身的落地和可实施性，在涉及冷链产业的 11 项政策中，《财政部　商务部关于中央财政支持冷链物流发展的工作通知》《关于申报 2016 年重要农产品追溯体系建设示范的通知》《关于开展农产品冷链流通标准化示范工作的通知》三项政策直接推进具体城市和企业的冷链项目示范、试点工作，通过试点示范，按照以点带面、由易到难的总体思路，最终形成布局合理、紧密衔接、功能完善、标准健全的冷链物流体系。（如表 1－2 所示）

表 1－2　　2016 年国家层面冷链物流相关政策汇总

序　号	发布时间	部　门	名　称	概　要
1	2016. 01. 13	农业部	农业电子商务试点方案	提出要初步形成农产品电商标准体系、全程冷链物流配送体系，完善鲜活农产品流通的标准和业务规范

续 表

序 号	发布时间	部 门	名 称	概 要
2	2016.01.27	中共中央国务院	关于落实发展新理念加快农业现代化实现全面小康目标的若干意见	加快农产品批发市场升级改造，完善流通骨干网络，加强粮食等重要农产品仓储物流设施建设。完善跨区域农产品冷链物流体系，开展冷链标准化示范，实施特色农产品产区预冷工程
3	2016.02.15	中国铁路总公司	铁路冷链物流网络布局“十三五”发展规划	提出将建设铁路冷链物流基地82个，其中区域级14个、地区级68个
4	2016.03.17	中共中央	中华人民共和国国民经济和社会发展第十三个五年规划纲要	深化流通体制改革，促进流通信息化、标准化、集约化，推动传统商业加速向现代流通转型升级。加强物流基础设施建设，大力发展第三方物流和绿色物流、冷链物流、城乡配送
5	2016.03.17	商务部、国家发展和改革委员会、交通运输部、海关总署、国家邮政局、国家标准化管理委员会	全国电子商务物流发展专项规划（2016—2020年）	提出了与之相对应的电商物流标准化工程、公共信息平台工程、农村服务工程、社区服务工程、冷链物流工程、绿色循环工程、跨境工程和创新工程八项重大工程
6	2016.04.21	国务院办公厅	国务院办公厅关于深入实施“互联网+流通”行动计划的意见	加大对物流基地建设、冷链系统建设等的政策性扶持力度，科学规划和布局物流基地、分拨中心、公共配送中心、末端配送网点，加大流通基础设施投入，支持建设农产品流通全程冷链系统，重点加强全国重点农业产区冷库建设
7	2016.04.27	国务院办公厅	2016年食品安全重点工作安排	健全食用农产品和食品冷链物流建设和运行标准，提高冷链物流水平

续 表

序　号	发布时间	部　门	名　称	概　要
8	2016.06.08	财政部、商务部	财政部　商务部关于中央财政支持冷链物流发展的工作通知	山东、河南、重庆、宁波、新疆、河北、广东、四川、青海、宁夏获数亿元中央财政支持，将更好地发展当地冷链物流基础设施建设，开展试点示范工作
9	2016.06.10	国务院办公厅	国务院办公厅关于转发《国家发展改革委营造良好市场环境推动交通物流融合发展实施方案》的通知	强化“物联网+全程监管”。充分利用无线射频、卫星导航、视频监控等技术手段，开展重点领域全程监管。规划建设危险品、冷链等专业化物流设施设备，建立和完善危险品物流全过程监管体系和应急救援系统，完善冷链运输服务规范，实现全程不断链
10	2016.06.13	财政部	关于申报2016年重要农产品追溯体系建设示范的通知	以肉类、蔬菜、中药材和乳制品等产品为重点深入开展追溯体系建设示范工作，打造从生产、流通到消费的全过程信息化追溯链条，推进生产经营全过程质量和风险管控，实现农产品来源可查、去向可追、责任可究，打造放心消费主渠道，助力消费转型升级
11	2016.08.16	商务部办公厅、国家标准化管理委员会	关于开展农产品冷链流通标准化示范工作的通知	按照“以点带链，由易到难”的总体思路，重点围绕肉类、水产、果蔬等生鲜农产品，培育一批设施先进、标准严格、操作规范、运营稳定的农产品冷链流通标准化示范企业和示范城市，发挥示范带动作用，推动完善农产品冷链流通标准体系，探索建立农产品冷链流通监管机制，营造优质优价的市场环境，形成可复制、可推广的农产品冷链流通标准化模式

资料来源：公开资料汇总分析。

通过以上分析不难看出，2016 年冷链物流相关政策信息非常密集，显示出了国家对冷链物流行业的高度重视，2017 年冷链物流行业政策仍将是不断利好的一年，行业也将不断整合，政策驱动的冷链物流标准化、平台化、透明化将逐步凸显，资本驱动的行业资源整合与市场竞争将更加激烈。

二、区域冷链政策分析

从区域冷链政策角度分析，2016 年同样是值得关注的一年，上海、福建、山东、云南、黑龙江等数个省市（区）发布了冷链物流相关政策。与中央政府和各部委出台的政策基调一样，各地关于冷链物流的有关政策也主要集中在健全冷链物流体系、支持发展农产品冷链物流、支持仓储物流设施建设等方面。部分农产品主产区加大对产地冷库等冷链基础设施的支持力度，而部分主要消费地则加大对农贸市场冷库、冷链物流配送中心等冷链物流基础设施建设的支持力度。

同时，冷链物流体系建设第一次从单一省市（区）提升到区域联动的高度。2016 年 7 月 4 日，在京津冀协同发展的大背景下，国家发展和改革委员会等六部门联合印发《京津冀农产品流通体系创新行动方案》，将打造环首都 1 小时鲜活农产品流通圈，提高对冷链运输的需求与要求，建立安全稳定、创新高效的首都农产品冷链流通体系。

2016 年 6 月 8 日，根据《财政部　商务部关于中央财政支持冷链物流发展的工作通知》（财建〔2016〕318 号）要求，山东、河南、重庆、宁波、新疆、河北、广东、四川、青海、宁夏分别获得 2 亿元中央财政支持，将更好地发展当地冷链物流基础设施建设，特别是对于比较滞后的中西部冷链物流市场来说，迎来冷链物流发展的新机遇。（如表 1 - 3 所示）

表 1 - 3　2016—2017 年部分省市（区）出台的关于冷链物流的相关政策

地　区	主要冷链物流政策内容
上海	2016 年 6 月 6 日，《上海市网络餐饮服务监督管理办法》印发，明确提出网络送餐无冷链条件不得送有特殊温度控制要求的食品，重视、强调冷链物流在网络送餐过程中的作用

续　表

地　区	主要冷链物流政策内容
北京昌平区	2016 年 7 月 1 日，北京市昌平区发布《关于扶持农业产业化发展的意见》（昌政发〔2016〕9 号），明确提出加快鲜活农产品物流体系建设，建立农产品冷链物流链条，对发展冷冻储藏、冷藏运输及冷链配送销售的项目给予支持
福建	2016 年 8 月 10 日，福建发布《福建省冷链物流发展规划（2016—2020）》，将发展冷链物流放在重要位置，规划提出了"十三五"时期福建省冷链物流发展主要目标，体现了地方政府对冷链发展的高度重视
山东日照市	2016 年 9 月 12 日，山东日照市制定《日照市冷链物流发展示范城市建设实施方案》，推进国家冷链物流发展示范城市创建工作，为建设冷链物流标准化体系铺路
云南	2016 年 11 月 1 日，《云南省现代物流产业发展"十三五"规划》和《云南省现代物流产业发展"十三五"规划实施方案（2016—2020 年）》文件发布，打造高原特色农产品 72 小时冷链物流圈，促进当地农产品流通与经济发展
重庆市	2016 年 11 月 3 日，《重庆市利用中央资金支持冷链物流发展实施方案》印发，重庆冷链物流将在构建三级冷链物流体系、建设和完善区县冷链集散分拨中心、建设农产品产地集配中心等多个方面密集发力。值得注意的是，根据《中央财政服务业发展专项资金管理办法》，重庆市将通过专项补助、购买服务、贷款贴息等方式，对冷链物流产业进行扶持
黑龙江	2016 年 11 月 15 日，黑龙江政府出台《关于推进国内贸易流通现代化建设法治化营商环境的实施意见》，提出优化内贸流通网络，促进黑龙江农产品冷链物流发展
福州市	2017 年 2 月 6 日，《福州市"十三五"物流业发展规划》出台，提出将进一步优化城市物流空间布局，建设"一通道、二枢纽、三中心"物流枢纽网络。重点提到要大力发展冷链物流、电子商务物流、智慧物流，全力推进物流业与制造业、商贸业协同发展，增强物流产业竞争力

资料来源：公开资料汇总分析。

三、冷链物流标准情况分析

2015 年，《国务院办公厅关于印发〈国家标准化体系建设发展规划（2016—2020 年）〉的通知》（国办发〔2015〕89 号）发布后，上海、河北、山东、江西、福建、山西、沈阳、吉林、重庆等地相继出台地方标准化体系建设发展规划（2016—2020 年），均将冷链物流标准化应用推广作为重点领域，同时各地区（标准化主管部门）对标准应用企业将加大对标准化成果应用的考核与奖励力度。（如表 1－4 所示）

表1－4　　国家农产品冷链流通标准化试点城市名单

序　号	城市名称	所在省市（区）
1	天津	天津
2	承德	河北
3	张家口	
4	大连	大连
5	包头	内蒙古
6	呼伦贝尔	
7	沈阳	辽宁
8	营口	
9	盘锦	
10	齐齐哈尔	黑龙江
11	牡丹江	
12	重庆市九龙坡区	重庆
13	潍坊	山东
14	烟台	
15	信阳	河南
16	怀化	湖南
17	湘潭	
18	广州	广东
19	佛山	
20	阳江	
21	北海	广西
22	防城港	
23	厦门	厦门
24	成都	四川
25	绵阳	
26	贵阳	贵州
27	黔南州	
28	六盘水	
29	银川	宁夏
30	乌鲁木齐	新疆
31	巴音郭楞蒙古自治州	

资料来源：公开资料。

2016年，冷链物流标准化又迈入了一个全新的历史阶段，商务部、国家标准化管理委员会共同出台了《关于开展农产品冷链流通标准化示范工作的通知》，联合开展农产品冷链流通标准化示范工作。该通知提出按照“以点带链，由易到难”的总体思路，重点围绕肉类、水产、果蔬等生鲜农产品，培育一批设施先进、标准严格、操作规范、运营稳定的农产品冷链流通标准化示范企业和示范城市，发挥示范带动作用，推动完善农产品冷链流通标准体系，探索建立农产品冷链流通监管机制，营造优质优价的市场环境，形成可复制、可推广的农产品冷链流通标准化模式。（如表1－5所示）

表1－5　国家农产品冷链流通标准化试点企业名单（部分）

序　号	企业名称	所在省市（区）
1	北京卓宸畜牧有限公司	北京
2	北京京东世纪信息技术有限公司	
3	海航冷链控股股份有限公司	
4	康新物流（天津）有限公司	天津
5	天津百肯食品科技有限公司	
6	天津东疆港大冷链商品交易市场有限公司	
7	天津市月坛物流服务有限公司	
8	天津自贸试验区国际清真产业园有限公司	
9	华锐全日物流股份有限公司	
10	天津宝迪农业科技股份有限公司	
11	承德怡达食品股份有限公司	河北
12	承德牧原生态食品开发有限责任公司	
13	河北美食林商贸集团有限公司	
14	永年县农产品蔬菜产业集团有限公司	
15	石家庄双鸽食品有限责任公司	
16	邢台邢业通冷链物流有限公司	
17	泊头亚丰果品有限公司	
18	昌黎县嘉诚实业集团有限公司	
19	清徐县美特好农产品配送物流有限公司	山西
20	太原市裕吉经贸发展有限公司	

续 表

序 号	企业名称	所在省市（区）
21	太原田和食品集团有限公司	山西
22	太原市鸿新农产品有限公司	
23	晋城市果品冷库	
24	临汾市彦畅春养殖有限责任公司	
25	山西省果品公司	
26	锡林郭勒盟正林畜产品有限责任公司	内蒙古
27	鄂尔多斯市四季青农业开发有限公司	
28	赤峰新新杰果菜保鲜有限公司	
29	满洲里诚林贸易有限责任公司	
30	华蒙通物流控股有限公司	
31	呼伦贝尔市中荣食品有限公司	
32	内蒙古食全食美股份有限公司	
33	通辽市三元冷鲜食品仓储配送有限公司	
34	正镶白旗蒙盛肉类有限责任公司	
35	内蒙古塞飞亚农业科技发展有限公司	

注：篇幅所限只罗列部分内容，完整资料可参考第八章资料汇编。

资料来源：根据公开资料整理。

农产品冷链流通标准化是农产品冷链流通体系的重要组成部分和基础。在当前经济发展进入新常态的背景下，开展农产品冷链流通标准化示范，有利于加快完善农产品冷链流通标准体系，促进农产品冷链流通行业的规范化发展，提升农产品流通现代化水平；有利于实现农产品优质优价，推动农业结构优化调整，促进农业现代化和农民增收；有利于推进农产品供给侧结构性改革，补齐农产品流通短板，提高农产品供给质量和效率，满足全面建成小康社会人民生活水平普遍提高的客观需要。

2016 年，国家发展和改革委员会正式发布了由中物联冷链委、全国物流标准化技术委员会冷链物流分技术委员会（简称冷标委）组织编写的《餐饮冷链物流服务规范》《肉与肉制品冷链物流作业规范》《道路运输 食品冷藏车功能选用技术规范》三项行业标准；2017 年年初，《冷链物流从业人员能力要求》团体标准也正式发布。其中，《餐饮冷链物流服务规范》

试点工作已经全面展开，以此积极推动标准的宣贯实施。（如表1－6所示）

表1－6　　《餐饮冷链物流服务规范》试点企业名单

序　号	企业名称
1	华润货运（上海）有限公司
2	江苏极地熊冷链有限公司
3	江苏汇鸿冷链物流有限公司
4	上海领鲜物流有限公司
5	北京三新冷藏储运有限公司
6	深圳雪王子供应链管理有限公司上海分公司
7	苏州加创食品有限公司
8	陕西速必达冷链物流有限责任公司
9	郑州华夏易通物流有限公司
10	福建恒冰物流有限公司
11	上海智城供应链管理有限公司
12	河南鲜易供应链股份有限公司
13	上海保事达货运服务有限公司广州分公司
14	浙江统冠物流发展有限公司
15	内蒙古旺元运输有限责任公司
16	吉林省中冷物流有限公司
17	苏州东琛冷藏物流有限公司
18	北京快行线食品物流有限公司
19	上海源洪仓储物流有限公司
20	夏晖物流
21	太古冷藏仓库有限公司
22	天津金琦低温物流有限公司
23	海南罗牛山食品集团有限公司冷链物流分公司
24	上海交运沪北物流发展有限公司
25	济南快行线物流有限公司
26	辽宁储航供应链管理有限公司
27	成都易速物流有限公司
28	上海众萃物流有限公司
29	上海郑明现代物流有限公司

续 表

序　号	企业名称
30	辉源（上海）供应链管理有限公司
31	北京市五环顺通物流中心
32	大连獐子岛中央冷藏物流有限公司
33	北京冰城利轩铭餐饮管理有限公司
34	南京和善园餐饮管理有限公司
35	江苏如意食品有限责任公司
36	华润太平洋餐饮管理（北京）有限公司
37	蜀海（北京）投资有限公司
38	武汉良中行供应链管理有限公司
39	上海避风塘美食有限公司
40	山东李先生食品有限公司
41	上海索迪斯管理服务有限公司
42	沈阳双益餐饮管理有限公司
43	山东得利斯食品股份有限公司
44	上海众敏供应链管理有限公司
45	雏鹰农牧集团股份有限公司
46	北京家家送冷链物流有限公司
47	唯捷城配
48	上海敬诚物流有限公司
49	深圳中柱冷链股份有限公司
50	江门市采鸟物流有限公司
51	江苏捷顺达物流有限公司
52	武汉市梦园冷链物流有限公司
53	欧特（北京）物流有限公司
54	冻到家（上海）物流有限公司
55	北京云杉科技有限公司
56	上海翔鸿冷藏运输有限公司
57	武汉宏福达冷鲜配送有限公司
58	合肥快乐通冷链物流配送有限公司
59	青岛合盛达物流有限公司
60	四川汇翔供应链管理有限公司

续　表

序　号	企业名称
61	青岛美誉捷运物流有限公司
62	苏州三沐冷链物流有限公司
63	上海东启物流有限公司
64	内蒙古昕海铭悦运输有限公司
65	武汉仟吉冷链物流仓储管理有限公司
66	南京美务物流有限公司
67	上海勤强物流有限公司
68	福建浩嘉冷链物流股份有限公司
69	山东万泽冷链股份有限公司
70	苏州普利邦物流有限公司
71	厦门万翔物流管理有限公司
72	哈尔滨市鹏瑞货物运输有限公司
73	舟山陆港物流有限公司
74	中外运普菲斯亿达（上海）物流有限公司
75	上海广齐物流有限公司
76	北京众惠供应链管理有限公司
77	成都希望食品有限公司
78	上海鲜冷储运有限公司
79	江苏御港物流有限公司
80	深圳市共速达物流股份有限公司
81	上海欣捷供应链管理有限公司
82	上海优活物流有限公司
83	上海恒孚物流有限公司
84	上海金国物流有限公司
85	成都鲜生活冷链物流有限公司
86	威海中外运物流发展有限公司
87	青岛永和迅物流储运有限公司

资料来源：中物联冷链委。

第二章　2016 年中国冷链物流行业发展综述

本章重点梳理了 2016 年我国冷链物流发展的总体情况，对我国冷链物流需求总量、冷链物流总额、冷链物流行业总收入等进行了全面统计和分析，对我国冷库、冷链运输领域发展呈现出的特点进行归纳，并且对 2017 年我国冷链物流发展趋势做出分析判断。

第一节　2016 年冷链物流基本情况概述

2016 年我国冷链市场需求进一步扩大，冷链物流总体呈现健康、快速、平稳的发展态势，基础设施规模进一步增加，设施建设更趋理性，冷链物流体系不断完善，行业发展模式日趋多元化。在 2016 年经济环境缺乏明显起色的情况下，冷链物流行业的稳步发展，一方面得益于国家相关部门和各地方政府对冷链物流的重视，出台多项冷链利好政策规划、加大资金扶持；另一方面则与冷链相关企业勇于创新、积极转型求变、沉下心来修炼内功有很大关系。

据中物联冷链委调研统计，2016 年我国冷链物流需求总量达到 12500 万吨，同比增长 13.3%。2016 年我国冷链物流总额 3.4 万亿元，占整个社会物流总额的 1.5%。2016 年冷链物流业总收入 2250 亿元，占 2016 年整个物流业总收入的 2.84%。2016 年全国冷库新增 460 万吨，总量达到 4200 万吨（折合 10500 万立方米），同比增长 12.3%。2016 年全国冷藏车保有量估计新增 21600 台，达到 115000 台，比 2015 年同比增长 23.1%。（如图2－1至图 2－3 所示）

从图 2－4 可以看出，2016 年中国冷链物流百强企业营业总收入 225 亿元，同比增长 29.3%，百强企业市场份额一直没有明显地扩大，依旧占整个冷链市场份额的 10% 左右，这说明我国冷链物流行业市场规模仍旧不大，并且行业集中度不高。此外，通过分析增长速度，发现冷链物流百强企业的

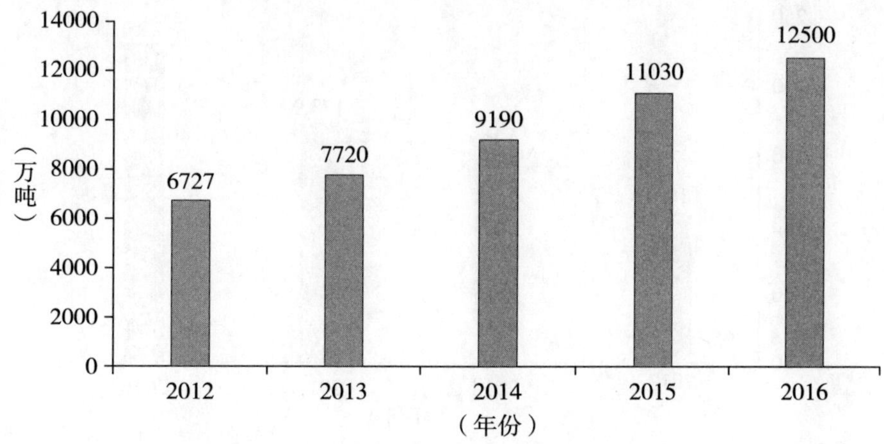

图 2－1　2012—2016 年冷链物流需求总量

资料来源：中物联冷链委。

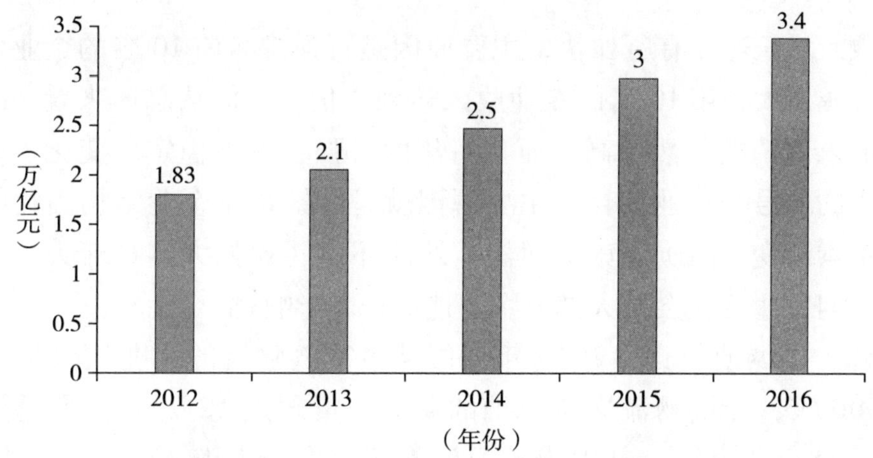

图 2－2　2012—2016 年冷链物流总额

资料来源：中物联冷链委。

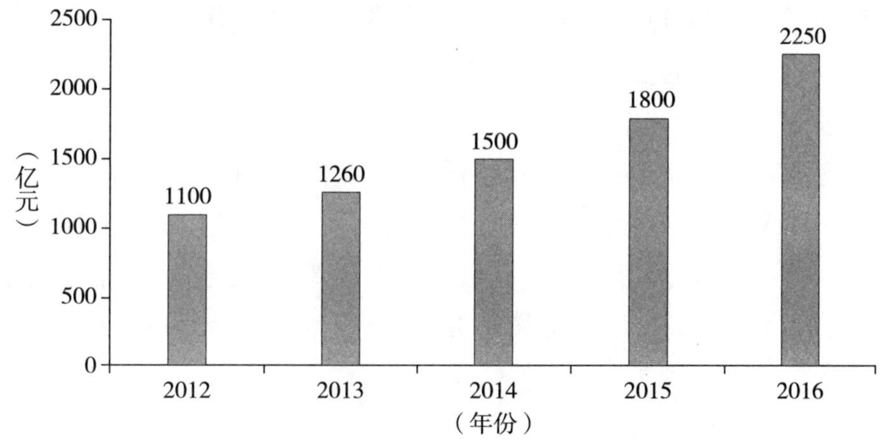

图 2－3　2012—2016 年冷链物流业总收入

资料来源：中物联冷链委。

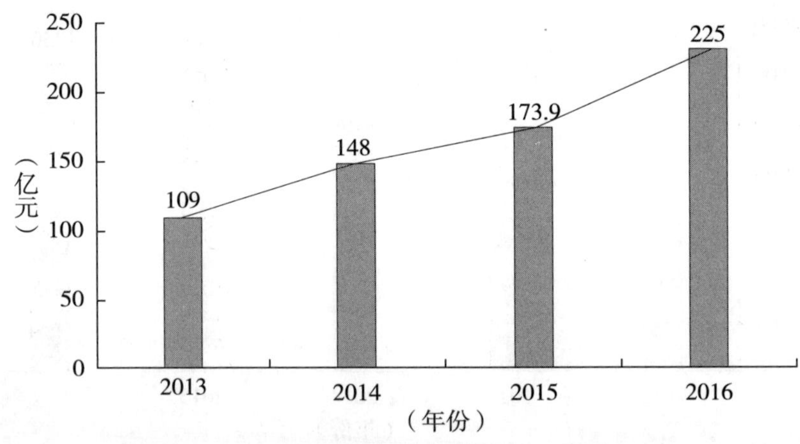

图 2－4　2013—2016 年中国冷链物流百强企业营业总收入

资料来源：中物联冷链委。

营业总收入增长速度有所加快，主要原因是百强排名前 10 名的企业营业总收入增长幅度大，第 10 名的企业收入达到 7 亿元。但从总体来看，冷链百强企业的入围门槛仍然不高，而且每年的百强名单不稳定、变化多，其背后释放出的信号令行业警惕，主要原因就是冷链物流企业结构固化问题没有得到根本改变，同质化竞争激烈，外部环境（比如大客户流失、门店关闭等）一旦发生变化会对大部分企业造成显著影响。

此外，据调研统计，2016 年我国从事冷链物流的企业法人单位数量约为 3500 家，冷链物流岗位吸纳的从业人员超过 12 万人，是增长速度较快的实体行业之一。其中山东、河南、广东、上海、北京等地冷链物流企业数量较多，从业人员密集。但总体来看冷链行业企业和从业人员数量仍然非常少，毕竟我国综合物流企业已超过 30 万家，从业人员超过 3000 万人。现有的企业和人员数量不足以支撑和服务我国巨大的食品市场需求。

冷链物流从业人员整体学历较低，一线操作员工多为初中、高中毕业，大专、本科乃至研究生等学历的人员偏少，基层与管理层之间断档现象严重。冷链物流涉及食品、制冷、物流等多个专业，需要综合能力强的复合型人才，当前大专院校在培养冷链物流人才方面还有很多工作要做。

第二节　2016 年冷链物流发展现状与特点

2016 年我国经济发展所面临的内部、外部环境依然复杂，世界经济虽已呈现出回暖迹象，但步履维艰，贸易保护主义风潮仍旧有蔓延趋势。国民经济处于潜在增长率下移、结构调整和深层次改革的叠加阶段，结构性矛盾突出，经济运行存在着特有的复杂性和不确定性，仍然存在较大的下行压力。

在宏观经济的大环境之下，冷链物流市场中部分传统业务受到一定的影响，比如速冻食品、肉制品加工制造的合约冷链物流业务。但由于国家对食品安全的监管和消费水平的不断上涨，整体依然处于稳步发展态势，现状呈现出以下几方面的发展特点。

一是企业自建冷链物流体系逐步走向第三方服务。过去很长时间，企业自建物流往往服务于内部业务体系，随着专业能力的提升和体量的增大，很多企业的内部物流部门被剥离出来成为单独企业，内外服务比例开始倾斜。比如原来的双汇物流、领鲜物流、蜀海供应链和新兴的京东物流、安鲜达物流等都是如此，物流的资源正在被最大化的挖掘。（如图 2－5 所示）

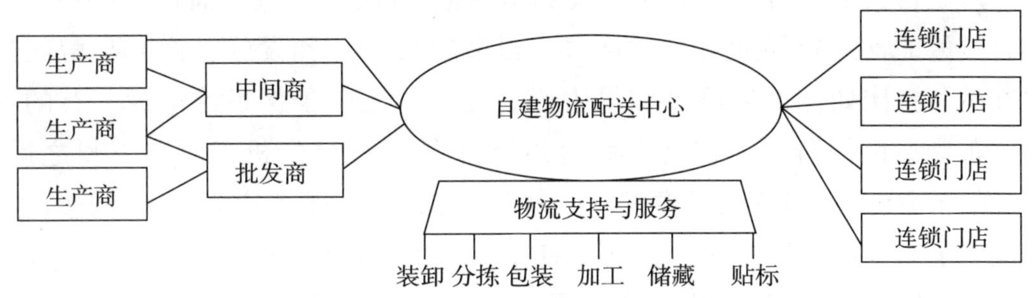

图 2－5　2012—2016 年冷链物流服务模式示意

二是流通渠道变革导致冷链企业服务对象和服务方式在发生转变。移动互联网＋零售、餐饮，衍生出多元化、全渠道的流通模式和消费场景，比如生鲜电商、零售 O2O（线上线下）、餐饮外卖等。这也给冷链企业带来了新的机遇和挑战，机遇在于服务的客户更加多样，挑战在于传统的服务方式不能满足新需求。有很多冷链企业已经感知到这种变化，并积极去拥抱这种变化。

三是成本的不断上涨使得甲方企业更加重视供应链优化。以零售企业为例，随着租金、人工、物流费用的上涨，企业开始在供应链管理上寻求破解之道，而自建冷链 DC（配送中心）就是其中的妙招。以前是由厂家或者经销商直接送货给各地门店，现在则需要将货物送到 DC，再统一配送到门店，降低成本的同时也提高了效率。这种由供应商直配门店的方式，开始向零售企业主导的配送中心模式转变，比如沃尔玛、大润发、家乐福等都开始尝试。

四是行业竞争加剧企业抱团发展。“抱团合作”是 2017 年冷链圈内的“热词”，为什么要抱团？一方面因为行业竞争越来越激烈，另一方面客户需求正在发生变化，客户从单一的服务需求上升到全面的需求，从区域的需求发展到全国性的需求。像海航冷链产业基金、新希望冷链物流板块等，都是抱团发展方面的实践者。

五是传统物流大鳄跨界冷链物流市场。近几年，顺丰、中通、中国邮政、中远等相继进入冷链物流市场，中国铁路总公司和各地铁路局更是开通多条线路的冷链班列，未来还将有更多的传统物流企业分羹冷链市场，他们有庞大的基础网络和设施，有雄厚的资金，有大量的人才，必将对今后的冷链物流市场格局产生影响。

六是自贸区和跨境电商带动冷链新业务增长。上海、福州、广州、天津自贸区的食品贸易业务日益增多，很多冷链企业和设施已经在自贸区建立并运营，比如洋山港冷链交易中心、福建马尾电子保税冷链库，有的甚至已布局冷链海外仓，以便在跨境冷链业务中占得先机。而继杭州之后，国务院于 2016 年同意在天津市、上海市、重庆市、郑州市等 12 个城市设立跨境电子商务综合试验区，也给冷链发展提供了绝佳的发展机会，大连港、郑州机场等也已经率先开展冷链布局。

七是与冷链相关的平台型企业陆续出现。随着冷链行业向精细化、细分化方面不断发展，平台型企业的价值越来越凸显，一类是物流平台型企业，如码上配、唯捷城配；一类是信息流平台企业，比如链库、冷链马甲；一类是商流平台型企业，比如良中行、格利食品网、美菜。它们利用各自掌握的核心平台价值，正在影响和改变现有的冷链模式。

八是零担、宅配业务成为冷链市场强力增长点。冷链零担的爆发，主要取决于生鲜电商的快速发展，以及餐饮、零售品牌在全国门店的扩张，据调研统计，2016 年冷链零担市场规模突破 50 亿元。冷链宅配市场也成为很多企业新的增长源，像京东、易果等都在发力布局冷链“最后一公里”。

第三节 2017 年冷链物流发展趋势分析

2016 年是冷链物流发展的“政策年”，为了使冷链物流体系更完善，冷链基础设施更健全，不断实现农产品冷链物流的规模化、标准化，国家发展和改革委员会、财政部、商务部、交通运输部等陆续出台相关政策助推冷链物流产业新发展，上海、北京、福建、云南等地区也先后出台相关政策，加速当地冷链物流发展。同时，从产业层面来看，果蔬、肉类、水产品等需要冷链物流服务的相关产业在迅速增长，规模化趋势明显，冷链物流需求激增；从资本层面来看，越来越多的产业基金项目相继成立，外部资本进入冷链市场，积极推动冷链物流、特别是第三方冷链物流市场的整合。

从以上分析不难看出，2017 年将是物流大发展的一年，行业整合、网络建设、集约化、人才培育仍是行业发展的重点。

一是行业整合加速。政府监管力度的加大，竞争的加剧，资本的大量投入，加快了行业的整合。未来没有核心竞争力和差异化服务的中小企业生存将越加困难。冷链行业竞争还处在小组赛，全国性、综合性冷链龙头企业还没有出现。企业想要迅速脱颖而出，进入半决赛甚至决赛的竞争，加速整合势在必行。

二是网络化扩张。物流是规模经济，健全的网络是物流企业降本增效、升级转型的基础前提。只具备单点或区域服务能力的企业，越来越无法满足客户扩张需求，价值越来越小。

三是国际化发展。食品进出口贸易、食品跨境电商的爆发，是冷链国际化发展的主因。有能力的冷链企业逐步在“走出去”，先是空运、航运、铁路，然后是公路运输。“一带一路”沿线国家和地区，将是企业未来布局的重要地区，比如广西就是要发展成为东盟冷链物流中心。同时将会有更多国外冷链企业涌入国内市场。

四是集约化发展。提高资产的运营效率是未来的方向，集约化是很好的方式，在一定区域或范围内，把个别的、零碎的、分散而同质的客户集中起来形成规模优势，是冷链物流企业需要思考的方向。（如图2－6所示）

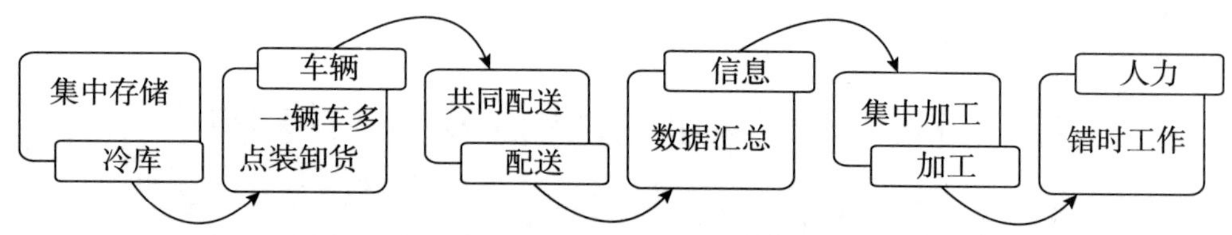

图2－6　2012—2016年冷链物流集约化模式示意

五是向多元化和个性化发展。冷链物流因其专业化程度高、前期投入大、回报周期长，决定了它进入门槛高、经营难度大。但一旦做好，其关联好的网点布局、上下游渠道、客户资源、设施设备等优势便体现出来，往往可以另辟蹊径，拓展贸易、快递、医药物流等新的领域。

六是冷链物流人才越来越稀缺。随着冷链市场竞争的日益激烈，无论是一线的驾驶员、操作工、搬运工，或是中层的车辆主管、仓库主管等管理人员，还是负责整体运营管理的高级人才，都会越来越难招，人才的流动性也会越来越大，企业必须建立自己的冷链人才培养梯队，完善留住人才的激励制度。

总之，在我国经济发展新常态背景下，伴随着供给侧结构性改革政策的提出，冷链行业发展问题受到越来越多的关注。探究冷链物流在发展过程中的供需结构矛盾，寻求如何在新形势下进行创新发展，实现冷链物流行业“换挡升级”和“弯道超车”的改革目标，必须从冷链物流业态创新中寻求其可持续发展的动力。

第三章　2016 年中国冷链仓储情况分析

本章以中物联冷链委统计数据为基础和支撑，对国内冷库容量、现状问题、技术特点、分布与增量等情况进行了梳理和分析。分析发现，我国冷库建设和整体分布结构不断趋于完善与合理，冷库扎堆建设、先期盲目建设、同质化建设和运营造成的资源浪费情况明显减少，目前已经形成了一批高标准、现代化、多功能、新模式的冷库企业。

第一节　2016 年中国冷库发展概况分析

一、冷库总量与人均冷库容量分析

据中物联冷链委不完全统计，2016 年全国冷库容量达到 4200 万吨，折合 10500 万立方米，比 2015 年增加 460 万吨冷库（1150 万立方米），同比增长 12.3%。图 3－1、图 3－2 为 2012—2016 年五年内冷库总量情况。

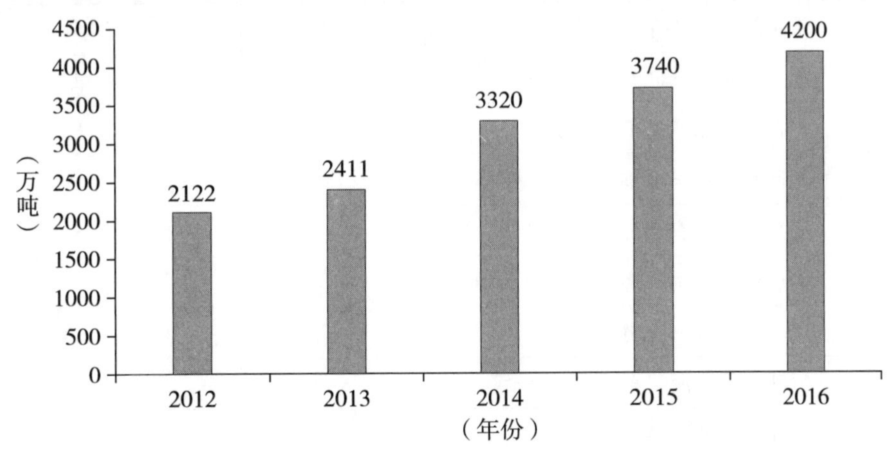

图 3－1　2012—2016 年全国冷库容量（万吨）

资料来源：中物联冷链委。

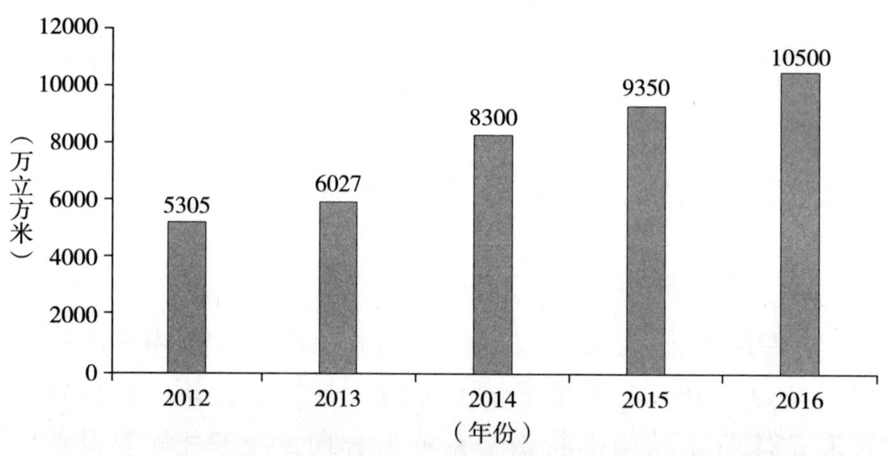

图 3－2 2012—2016 年全国冷库容量（万立方米）

资料来源：中物联冷链委。

2016—2017 年（前两季度）部分新建成的大中型冷链仓储项目，如表 3－1 所示。

表 3－1 2016—2017 年（前两季度）部分新建成的大中型冷链仓储项目

2016 年部分新建成的大中型冷链仓储项目	吨位（万吨）
凤凰山农贸城二期冷链项目	3
凌家塘农副产品冷链物流中心二期	1.5
贵州省瀑布冷链交易中心二期	15
徐州鸿龙农产品冷链物流项目	1
天津蓝玺冷链物流冷库	1.6
济南维尔康冷库（H 座）	5
上海全惠寅仓储有限公司	2
东莒食品水产城低温冷冻库	6
利辛县强英鸭业项目	1
安丘市盛大农产品交易市场	5
大庄园集团牛羊肉产业示范园项目	5
厦门中盛统一冷链基地	2.3
恒浦国际物流二期冷库	15
晋江陆地港正港冷链物流中心	1

资料来源：中物联冷链委。

二、冷库区域分布情况分析

从各省份冷库容量和增长情况来看，山东、天津、重庆、海南等地区增长幅度不大，说明这些地区冷库市场总体达到供需平衡；贵州、青海、宁夏、山西、湖南、河南等地区增幅较大，有的甚至出现翻倍增长的情况，说明这些地区对于冷库还有很大需求，而且这些地方大多数是食品生产大省或者农业生产大省。其他地区冷库总体保持稳定增长态势。（如图 3 - 3 所示）

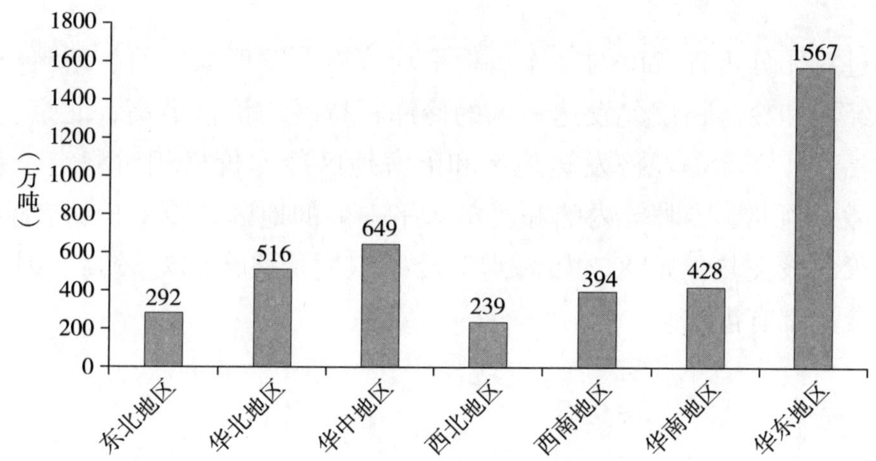

图 3 - 3　2016 年全国七大区域冷库容量对比

资料来源：中物联冷链委。

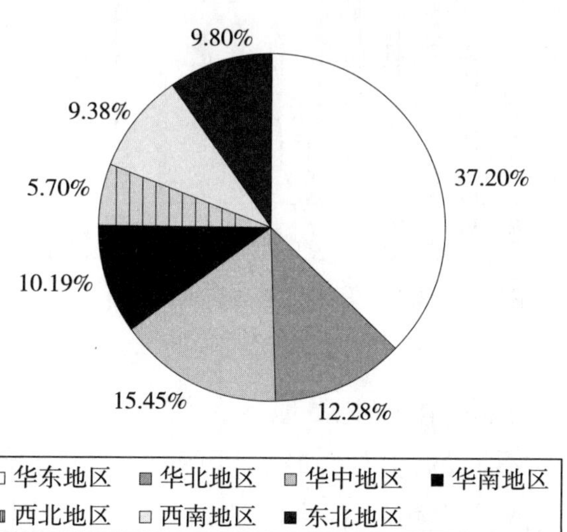

图 3 - 4　2016 年全国七大区域冷库容量占比

资料来源：中物联冷链委。

从图 3 –4 可以看出，目前华东地区冷库占比最高为 37. 20%，随后依次是华中地区 15. 45%，华北地区 12. 28%，华南地区 10. 19%，西南地区 9. 38%，东北地区 9. 80%，西北地区 5. 70%。从七大区域的冷库占比情况可以看出，一方面冷库总量同各地区的经济发展水平成正比，另一方面多个地区之间的冷库容量差距越来越小，这也说明我国冷库整体水平在不断提升，冷库结构和资源布局趋于合理化。

三、全国主要省市冷库租赁价格与成本分析

通过对比分析各省市的冷库租赁平均价格，发现像广西、新疆、宁夏、甘肃等经济和冷链物流欠发达地区的冷库租赁平均价格最高，北京、上海、广州、福建、江苏等经济发达地区和沿海地区冷库价格相对稳定、差距不大，安徽、河北、吉林等内陆和经济水平一般的地区，冷库价格普遍偏低。另外，天气较炎热的地区，如海南等冷库租赁价格也相对较高，因为常年四季对冷库都有需求。

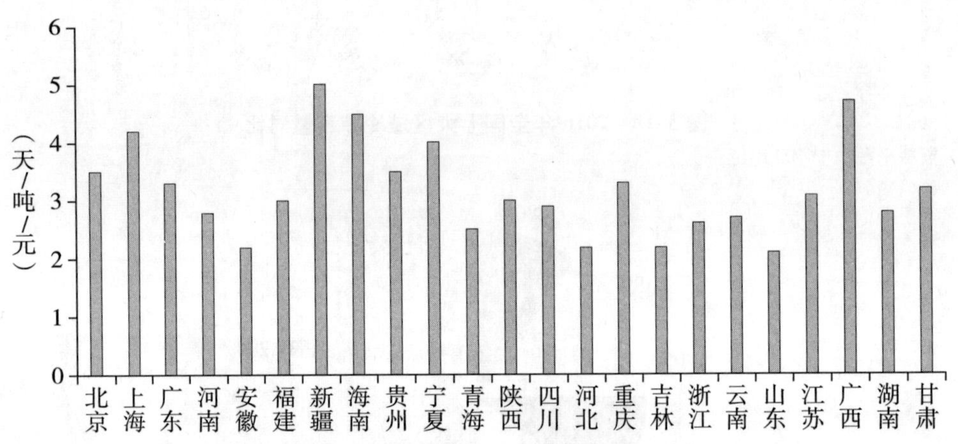

图 3 –5　2016 年全国主要地区冷库租赁平均价格

资料来源：智传咨询。

图 3 –5 反映的只是全国主要地区的冷库平均租赁价格，具体到某个市（区）而言，不同的地级市或者区的冷库租赁价格也有明显差异，这主要取决于周边的冷库数量、冷库的地理位置、周边道路运输环境等综合因素。

表 3-2　　2016 年冷库企业成本结构及占比情况

成本项目	成本属性	折旧年限	成本占比
土地	固定	40 年	45% ~55%
冷库建设	固定	20 年	45% ~55%
租金	半固定	—	60%左右
设备（制冷、货架、叉车、托盘）	固定	3~8 年不等	10%左右
办公设施	固定	—	—
信息系统	半固定	—	—
人工费	变动	—	10%
电费	变动	—	10%
低值易耗品	变动	—	—
管理费	变动	—	运营的5% ~8%
税费	变动	—	6%

资料来源：中物联冷链委调研。

从表 3-2 来看，目前冷库企业经营当中成本支出的方面有 10 多项，企业总体经营压力比较大，因此冷库汇报周期一般多在 15 年甚至更多。而且其中土地、人工、电费等大部分成本处于逐年上涨态势，从这个角度分析，今后冷库租金价格还将不断上浮。

第二节　2016 年中国冷库发展特点与趋势分析

一、冷库行业集中度低，市场整合空间大

目前，我国冷库行业尚未出现市场占有率领先、冷库网点遍布全国的龙头企业，2016 年全国排名前 10 的冷链仓储运营商仅占整个冷库市场 10.5%的份额，前 30 名冷链仓储运营商只占 17.3%的市场份额，整个冷链仓储市场的集中度还很低，无法形成规模效应进行优化调度，拖累了行业整体的盈利水平，这跟冷链运输市场的格局比较相似。主要原因是中国冷链产业还处于起步阶段，和其他冷链发达国家一样，正在经历从分散到集约的市场发展过程，很多国际冷链仓储企业也刚刚在国内冷链市场发力。

今后几年随着需求的增长，冷链仓储市场还将迎来爆发性的增长态势，

企业之间的竞争也将更加白热化，市场也会逐步得到规范和整合，目前很多证件资质不全的中小冷库企业将不再具备竞争优势，面临被淘汰或者整合并购的趋势。未来具备全国性网点的冷库企业，其在价格、运营、调度等多方面的优势才能体现得淋漓尽致，接下来很长时间，国内外大型冷库企业之间比拼的就是快速的冷库网点扩张能力、整合收购能力和运营管理能力。

2015—2016 年全国冷链百强企业前 30 强冷库排名，如表 3 –3 所示。

表 3 –3　　2015—2016 年全国冷链百强企业前 30 强冷库排名

排名	企业名称	排名	企业名称
1	河南鲜易供应链股份有限公司	16	上海广德物流有限公司
2	上海源洪仓储物流有限公司	17	新疆拓普农业股份有限公司
3	上海郑明现代物流有限公司	18	大连獐子岛中央冷藏物流有限公司
4	大昌行物流（中国）	19	上海领鲜物流有限公司
5	招商美冷（香港）控股股份有限公司	20	中外运普菲斯冷链物流有限公司
6	希杰荣庆物流供应链物流有限公司	21	库车杰丰果业有限责任公司
7	镇江恒伟供应链管理股份有限公司	22	德州飞马冷链物流有限公司
8	上海锦江国际低温物流发展有限公司	23	浙江统冠物流发展有限公司
9	武汉山绿冷链物流有限公司	24	上海吴泾冷藏有限公司
10	太古冷藏仓库有限公司	25	广东新供销天业农产品有限公司
11	北京亚冷国际供应链管理有限公司	26	舟山陆港物流有限公司
12	云通物流服务有限公司	27	北京市五环顺通物流中心
13	南京谷昌物流有限公司	28	新疆亚中物流商务网络有限责任公司
14	山东盖世国际物流集团	29	青岛天驰仓储有限公司
15	漳州大正冷冻食品有限公司	30	增益冷链（武汉）有限公司

资料来源：中物联冷链委。

2016 年全球冷库排名 25 强，如表 3 –4 所示。

表 3 –4　　2016 年全球冷库排名 25 强

排名	公司名称	位　置	立方英尺	立方米
1	Americold Logistics	阿根廷、澳大利亚、加拿大、中国、新西兰、美国	992032503	28091186
2	Lineage Logistics	美国	609276429	17252759

续 表

排名	公司名称	位 置	立方英尺	立方米
3	Swire Group	澳大利亚、中国、斯里兰卡、美国、越南	409818004	11604734
4	Preferred Freezer Services	中国、美国、越南	325393595	9214105
5	AGRO Merchants Group，LIC	澳大利亚、巴西、智利、爱尔兰、荷兰、西班牙、美国	219057422	6203005
6	Nichirei Logistics Group，Inc.	法国、日本、荷兰、波兰	157209593	4451673
7	Kloosterboer	加拿大、法国、荷兰、波兰、美国	150581775	4264000
8	Versa Cold Logistics Services	加拿大	115203748	3262201
9	Partner Logistics	比利时、荷兰、英国	101021075	2860594
10	Interstate Warehousing，Inc.	美国	100227481	2838122
11	Cloverleaf Cold Storage Co.	美国	74776899	2117442
12	Burris Logistics	美国	62329576	1764974
13	Frialsa Frigorificos S. A. De C. V.	墨西哥	60892278	1724274
14	New Cold Cooperatief U. A.	法国、德国、荷兰、波兰、英国	55338134	1566999
15	Gruppo Marconi Logistica Integrata	意大利	55090931	1559999
16	Henningsen Cold Storage Co.	美国	53756309	1522207
17	Congebec Logistics，Inc.	加拿大	49660000	1406212
18	Hanson Logistics	美国	43818540	1240801
19	Conestoga Cold Storage	加拿大	39526536	1119265
20	Oxford Logistics Group	澳大利亚	38431920	1088269
21	Montague Cold Storage Pty Ltd	澳大利亚	34149879	967016
22	Bring Frigo	芬兰、法国、荷兰、挪威、西班牙、瑞典	33787112	956743

续　表

排名	公司名称	位　置	立方英尺	立方米
23	CCS Logistics	南非	30534558	864641
24	Allied Frozen Storage, Inc.	美国	29455115	834075
25	Trenton Cold Storage, Inc.	加拿大	28335972	802384

资料来源：国际冷藏库协会。

二、市场需求潜力大，冷库多元化发展

我国冷冻食品年产量超过2500万吨，总产值超过520亿元，年营业额在500万元以上的食品冷冻、冷藏企业约2万家，就业人员250万人。我国共拥有2500多家规模以上的肉类食品厂，年产肉类6000万吨，且产以5%的速度在逐年递增；规模以上的冷饮企业4000余家，年产量超过150多万吨，且每年以7%左右的速度逐年递增；规模以上的乳品企业1500余家，年产量800万吨，且每年以30%左右的速度逐年递增；水产品产量4400万吨，并且每年以4%的速度逐年递增。

而且据农业部测算，到2020年我国的人均蔬菜占有量在现有的370千克基础上还要增加30千克，新增需求则主要通过提高单产和减少损耗解决。另外，速冻食品的产量以20%的速度递增，近三年来甚至以35%的高速度增长，远高于全球9%的平均增长速度。我国生鲜品年总产量约7亿吨，未来随着易腐食品和速冻食品需求的逐年提升，我国对冷库的需求依然保持较高的水平。

从图3－6可以看出，目前全国冷库储藏的商品品类主要还是以果蔬、肉制品和水产品为主，合计占比达60%，速冻食品、乳制品及其他产品合计约占40%。

总体来看，主要产品的冷库占比情况符合目前我国消费市场需求，不过随着移动互联网的飞速发展，以及消费者对产地“最先一公里”品质的更严把控，不同类型的冷库占比将发生新的改变。图3－7是目前我国不同类型冷库的占比情况，可以看出，生产加工企业自建或外租的用于企业自

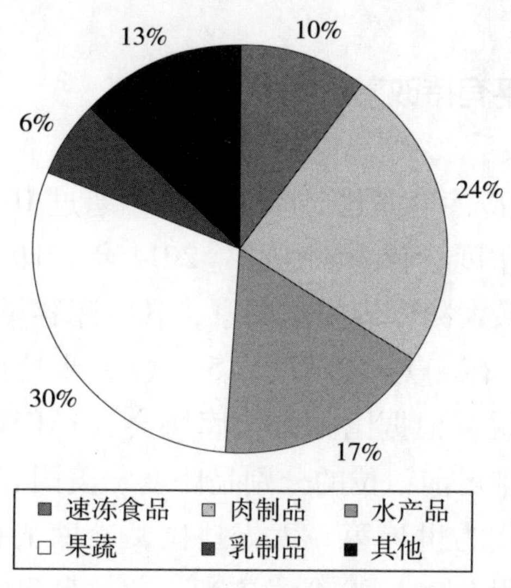

图3-6 不同产品的冷库占比情况

资料来源：智传咨询。

身产品存储加工的冷库占比最大，这部分冷库不做或很少做第三方使用，是冷库资源的较大浪费。产地型冷库占比只有8%，说明我国农产品在预冷、错季流通等方面还有待提升。社区型冷库这两年增长十分迅速，虽然目前占比只有6%，却可以看出生鲜电商对终端消费者市场的渗透力，社区微仓冷库前景可期。

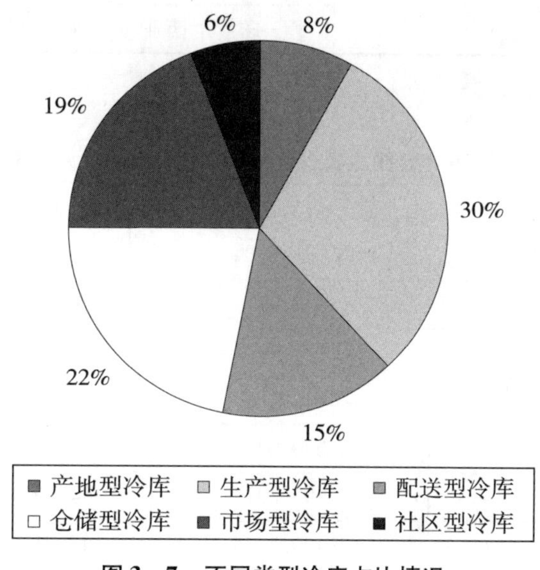

图3-7 不同类型冷库占比情况

资料来源：智传咨询。

三、人均冷库水平有待改善

全球有 13 个国家冷库容量已经呈现出每年超过 10% 的增速，其中增长率最高的是土耳其、印度、秘鲁和中国。2014 年，印度冷库容量已经超过美国，成为全球拥有最大冷库容量的国家，其冷库容量达到 1. 31 亿立方米，其中 5% 由印度政府持有。美国拥有 1. 15 亿立方米冷库容量，其中 76% 的容量作为公共冷库租赁。根据国际冷藏库协会（IARW）公布的数据显示，全球最大的冷库产业排名前三位的分别是印度、美国和中国。

中国人口众多，作为世界第一大人口国，冷库的拥有率水平低于大部分国家，人均冷库容积在 0. 1 ~0. 3 立方米。荷兰自 2014 年以来成为城市居民人均冷库占有量最高的国家，近年来基本稳定在 1. 14 立方米/人。（如表 3 –5 所示）

表 3 –5　　人均冷库容积对比

人均冷库容积（立方米/人）	国家
1. 14	荷兰
0. 3	冰岛、丹麦、英国、美国、德国、挪威
0. 1 ~0. 3	中国、俄罗斯、印度、加拿大、法国
<0. 07	印度尼西亚、秘鲁

资料来源：国际冷藏库协会。

表 3 –6　　2015 年、2016 年全国主要省份冷库容量及人均冷库容量情况

地　区	2015 年（万吨）	2016 年（万吨）	增长率（%）	2016 人均冷库容量（吨/万人）
山东	457. 9	483. 92	5. 68	505
上海	230. 95	341. 19	47. 73	1482
广东	199. 86	307	53. 61	294
江苏	181. 4	280. 07	54. 39	356
福建	169. 4	193. 82	14. 42	545
湖北	166. 9	199. 74	19. 68	349
辽宁	164. 66	206. 81	25. 60	472

续　表

地　区	2015 年（万吨）	2016 年（万吨）	增长率（%）	2016 人均冷库容量（吨/万人）
浙江	140. 8	181. 62	28. 99	334
天津	130. 84	141. 12	7. 86	1091
河南	129. 86	286. 76	120. 82	304
重庆	123. 96	124. 28	0. 26	430
河北	104. 6	116. 15	11. 04	161
云南	101. 06	117. 02	15. 79	254
北京	93. 91	145. 2	54. 62	725
湖南	84. 2	162. 12	92. 54	247
四川	75. 5	104. 14	37. 93	130
新疆	73. 7	90. 72	23. 09	416
安徽	71. 75	88. 6	23. 48	149
甘肃	67. 3	87. 8	30. 46	343
广西	52. 34	76. 1	45. 40	165
黑龙江	50. 5	63. 71	26. 16	166
海南	44. 85	45. 21	0. 80	521
山西	40. 97	92. 59	125. 99	259
陕西	33. 78	60. 84	80. 11	163
江西	33. 64	58. 56	74. 08	131
宁夏	25. 8	49. 24	90. 85	781
吉林	19. 27	22. 71	17. 85	83
内蒙古	15. 3	23. 38	52. 81	95
贵州	12. 4	48. 3	289. 52	138
青海	6. 57	12. 18	85. 39	216
总和	3103. 97	4210. 9	35. 66	—

注：不含西藏、香港、澳门地区。

资料来源：中物联冷链委。

从表 3 -6 分析看出，上海、天津两座沿海经济发达城市的人均冷库容量最高，分别为 1482 吨/万人、1091 吨/万人，其次是宁夏 781 吨/万人，这也颠覆了过去普遍认为宁夏地区冷链水平落后、冷库欠发达的印象，这主要是因为宁夏地区人口只有630多万。北京以725吨/万人排名第四，山东、福建、海南、辽宁等地处于较高水平，吉林、内蒙古、四川、河北、贵州、江西等地人均冷库容量不高，还有很大提升空间。人均冷库容量一定程度上反映了某地区冷链物流整体水平的高低。

第三节　常见类型冷库功能及趋势介绍

根据目前主流冷链企业的商业模式，对应的冷库类型可分为储藏型、市场型、中央及区域配送型、城市配送型、电商宅配型、中央厨房型、产地型七种。

一、储藏型冷库

储藏型冷库是20世纪八九十年代建设最多的冷库，目前市场上保有量最大的一种冷库类型，主要用于水产品、肉类等冻品储存。这种类型的冷库是以商品储存功能为主，商品品类较少，存储周期少则半年，多则长达一年。所以在温区设计上比较单一，冻品存放形式以堆货为主，对存储量有一定要求，对发货区面积、温度要求较低。

二、市场型冷库

所谓市场型冷库，主要以农产品批发市场配套建设的冷库为主。这种类型的冷库除了需要具备一定存储空间外，还要考虑出租给市场内商户使用。因此，在设计上更多地考虑冷库拆分的灵活性，便于计算租赁费用。市场型冷库目前以多层建筑或小型冷库为主，多层建筑每层高度5米左右，商品存放以堆货形式居多。

三、中央及区域配送型冷库

CDC（中央配送中心）、RDC（区域配送中心）等配送中心的冷库，服务半径较大，在冷库库型规划时考虑储藏功能的权重大于配送功能。由于具备了配送功能，这种类型的冷库对收发货区域面积和温度有一定要求。商品存放多为货架形式，冷库高度一般以货架高度来确定，目前以 4 层以上货架高度为主，部分冷库采用了 8 层货架高度。近几年，自动化立体冷库在区域配送型冷库中应用的也越来越多。

四、城市配送型冷库

城市配送型冷库选址优先考虑距离市中心或客户最近、交通最方便的位置。目前，城市配送发达的城市如北京、上海，城市中心区域不断外延，选址越发困难。

城市配送型冷库在库区规划时考虑配送功能要多于仓储功能，营运过程更讲究商品流通的时间和效率，所以对通道、存储货位、进出货位等方面有很高要求。

城市配送型冷库具备一定的分拣、理货功能，仓储型冷库中的月台区域在这里通常称为理货区，理货区是城市配送型冷库所有功能区中创造利润最高的区域，城市配送型冷库在规划中对理货区有一定的面积和温度要求，这也是为什么仓储型冷库很难改做城市配送业务的重要原因之一。多温层布局是城市配送型冷库的主要趋势，甚至还要考虑配备干仓区域。

五、电商宅配型冷库

这里我们将做 B2C（企业对消费者）业务的冷库称为电商宅配型冷库，这种冷库属于城市配送型冷库中的一种形式，但在功能规划上有其自身特点。

一直以来，从事第三方冷链宅配业务的企业寥寥无几，其中最知名的当属 YAMATO（雅玛多）。随着近几年生鲜电商的发展，特别是垂直电商，更愿意自建冷库，所以宅配型冷库目前多为生鲜电商自营。

电商宅配型冷库需要处理更多的 SKU（库存量单位），需要大量的越库操作，在库区规划上不但要考虑收发货区、理货区，还要考虑设置拆零、简单加工、包装等区域。由于分区较多，内部动向需要合理布局。冷库中加工、包装区域有相应的卫生要求，在选择冷库保温材料时注意要采用洁净板材。

目前，我国生鲜农产品流通标准化程度很低，使得库区内无法实现自动化作业，需要使用大量人工操作，所以在人员密集的区域应配备通风换气装置。由于电商宅配型冷库内部多为越库操作，用于储存的冷库容积较小，人员作业的区域所占比例较大，温度控制在8℃～18℃，在制冷方式上可采用空调水冷方式，既可以节约成本，又可以减少制冷剂的注入量，更加环保。

六、中央厨房型冷库

中央厨房型冷库内部不但有冷链，也有热链。通常为加工、制作、配送一体化设计，功能分区更为复杂。目前，国内中央厨房型冷库多为连锁商超、航空配餐等自建自营，公共型中央厨房冷库总量很小。

中央厨房型冷库对卫生有严格的要求，对地面、墙面、板材等都有不同的设计条件。部分区域如净菜加工间，具有空气洁净度的规定，所以在设计上需要考虑采用不同的空气过滤装置以满足净化要求。

此外，由于多数地面需要定时清洗，在保温板与地面处理上不但要做到密封，还要考虑挡水、易清理等情况。防火要求也是中央厨房型冷库设计中的重要一环，如防火分区、通道的设置，防火板材的选择都是必须重点考虑的内容。由于大型中央厨房冷库冷间分布非常散、温区多、跨度大，制冷系统应合理分配设计，目前采用分布式系统设计较多。

七、产地型冷库

目前，国内产地型冷库多为储藏型。随着生鲜农产品保鲜技术的发展应用，特别是蔬菜、水果类农产品，采摘后的保鲜处理越来越受到重视，对蔬菜、水果类的采摘后预冷处理就是很重要的一个环节，近几年新建的产地型冷库越来越多地配备了预冷间或预冷设备。为何我国蔬菜、水果类农产品损耗率惊人？这类农产品在采摘后没有及时进行预冷处理是很重要的原因之一。

储藏冷库中的气调冷库有效延长了蔬果的保鲜期，但高昂的建设成本阻碍了这类型冷库的发展。随着农产品流通标准化向产地方向延伸，产地型冷库逐步增加了分拣、初加工、包装等功能，带有交易市场型的产地复合型冷库发展也非常快速，这也是解决农产品冷链“最先一公里”问题的发展趋势。

随着近几年冷链行业的快速发展，复合型冷库已成为未来发展趋势。冷库由传统的单一储藏功能发展到今天，所承担的功能越来越多，逐步被冷链物流中心、冷链配送中心、生鲜加工中心等所替代。这是经济发展的必然，也是整个冷链行业进步的结果。

第四章　2016 年中国冷链运输情况分析

近年来，我国冷链运输市场呈现快速发展变化的局面，多种冷链运输方式之间的竞争加剧，逐步摆脱以往以公路冷链运输为绝对主力的固有格局，呈现出百花齐放的景象，铁路、民航、水运等不断推出服务新举措，客户在冷链运输方面的选择更加多样，而且各种冷链运输方式之间出现组合式搭配，进一步提高了冷链运输效率、降低了冷链运输成本。不过目前来看，冷链运输市场也遇到了发展的瓶颈和不足，新态势需要冷链运输企业以新的理念去面对市场。

第一节　公路冷链运输情况分析

一、公路冷链运输市场概述

如图 4 –1 所示，2016 年我国公路冷链运输货物周转量为 1000 亿吨公里，同比增长 25%。反映出我国公路冷链运输市场增长平稳，一方面冷链运输总量有所增加，另一方面冷链运输距离进一步延长。但相比普货运输，冷链运输市场还存在车辆周转率低、空驶率高等问题，冷链运输效率有待提升。

从图 4 –2 可以看出，当前国内冷链运输市场还是以公路冷链运输方式为主，约占 3/4 的市场份额，这种份额占比会在未来几年发生一些变化，随着“一带一路”战略的实施，生鲜电商、跨境食品贸易等市场的崛起，铁路、航运、航空等冷链运输方式将逐步发挥更大的优势，海铁联运、公铁联运等多式联运方式也将在冷链运输市场中扮演更重要的角色。

据调研，目前我国公路冷链运输利润普遍较低，平均仅为总收入的 5% ~8%，影响利润的主要原因是成本结构不合理，成本支出占收入的比

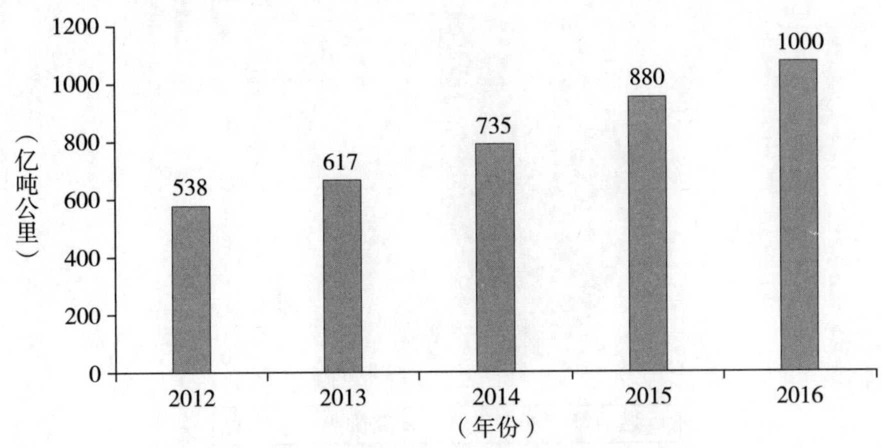

图 4－1　2012—2016 年公路冷链货物周转量

资料来源：智传咨询。

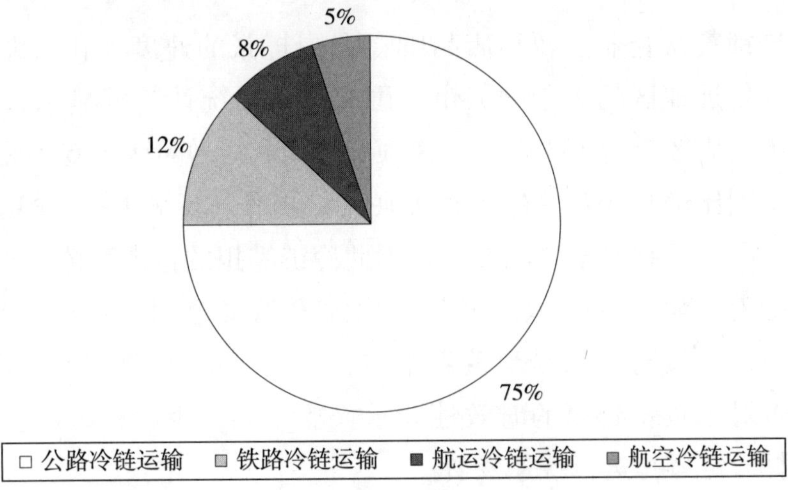

图 4－2　2016 年公路、铁路、航运、航空冷链运输市场占比

资料来源：智传咨询。

例过高。从图 4－3 可以看出，公路冷链运输的主要成本包括燃油费、人工费、路桥费和其他费用，其他费用包括车辆折旧、保险费、管理费、城建费、印花税等。

二、公路冷链零担运输市场情况分析

2016 年冷链零担市场迎来全面爆发，除了东部地区的零担线路不断完善以外，中西部地区甚至通往三亚的很多线路也陆续开通。冷链零担需求在 2016 年集中爆发，主要基于以下两个原因。

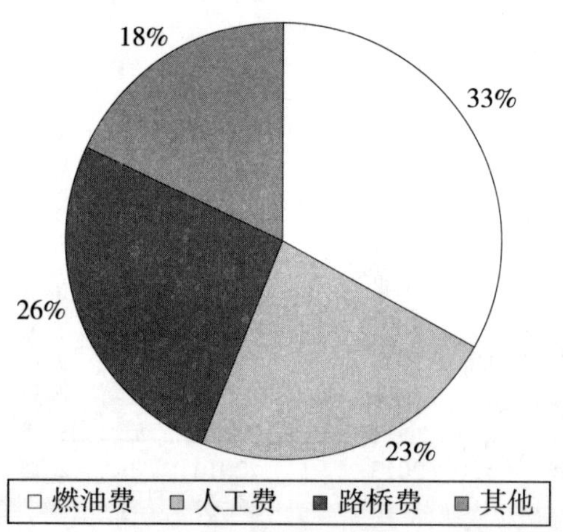

图4－3　2016年公路冷链运输成本结构及占比

资料来源：智传咨询。

一是连锁餐饮企业、便利店品牌在全国扩张的速度加快，尤其是在三四线城市和偏远地区的大中型城市，国家统计局统计数据显示，2015年连锁企业超市门店数量为33301家，连锁企业便利店数量为17675家，仅便利店门店数量同比增长5%左右。个别地区和城市只新增1～2家门店，所需的食材和产品达不到整车物流要求，因此冷链零担的价值就体现出来。

二是随着生鲜电商的快速发展，生鲜食品买全国、卖全国趋势明显，由于生鲜电商直接对应的是消费者个体，都是拼单化、碎片化需求，而且现在消费者对于货物到家的时效性要求又非常高，因此越来越多的厂家和平台会选择冷链零担进行快速发货。

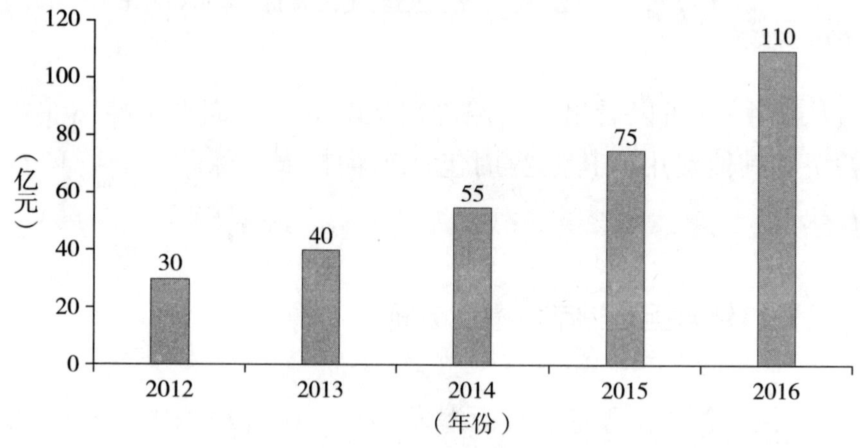

图4－4　2012—2016年冷链零担市场规模

资料来源：智传咨询。

从图 4 - 4 分析看出，近五年来我国冷链零担市场需求旺盛，2016 年市场规模达到 110 亿元，同比增长 47%，远远超过冷链物流市场的平均增速，约占整个冷链物流市场规模的 5.1%。据了解，在冷链零担市场处于领先地位的顺丰冷运，其 2016 年营业收入是 13.6 亿元，增长十分迅速。虽然冷链零担需求旺盛，但仍然面临以下几方面的挑战。

一是价格体系缺乏标准，冷链零担涉及环节较多，一般包括上门集货、打包、贴标、拼车、运输、卸货等一系列过程，因此较难制定明确的价格收费标准，但是企业要想在冷链零担市场做大、做强，价格标准化、透明化是取得客户信任的重要手段。

二是局部区域零担线路完善，中西部存在线路孤点。从目前的冷链零担市场发展程度来看，主要线路多集中在经济发达和东部沿海地区，而在中西部地区，由于冷链整体基础设施薄弱、大中型冷链物流企业少等原因，导致冷链零担网络不健全。

三是零担与配送之间缺乏衔接，多数冷链零担企业只具备干线运输能力，无法满足客户一体化冷链物流需求，支线和区域配送则需要甲方客户另行寻找，这就有可能造成双方在交接货物时发生货物丢失、损坏，甚至耽误收货时间的问题。

四是收发货物时间不固定。由于没有稳定的货源，冷链零担企业往往要根据车辆装载的程度决定发货时间，如果车辆装不满则很有可能导致延迟发车，给客户企业带来影响。收货不稳定，主要原因是冷链零担企业信息化装备落后，对收货地点的定位存在偏差。

五是常温、冷藏、冷冻货物混装现象普遍存在。冷链零担产品五花八门，各自对温度的需求都不一样，国内冷链企业目前多是单温车，双温车、三温车较为少见，一些冷链企业为了提高车辆装载率，往往进行不同货物的混装拼车，这样会造成对产品品质的损坏。

六是零担节点少，集货散货能力不足。就好比长途巴士，如果在中途设立若干个站点，就能在多个站点有效吸引和分散人流，最大限度地保障巴士的承载率和流动率，提升巴士的营收能力，冷链零担同样如此。

三、美国冷链干线运输发展经验借鉴

2015 年美国冷藏干线运输行业总收入为 61 亿美元，其中冷藏卡车运输服务占比在 2/3；行业排名第一位的 C. R. England 的营业收入 15. 17 亿美元中有 65% 来自于冷链干线运输；排名第三位的马尔登运输公司（Marten Transport）的营业收入 6. 65 亿美元中接近 60% 来自于冷藏干线运输。

2012 年美国冷藏干线运输行业前三家公司市场份额为 13%，到 2015 年前五家公司市场份额为 39%，其中仅龙头企业 C. R. England 一家市场份额就提高了 7 个百分点达到 13. 5%；排名第二的 KLLM Transport Services 在 2013 年收购 Frozen Food Express Industries，从原来的第六大冷藏运输商跃居到第二位，占有 8. 8% 的市场份额。总体上看，美国冷藏干线运输行业通过扩大经营或收购的方式使市场份额不断提升，“一超多强”的行业竞争格局已然形成。（如图 4 –5 所示）

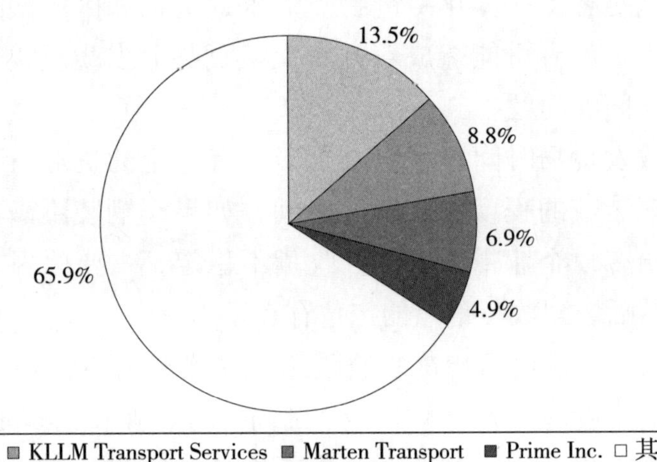

图 4 –5　2015 年美国冷链干线运输市场份额占比

相比之下，中国冷链物流行业仍处于发展初期，专业化的分工尚未形成，大部分企业提供一揽子服务。与美国分工明确相比，细致的分工虽然会增加操作的难度，但是其高度的专业性将在很大程度上提高服务质量和速度，采取的技术标准也远远超过一揽子的经营模式。

当前我国公路冷链运输市场模式比较传统，多是固定线路的点到点单一运输服务，导致冷链运输车辆长期处于有货“吃不饱”或者“吃不了”

的状态，车辆效率无法最大限度发挥。现在我国大部分冷链运输线路和网点掌握在荣庆物流、双汇物流、顺丰冷运、海航冷链、鲜易供应链等企业手中，但这些企业的冷链运输网点累计仅为 200 多个，专线数量不过百余条，短期之内很难推动冷链运输市场的格局变化。参考普货运输市场的发展经验，通过建设大型公路港冷链平台（或园区）集聚与整合冷链物流和货物资源，方能编织更大的冷链物流运输网络，提升整个冷链运输市场的潜力空间。

第二节　铁路冷链物流发展情况分析

铁路运输一直在我国运输市场占有举足轻重的地位，但很长时间以来在冷链运输市场却并没有展现“铁老大”的实力，由于传统冷藏机保车制冷方式落后、运行线路编排复杂等原因，导致其对公路冷链运输并没有优势可言。不过，最近随着国家“一带一路”战略的深入推进，中国铁路总公司《铁路冷链物流网络布局“十三五”发展规划》的出台实施，铁路冷链物流的发展迎来了绝佳的历史机遇，必将对未来我国冷链物流发展格局造成重大的影响和改变。

一、铁路运输总体发展情况分析

2016 年，全国铁路货运总发送量完成约 33.32 亿吨，比上年减少 0.26 亿吨，下降 0.8%。其中，全国铁路 26.52 亿吨，比上年下降 2.3%。全国铁路货运总周转量完成 23792.26 亿吨公里，比上年增加 37.95 亿吨公里，增长 0.2%。其中，国家铁路 21273.21 亿吨公里，比上年下降 1.5%。集装箱、散货快运量比上年分别增长 40% 和 25%。全国铁路总换算周转量完成 36371.56 亿吨公里，比上年增加 656.65 亿吨公里，增长 1.8%。其中，国家铁路 33801.08 亿吨公里，比上年增长 0.9%。（如图 4－6、图 4－7 所示）

二、铁路冷链物流市场现状分析

2016 年，在市场强大需求的保障和国家政策规划的支持下，我国铁路

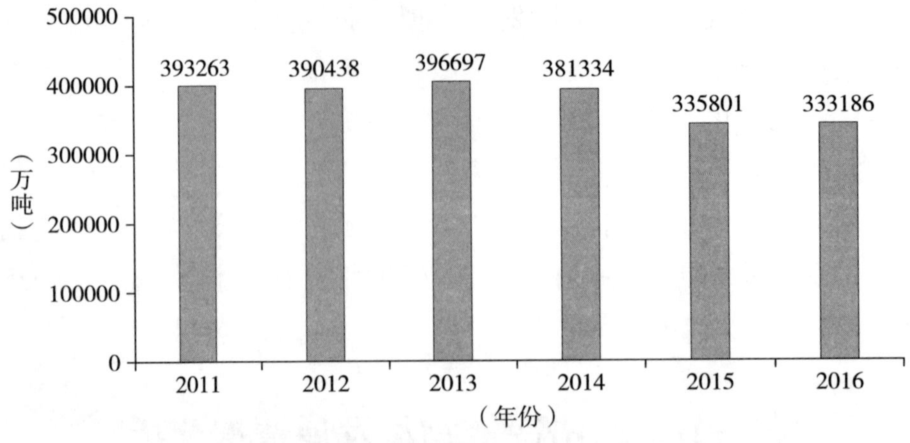

图4－6　2011—2016年全国铁路货运总发送量

资料来源：轨道交通。

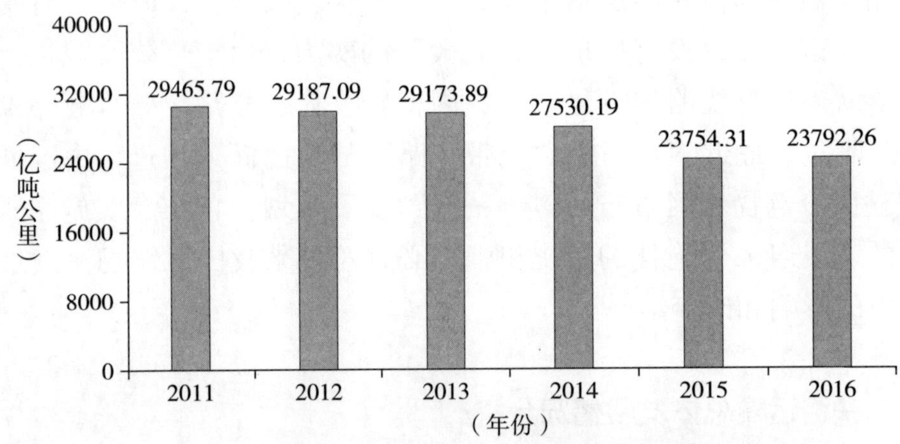

图4－7　2011—2016年全国铁路货运总周转量

资料来源：轨道交通。

冷链物流发展总体取得了突出的成绩，在铁路冷链基础设施建设、铁路冷链新线路开通、铁路冷链运输时间优化、多式联运探索等方面相比以往有了大幅提升，铁路冷链物流的运力开始加速释放，在长距离冷链运输中的优势日益明显。2016年中铁特货公司预计实现海运冷藏箱用于铁路运输达5万吨以上。2017年一季度我国铁路冷链物流完成20.6万吨货物运输，同比增长84%。

不过，目前铁路冷链物流在各国冷链物流中所占的市场份额都不大，以中长途冷链运输为主，其中典型的有俄罗斯和美国，其铁路冷链运量分别占本国冷链总运量的15%和10%，我国目前铁路冷链占比也仅为12%左右。

表 4－1　　2016 年部分新开通的国内外铁路冷链线路

区　间	运行天数（天）	距离（公里）	组织单位	重要信息备注
防城港 ⇄ 北京	3	2500	南宁铁路局、中铁特货	北部湾海产品，原来每天约有 150 个集装箱的海产品通过路运运往北京、上海、郑州等城市
大连 ⇄ 哈尔滨	—	1000	沈阳铁路局、大连铁越集团	每组特需班列由 1 辆发电车、2 辆冷藏车、3 辆冷冻车组成，全列满载能力 75 吨
长春 ⇄ 俄罗斯	12	7000	—	由山东、河北、北京、辽宁、长春等多地分别供货并集结至兴隆综保区报关
大连港 ⇄ 莫斯科	15	8600	跨欧亚国际物流有限公司	主要产品是河北鲜犁、广东蜜柚、山东大蒜
营口 ⇄ 奥列霍沃祖耶沃	15	8198	营口港、中铁特货	货物分别通过海运（潍坊）、拖车（天津）运输方式抵达营口港，经鲅鱼圈报关，经满洲里口岸出境
白俄罗斯 ⇄ 武汉	11	9261	—	45 英尺冷藏集装箱，从阿拉山口入境顺利运抵武汉
纽伦堡 ⇄ 成都	13	12000	成都国际铁路班列有限公司、成都青白江区国际铁路港	途经波兰、白俄罗斯、俄罗斯、哈萨克斯坦入境后直达成都，这标志着国内通过铁路运输方式进口肉类制品的通道自此打通

资料来源：公开资料整理。

从表 4－1 可以看出，2016 年我国开通了多条国内外铁路冷链运输线路，铁路冷链物流在中长距离方面的优势得以初步显现，一定程度上分担了公路冷链运输的压力，降低了企业冷链运输成本，有力推动了大宗冷链食品的流通。

以 2016 年 12 月开通的纽伦堡到成都的蓉欧班列为例，国家质检总局从政策层面全力支持冷冻肉进口项目，促成办理“欧亚经济联盟成员国过境手续”，有了这个过境许可证，肉制品在欧亚经济联盟成员国（白俄罗斯、俄罗斯、哈萨克斯坦、吉尔吉斯斯坦、塔吉克斯坦、亚美尼亚六国）内就可通行无阻。

蓉欧快铁是国内首个实现每日常规班列开行的中欧班列，也是目前国内开行速度最快、频率最稳定的中欧直达班列，运输时间为海运的1/3，运输成本为空运的1/8～1/6。从德国纽伦堡、荷兰蒂尔堡出发到成都，只需要大约半个月的运输时间。从波兰罗兹起运到成都，仅仅需要13天左右。业内人士测算，通过中欧班列进口欧洲肉类产品，相比空运节约大约1万元/吨的运输费用。

三、铁路冷链运输前景分析

调研发现，我国长距离（1000千米以上）冷链物流需求依然占据主导地位，如速冻米面主要产地在河南，长距离发运量占速冻米面总发运量的72%，冻肉和冷鲜肉主要产地在山东、河南、四川，长距离发运量占总发运量的70%左右，冷冻饮品主要产地在内蒙古、山东、四川以及东北地区，长距离发运量占总发运量的55%，冷冻水产品主要产地在沿海各省，长距离发运量占总发运量的44%，从长远来看铁路冷链物流在我国有巨大的发展空间。

2016年2月，中国铁路总公司印发《铁路冷链物流网络布局“十三五”发展规划》，提出到2020年，冷链运量达到2000万吨以上，冷库容量规模达到300万～500万吨，冷链物流营业总收入达到500亿～700亿元，冷链主通道基本形成稳定的运输班列；新增新型冷藏车（箱）1000辆。构建畅通高效的铁路冷链物流网络通道结构，形成布局合理、功能完善的铁路冷链物流网络。（如表4－2所示）

表4－2　局域级铁路冷链物流基地布局规划

路　局	序　号	项目名称	地　区	载体城市	城市类别	状　态	建成年份	规模（万吨）	面积（亩）
哈尔滨局	1	夏家	黑龙江	哈尔滨	消费型	新建	2018	10	120
沈阳局	2	南关岭	辽宁	大连	产地型	改扩建	2016	8	100
北京局	3	保定	河北	保定	消费型	改扩建	2017	25	310
郑州局	4	圃田	河南	郑州	消费型	改扩建	2017	20	400
武汉局	5	吴家山	湖北	武汉	消费型	改扩建	2017	15	275
西安局	6	新筑	陕西	西安	消费型	新建	2018	10	180

续 表

路　局	序　号	项目名称	地　区	载体城市	城市类别	状　态	建成年份	规模（万吨）	面积（亩）
济南局	7	即墨	山东	青岛	产地型	新建	2017	20	250
上海局	8	南翔	上海	上海	消费型	新建	—	20	250
上海局	9	城南	江苏	南京	消费型	新建	2018	15	300
广铁集团	10	大田	广东	广州	消费型	新建	2018	20	250
南宁局	11	沙井	广西	南宁	产地型	新建	2017	15	220
成都局	12	大湾镇	四川	成都	消费型	改扩建	2018	10	120
昆明局	13	王家营西	云南	昆明	产地型	改扩建	2016	10	120
乌鲁木齐局	14	乌北	新疆	乌鲁木齐	产地型	新建	2018	10	150

随着“一带一路”国家战略的实施，中国与越来越多的国家之间，在渝新欧、中欧、哈欧班列等基础上开通了铁路冷链专线，有效加快了中国食品进出口贸易的发展。从 2014 年中欧班列（武汉）开行以来，武汉开出的中欧班列由 2014 年的 21 列，到 2015 年的 153 列，再到 2016 年的 222 列，实现了中欧班列大踏步发展。2017 年，中欧班列计划开行 300 列，比 2016 年增加 78 列。中欧班列快速发展的背后，是“一带一路”倡议的通盘布局，也是共建丝绸之路经济带的实践落实。

铁路冷链物流是现代物流的新增长点，随着市场的扩大，需要采取冷藏运输的奶酪、黄油等关联奶制品，以及冰激凌、快餐原料类食品和药品、医疗器械等将成为越来越多客户的新选择。国际货运铁路变成了中国的一种竞争力，也使和中国合作的欧洲企业的竞争力大大增强。

第三节　航运与港口冷链发展情况

2016 年，中国沿海 19 个主要港口完成货物吞吐量为 80.8 亿吨，比上年同期增长约 3%。其中沿海 10 个主要港口完成货柜吞吐量为 19442 万标准箱。以货物吞吐量来计宁波港（舟山港）为全国第一大港口，2016 年完成货物吞吐量为 9.18 亿吨，远超排名第二的上海港 2.75 亿吨。以货柜吞吐量来计，上海港为第一大港，2015 年完成 3713 万标准箱吞吐量，超过第二名的深圳 1302 万标准箱。

2016 年，我国沿海和内河港口中，集装箱吞吐量排名前十位的港口依次是上海港、深圳港、宁波舟山港、广州港、青岛港、天津港、厦门港、大连港、营口港、苏州港。连云港港列全国港口第 11 位、沿海港口第 10 位。

在我国沿海主要港口里面，大部分都涉及冷冻、冷藏食品的进出口业务，因此在冷链物流基础设施建设、冷链物流作业场景制定、冷链物流配套服务完善等方面均有自己的长期规划和布局，下面重点介绍一下深圳港、青岛港、宁波港、天津港和厦门港五大港口在冷链物流方面的核心竞争力。

1. 深圳港

由招商美冷运营的“进口冻品定点仓”“出口卫生注册冷库”比邻 SCT（蛇口集装箱码头）仅 200 米，是目前深圳港唯一驻港区的冻品定点仓，独享港库互动的区位优势。目前，冷库面积达 24500 平方米，仓储能力达 2 万多吨；位于深圳前海湾物流园区的保税冷库拥有面积 12000 平方米，仓储能力为 1.5 万吨。招商美冷是专业的冷链服务商，由招商局控股。

冷链配套设施于深圳港西部港区的核心区域，独特的码头区位优势为货物的快速转运（储）提供了时间和成本上的综合优势。依托平南铁路、广深等多条高速公路、珠江内河通道以及连接深港的西部通道，冷库设施的服务半径可覆盖珠江三角洲及香港地区。

目前，位于西部港区核心位置的华南冷库基础货仓占地面积达 34500 平方米；未来，规划建设中的 50000 吨新冷库，将选址于深圳前海湾物流园区之中。

2. 青岛港

青岛港作为世界第七大港、中国第二大外贸口岸，近年来以创新驱动港口转型升级，融入国家“一带一路”倡议，率先建成了世界一流的全自动化集装箱码头。作为全国最大的冷冻箱接卸口岸，2016 年青岛港完成冷冻箱操作 64 万标准箱，连续多年保持全国沿海港口第一位。

目前，青岛港冷链中心冷库库容达 6.5 万吨，具备进口肉类和水产类货物查验存储资质和进口水果的查验资质，是全国第二大进口肉类存储冷库，也是青岛港最大的存储冷库，年查验能力可达 64 万吨。同时，还具有良好的口岸环境，便捷的海关、国检政策，广阔的业务腹地，配套的多式联运功能，多元化的金融业务，以及先进的码头硬件和低成本的全程物流服务。

随着经济全球化以及国家进出口贸易的持续发展，冷链业务也呈现出贸易冷链化程度提高、市场环境日益成熟开放、行业模式不断创新等发展特点。青岛港国际货运物流有限公司作为青岛港冷链业务的承载者，将为青岛口岸创造更好的口岸环境、推动冷链物流转型升级、快速发展。

2016 年 10 月青岛关区出口企业共计 1841 家，共计 6126 单，重量达 488155550 千克，同比增长 5.2%；进口企业共计 357 家，进口单数共计 882 单，总重量达 227469243 千克，同比增长 22.3%。其中，冷链进出口企业关单数前 30 排名，如表 4－3 所示。

表 4－3　　2016 年 10 月青岛关区冷链进出口企业关单数排名统计（前 30）

排序	出口统计		排序	进口统计	
	企　业	关单数		企　业	关单数
1	青岛大西洋永佳食品有限公司	5	1	山东诺德英物流有限公司	17
2	青岛坦福食品有限公司	4	2	史蜜斯菲尔德（上海）食品有限公司	13
3	杭州中格富进出口有限公司	3	3	青岛雅思客国际贸易有限公司	13
4	青岛金克尔经贸有限公司	3	4	青岛国星食品股份有限公司	13
5	青岛华松食品有限公司	3	5	山东东方海洋科技股份有限公司	13
6	青岛胜蓝进出口有限公司	3	6	日照佳苑食品有限公司	13
7	莱芜长荣食品有限公司	3	7	青岛康大得利佳进出口有限公司	13
8	山东新华锦水产有限公司	2	8	青岛碧湾海产有限公司	13
9	青岛海洋兄弟中迈食品股份有限公司	2	9	日照美佳科苑食品有限公司	12
10	明富（青岛）食品有限公司	2	10	青岛益和兴食品有限公司	11
11	青岛东港食品有限公司	2	11	烟台海裕食品有限公司	11
12	青岛丰沃贸易有限公司	2	12	威海德邦贸易有限公司	11
13	烟台方丹食品有限公司	2	13	青岛新协航国际物流有限公司	11
14	烟台紫薇食品有限公司	2	14	日照美加水产食品有限公司	10
15	烟台同德食品有限公司	2	15	芜湖双汇食品有限公司	9
16	济宁金源食品有限公司	2	16	青岛中垦进出口有限公司	9
17	济宁海江贸易有限公司	2	17	青岛天驰仓储有限公司	9
18	金乡县和福隆食品有限公司	2	18	烟台龙大食品有限公司	9

续　表

排序	出口统计		排序	进口统计	
	企　业	关单数		企　业	关单数
19	山东嘉安远隆食品有限公司	2	19	荣成皇朝马汉外贸综合服务有限公司	9
20	日照市新宗源食品有限公司	2	20	青岛鲁海丰食品集团物流有限公司	8
21	日照田尔国际贸易有限公司	2	21	威海德川国际贸易有限公司	8
22	山东青果食品有限公司	2	22	青岛新锦畇国际贸易有限公司	7
23	山东万德大地有机食品有限公司	2	23	乳山振华海洋食品科技有限公司	7
24	山东佳农国际贸易有限公司	2	24	日照日荣水产食品有限公司	7
25	朗源股份有限公司	2	25	烟台黎明水产有限公司	6
26	青岛锦宜水产有限公司	2	26	蓬莱汇洋食品有限公司	6
27	青岛浩大食品有限公司	2	27	烟台鑫通食品有限公司	6
28	青岛天源水产食品有限公司	2	28	烟台裕源水产食品有限公司	6
29	荣成建盛水产有限公司	2	29	威海世比亚食品有限公司	6
30	华孚信利（青岛）食品有限公司	2	30	荣成恒茂水产有限公司	6

注：1. 本栏目数据由中国航贸网根据“外贸魔方”综合整理；

2. 其中“0”为该月数据为0，排序为按单数排序；

3. 数据内容仅供参考，中国航贸网（www. snet. com. cn）具有独家解释权。

资料来源：中国航贸网。

3. 宁波港

宁波保税区利用“境内关外”的政策优势，先备货，后卖货。宁波检验检疫部门则创新监管模式，推出了以“入区检疫、区内监管、出区核查、后续监督”4个主要监管环节为特征的“宁波模式”，低风险商品一旦检疫合格即可入区上架销售，整个流程最快可在半个小时内完成。

2016年，宁波口岸共进口肉类6万余吨，是前4年总和的1.77倍。在宁波港冷链物流中心，矗立着8万立方米的冷库，可容纳1700个标准冷柜，海关、检验检疫等部门驻点办公。进口食品随船靠岸后，冷箱直接拉进中心，只需一次开箱就能完成查验手续，生鲜通关时间最快只需半天。

冷链物流设施的完善，促进了水产品、肉类等商品进口。随着宁波港冷链物流中心、太古冷链、宁波远东冷藏公司、梅山保税港区的中拉贸易物流基地等项目相继投用，宁波口岸进口鲜冻肉类、水产品、速冻食品、蔬菜水果、奶制品以及快餐原料的条件更为有利。2015 年，水产品和肉类进口额达 12405 万美元，同比增长 92.4%。

2016 年 10 月，自宁波关区出口的企业数共计 36104 家，同比增长 4.1%；出口关单数共计 298140 单，同比增长 9.9%。

冷链运输中，2016 年 10 月宁波关区出口企业共计 211 家，共计 761 单，重量达 50725289 千克，同比增长 9%；进口企业共计 70 家，进口单数共计 146 单，总重量达 12861210 千克，同比增长 2.3%。其中，冷链进出口企业关单数前 30 排名，如表 4－4 所示。

表 4－4　2016 年 10 月宁波关区冷链进出口企业关单数排名统计（前 30）

排序	出口统计		排序	进口统计	
	企　业	关单数		企　业	关单数
1	福建福鼎海鸥水产食品有限公司	22	1	上海葡乐实业有限公司	6
2	舟山品食客食品有限公司	17	2	智正名国际贸易（北京）有限公司	5
3	浙江海通食品进出口有限公司	16	3	宁波优买电子商务有限公司	5
4	宁波南衡进出口有限公司	15	4	宁波市北仑食品有限责任公司	5
5	浙江舟富食品有限公司	15	5	上海对外经济贸易实业有限公司	4
6	瑞安市华盛水产有限公司	14	6	江苏省粮油食品进出口集团股份有限公司	4
7	温州海美鲜贸易有限公司	13	7	宁波保税区港龙仓储有限公司	4
8	浙江鑫旺食品有限公司	13	8	浙江蓝雪食品有限公司	4
9	台州市洋帆进出口有限公司	13	9	宁波今日食品有限公司	4
10	宁波惠而兹进出口有限公司	13	10	芜湖双汇食品有限公司	4
11	浙江兴业集团有限公司	12	11	中国乡镇企业总公司	3
12	宁波丰盛食品有限公司	11	12	上海申联进出口贸易有限公司	3
13	浙江新天久海产有限公司	11	13	纽仕兰（上海）乳业有限公司	3
14	舟山市晟泰水产有限公司	11	14	杭州大汇食品有限公司	3
15	舟山市史记水产有限公司	11	15	宁波丰盛食品有限公司	3
16	舟山市海王水产食品有限公司	11	16	宁波保税区正正电子商务有限公司	3
17	浙江方鼎食品有限公司	11	17	宁波保税区涌优贸易有限公司	3
18	浙江银河食品有限公司	11	18	宁波兰星国际贸易有限公司	3
19	余姚市银树绿色食品有限公司	10	19	宁波市江北金沃进出口有限公司	3

续 表

排序	出口统计		排序	进口统计	
	企 业	关单数		企 业	关单数
20	德清欧润德进出口有限公司	9	20	宁波南衡进出口有限公司	3
21	金华天元食品有限公司	9	21	浙江银河食品有限公司	3
22	舟山市普陀宏基水产有限公司	9	22	宁波港友进出口有限公司	3
23	舟山金星水产有限公司	9	23	裴顿食品（安徽）有限公司	3
24	舟山骏华水产有限公司	9	24	上海东庆食品有限公司	2
25	舟山晶和食品有限公司	9	25	上海汇智食品有限公司	2
26	舟山万昌水产冷冻食品有限公司	9	26	史蜜斯菲尔德（上海）食品有限公司	2
27	舟山市西峰水产有限公司	8	27	宁波高特国际贸易有限公司	2
28	舟山金园水产食品有限公司	8	28	宁波中海贸进出口有限公司	2
29	台州海华水产食品有限公司	8	29	宁波浙粮国际贸易有限公司	2
30	舟山市普陀华兴水产有限公司	7	30	宁波保税区淘淘羊电子商务有限公司	2

注：1. 本栏目数据由中国航贸网根据“外贸魔方”综合整理；
2. 其中“0”为该月数据为0，排序为按单数排序；
3. 数据内容仅供参考，中国航贸网（www. snet. com. cn）具有独家解释权。

资料来源：中国航贸网。

4. 天津港

天津港作为我国“一带一路”战略和京津冀一体化布局的重要物流节点，以及天津自贸区物流核心腹地，2016年不断提升物流设施使用效率，完善物流园区功能布局，加大物流资源整合力度。大力发展全程物流模式，提供港口特色物流方案，拓展冷链等货类的高附加值服务功能，借助国际贸易平台、跨境电商平台，做强仓储配送业务。改造提升东疆现有仓储物流设施，积极申请国际中转集拼资质，大力开发海陆双向国际配送和国际中转功能，促进红酒、生鲜食品、特色消费品贸易的快速发展，取得了实质性的成绩。

2016年10月，天津关区冷链出口企业共计435家，共计1049单，重量达88399850千克，同比下降16.7%。其中出口数量最多的前三种货种为：非醋方法制作或保藏的绞碎番茄、鲜梨和其他食用植物产品。进口企业共计251家，进口单数共计1133单，总重量达140957665千克，同比增长

31.5%。其中，冷链进出口企业关单数前 30 排名，如表 4－5 所示。

表 4－5　　2016 年 10 月天津关区冷链进出口企业关单数排名统计（前 30）

排序	出口统计		排序	进口统计	
	企　业	关单数		企　业	关单数
1	中粮屯河股份有限公司	55	1	北京三川金舟贸易有限公司	62
2	天津山合国际贸易有限公司	22	2	深圳市川拓科技有限公司	51
3	唐山新源生态科技有限公司	16	3	天津通恩国际贸易有限公司	43
4	山东金典坚果股份有限公司	16	4	北京天益华国际贸易责任公司	37
5	天津中辰番茄制品有限公司	15	5	天津捷嘉物流有限公司	37
6	唐山市盛川农产品股份有限公司	14	6	青岛新协航国际物流有限公司	36
7	天津金土地食品有限公司	12	7	天津亚轩国际贸易有限公司	34
8	桦南恒源农副土特产品加工有限公司	11	8	天津滨海津汇物流有限公司	29
9	新疆好口味番茄制品有限公司	11	9	天津宇泰元亨国际贸易有限公司	27
10	生源（天津）生物工程有限公司	10	10	青岛中凯峰经贸有限公司	24
11	海皇食品（天津）有限公司	10	11	天津泰芝龙国际贸易有限公司	23
12	河北德力食品有限公司	10	12	深圳市万利成贸易有限公司	22
13	五家渠中基蕃茄制品有限责任公司	10	13	中粮肉食（北京）有限公司	20
14	天津威晟番茄制品有限公司	9	14	天津优合进出口有限公司	20
15	石家庄远超进出口贸易有限公司	9	15	天津东疆港大冷链商品交易市场有限公司	20
16	秦皇岛靖坤食品有限责任公司	9	16	北京大壹统科技有限公司	19
17	泊头市庞龙果品有限责任公司	9	17	天津港保税区隆鑫诚国际贸易有限公司	19
18	新疆和硕丁丁食品有限责任公司	9	18	青岛中和永投资控股有限公司	19
19	博湖县宏昌食品工贸有限公司	9	19	中国乡镇企业总公司	17
20	天津市红宝番茄制品有限公司	8	20	天津永熙国际贸易有限公司	14
21	天津瑞盈食品有限公司	8	21	天津信恒永达国际贸易有限公司	11
22	石家庄富泉贸易有限公司	8	22	天津恒朝国际贸易有限公司	11
23	唐山市丰南区鼎新蔬菜出口加工有限公司	8	23	汇佳世纪（天津）供应链管理有限公司	10

续 表

排序	出口统计		排序	进口统计	
	企 业	关单数		企 业	关单数
24	秦皇岛市成财食品有限公司	8	24	史蜜斯菲尔德（上海）食品有限公司	10
25	泊头亚丰果品有限公司	8	25	北京鑫升百利贸易有限公司	8
26	酒泉敦煌种业百佳食品有限公司	8	26	天津昊海国际贸易有限公司	9
27	河北省晋州市长城经贸有限公司	7	27	郑州乾兴进出口贸易有限公司	9
28	河北天波工贸有限公司	7	28	湖南颐丰食品有限公司	9
29	泊头东方果品有限公司	7	29	招商局食品（深圳）有限公司	9
30	泰顺兴业（内蒙古）食品有限公司	7	30	北京银河路经贸有限公司	8

注：1. 本栏目数据由中国航贸网根据“外贸魔方”综合整理；
2. 其中“0”为该月数据为0，排序为按单数排序；
3. 数据内容仅供参考，中国航贸网（www. snet. com. cn）具有独家解释权。

资料来源：中国航贸网。

5. 厦门港

《福建省冷链物流发展规划（2016—2020）》，明确到2020年全省基本建成布局科学、结构合理、设施先进、标准健全、绿色低碳、上下游有效衔接的冷链物流体系，冷链物流发展水平居全国前列。

按照发展规划目标，到2020年，福建省冷链流通率大幅提高，果蔬、肉类和水产品的综合冷链流通率50%左右；装备水平显著提高，新增产地预冷保鲜冷库125万吨，新增现代化冷库库容200万吨，新增冷藏运输车1800辆，冷藏集装箱700个。冷链物流的信息化、自动化、智能化、标准化程度显著提高。此外，福建省还将加快建设一批与本省特色产业、商品流通和民生需求共生共长的专业化、现代化冷链物流企业，形成一批具有区域竞争力和国际影响力的冷链物流主体。

重点在福州港、厦门港等地，布局建设一批港口低温物流中转基地，满足进出口岸肉类及海鲜、水果等商品中转、分拨需求。

2016年10月，厦门关区出口企业共计465家，共计1686单，重量达120678532千克，同比增长4.95%。其中，出口数量最多的货种为其他冻鱼，总数量为10409222千克。冷链进口企业共计116家，进口单数共计265

单，总重量达 21657888 千克，同比减少 14%。其中，冷链进出口企业关单数前 30 排名，如表 4－6 所示。

表 4－6　　2016 年 10 月厦门关区冷链进出口企业关单数排名统计（前 30）

排序	出口统计		排序	进口统计	
	企　业	关单数		企　业	关单数
1	漳州市陈字贸易有限公司	67	1	东山县新发贸易有限公司	13
2	福建铭兴食品冷冻有限公司	32	2	厦门浤晟进出口有限公司	12
3	厦门百德成进出口有限公司	28	3	厦门百木果农产品贸易有限公司	9
4	漳州裕兴进出口贸易有限公司	28	4	厦门市桑贝商贸有限责任公司	8
5	福建同发食品集团有限公司	21	5	厦门舟琦贸易有限公司	8
6	厦门亿鑫盛进出口有限公司	18	6	厦门雅山贸易有限公司	7
7	福清市华盛水产食品有限公司	17	7	厦门亚增进出口贸易有限公司	7
8	厦门古龙进出口有限公司	17	8	厦门嘉惠德进出口贸易有限公司	7
9	漳州天保龙食品有限公司	17	9	厦门宝洋贸易有限公司	7
10	漳州新华南国际贸易有限公司	16	10	厦门水产集团有限公司	6
11	漳浦县益才果蔬有限公司	16	11	厦门全益轩贸易有限公司	6
12	福建福鼎海鸥水产食品有限公司	15	12	厦门两岸农产品贸易有限公司	6
13	漳州好顺食品有限公司	14	13	厦门夏商国际贸易有限公司	5
14	漳州市鑫福德贸易有限公司	13	14	厦门盛章进出口有限公司	5
15	漳州明德食品有限公司	13	15	厦门屏鼎贸易有限公司	4
16	东山县海旺水产冷冻有限公司	13	16	邻鲜优品（厦门）贸易有限公司	4
17	福建省粮油食品进出口集团有限公司	12	17	厦门鑫东灵贸易有限公司	4
18	福建省外贸家园有限责任公司	12	18	厦门市益捷进出口有限公司	4
19	厦门龙怀进出口贸易有限公司	12	19	厦门市海州进出口有限公司	4
20	厦门润园贸易有限公司	12	20	厦门鑫金鹭果蔬贸易有限公司	4
21	福建漳州市港昌罐头食品有限公司	12	21	厦门兴跃庆进出口贸易有限公司	4
22	大福（长泰）食品工业有限公司	11	22	福建闽台农产品市场有限公司	4
23	福建平和宝峰罐头食品有限公司	11	23	泉州通富进出口贸易有限公司	4
24	龙海世强冷冻食品有限公司	11	24	天津滨海泰达物流集团股份有限公司	3

续 表

排序	出口统计		排序	进口统计	
	企 业	关单数		企 业	关单数
25	中港（福建）水产食品有限公司	11	25	上海中础投资管理有限公司	3
26	厦门宇源进出口贸易有限公司	10	26	安徽省新龙图贸易进出口有限公司	3
27	厦门松平进出口有限公司	10	27	厦门古龙进出口有限公司	3
28	福建金之榕食品工业有限公司	10	28	厦门宝尔贸易有限公司	3
29	福建紫山集团股份有限公司	10	29	厦门乾坤元物流有限公司	3
30	福建海山食品有限公司	10	30	厦门泛鑫贸易有限公司	3

注：1. 本栏目数据由中国航贸网根据“外贸魔方”综合整理；
2. 其中“0”为该月数据为0，排序为按单数排序；
3. 数据内容仅供参考，中国航贸网（www. snet. com. cn）具有独家解释权。

资料来源：中国航贸网。

第四节　公路冷藏车市场发展情况与趋势分析

一、2015—2016 年冷藏车市场总体概况

1. 2016 年我国冷藏车产销量情况

2016 年我国冷链运输装备市场继续稳步发展。随着生鲜电商市场进入新的阶段，电商企业和消费者对于供应链和冷链物流提出了更高的要求，这直接推动冷链宅配快速发展，宅配型冷藏车和小型电动冷藏三轮车需求上扬。同时冷链零担市场异军突起，适用于干线冷链运输的大中型冷藏车销量旺盛。2016 年我国冷藏车市场保有量达到 115000 辆，比 2015 年增长 21600 辆，同比增长 23. 13%，每万人冷藏车拥有量为 0. 88 辆。（如图 4 – 8 至图 4 – 11 所示）

2. 2015 年冷藏车重点省市及不同型号销量

由于工业和信息化部、公安部和相关车辆协会等均未公布 2016 年冷藏车具体型号和省市的销量情况，因此重点就 2015 年冷藏车销量具体情况做说明介绍。2015 年，我国冷藏车市场主要集中在山东、广东、上海、江苏、河南、北京、河北、辽宁、浙江、四川 10 省市，合计销售 13318 辆，在 2015 年

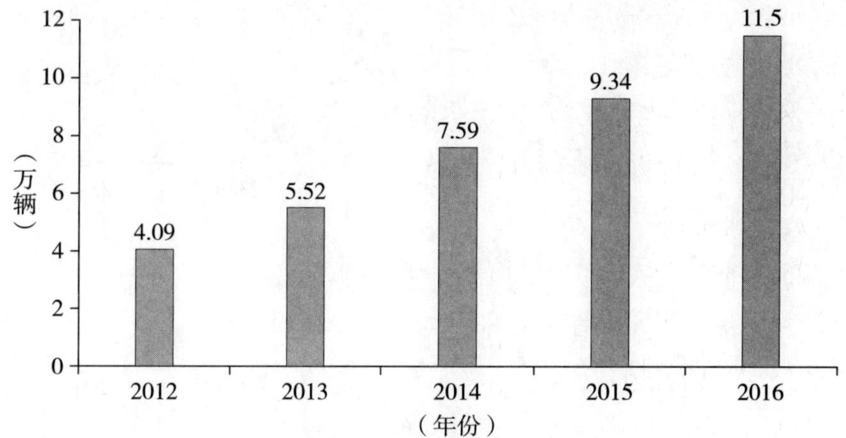

图 4－8　2012—2016 年全国冷藏车保有量情况

资料来源：中物联冷链委。

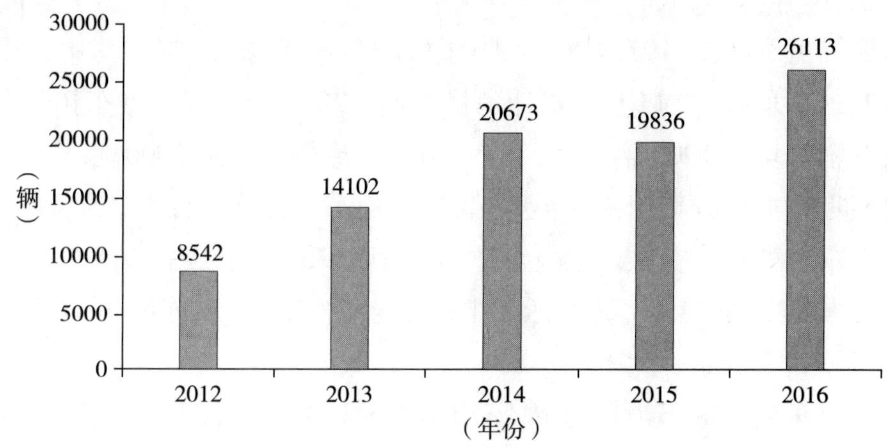

图 4－9　2012—2016 年冷藏车产量情况

资料来源：中国汽车技术研究中心。

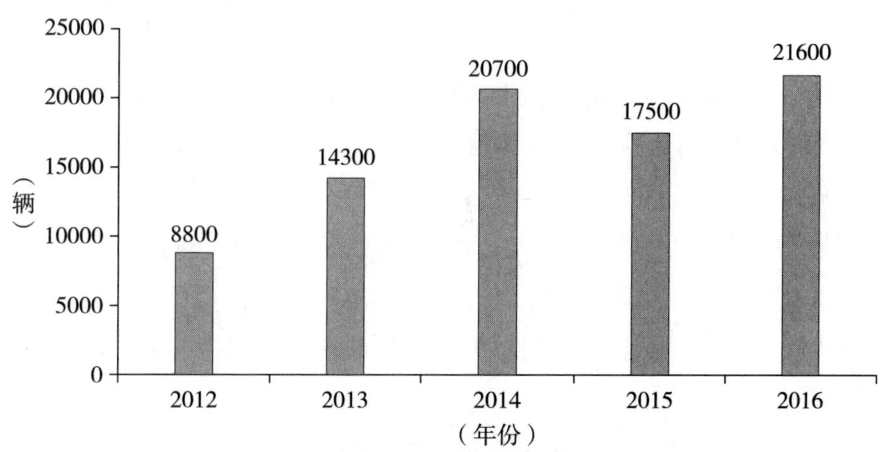

图 4－10　2012—2016 年冷藏车保有量增长情况

资料来源：中物联冷链委。

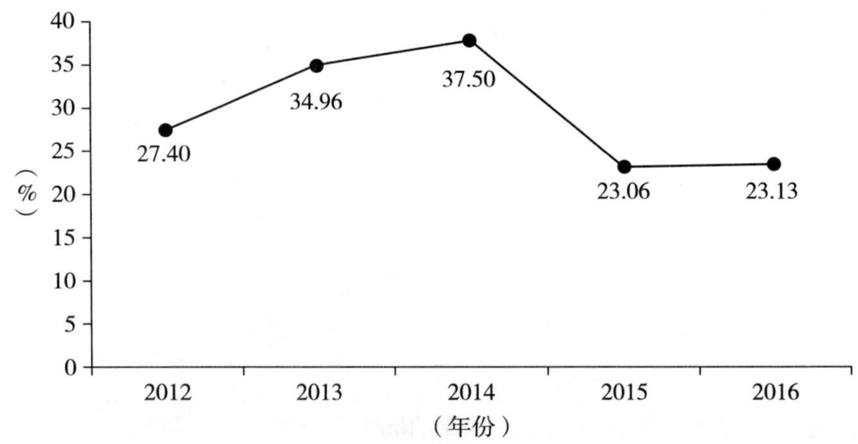

图 4－11　2012—2016 年全国冷藏车保有量增长速度

资料来源：中物联冷链委。

全国冷藏车总销量（19718 辆）中的占有率达到 67.54%。其中，山东占 10%以上，广东占 9%以上。累计销量方面，2015 年全国冷藏车销量前 6 省市的累计销量均在 1000 辆以上，其中山东省最多，超过 2000 辆。

重型货车类冷藏车销量前 10 的省市为山东、河南、江苏、上海、河北、辽宁、广东、福建、安徽、黑龙江，合计销售 3581 辆，占 2015 年全国重型货车类冷藏车销量的 78.21%，其中，山东、河南、江苏的占有率分别在 18%、15%和 10%。

中型货车类冷藏车销量前 10 省市为上海、北京、江苏、山东、四川等，合计销售 1543 辆，占 2015 年全国中型货车类冷藏车销量的 80.95%，其中上海最多，占有率达到 29.91%，北京、江苏的占有率分别为 11.54%和 11.23%。

轻型货车类冷藏车销量前 10 的省市为广东、上海、北京、山东、江苏、浙江、辽宁、河南、四川、河北，合计销售 5599 辆，占 2015 年全国轻型货车类冷藏车销量的 70.43%，其中，广东最多为 1222 辆，占有率在 15%。

微型货车类冷藏车销量前 10 的省市为山东、河北、河南、四川、广东、辽宁、安徽、湖北、江苏、山西，合计销售 2144 辆，占 2015 年全国微型货车类冷藏车总销量的 60.72%，其中，排名前 3 的山东、河北和河南占有率分别在 9%、8%和 7%。

轻型客车类冷藏车销量前 10 的省市为河南、广东、湖北、江苏和陕西等，合计销售 1123 辆，占 2015 年全国轻型客车类冷藏车销量的

64.47%，其中，排名前 3 的河南、广东和湖北占有率分别为 9.41%、9.30% 和 8.73%。

3. 2016 年国五标准冷藏车公告情况

截至 2016 年年底，国内有 76 个企业拥有国五标准冷藏保温车的公告；共拥有 72 个冷藏保温车中文品牌，367 个冷藏车公告型号，5 个保温车公告型号；其中主机厂家品牌占 33%，公告数量占 55%，前 4 名均为主机厂家。

国内冷藏车品牌国五标准公告数量分布，如图 4－12 所示。

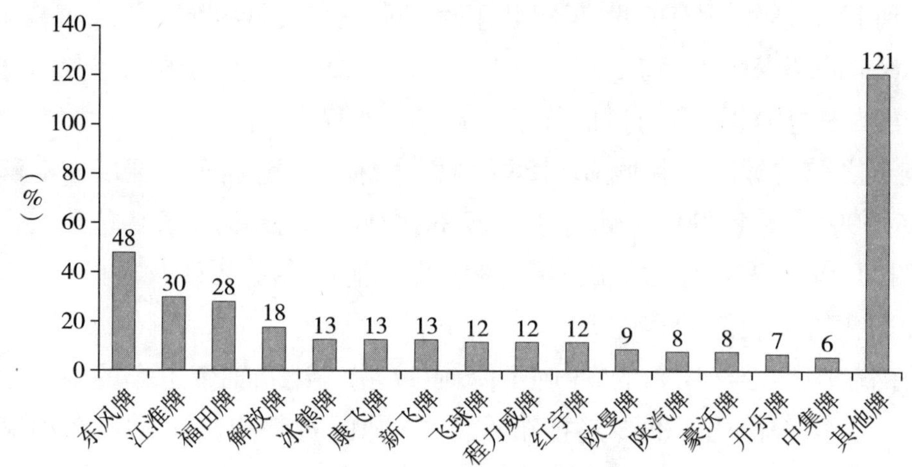

图 4－12　国内冷藏车品牌国五标准公告数量分布

东风牌公告占有率高达 13%，其次为江淮牌和福田牌，各占 8%，另外解放牌 5%，冰熊牌、康飞牌和新飞牌各占 3%。而在冷藏车生产企业，我国冷藏车主要分为三大梯队，第一梯队由河南冰熊、中集集团、河南新飞、镇江飞驰、河南红宇等企业，第二梯队包括北京晨光、北京北铃、河南松川和镇江康飞组成，第三梯队主要是特种车改装厂和小型企业组成。目前，中国共有近 100 家企业生产冷藏车，重点企业不足 10 家。

根据冷藏车国五标准公告数据分析，其中轻型冷藏车共 191 个公告，占比 51%，中型冷藏车共 52 个公告，占比 14%，重型冷藏车共 129 个公告，占比 35%。

76 个厂家遍布全国 20 个省市（区），其中山东省占比最多，达到了 18%，其次是四川省 12%，湖北省 10%，河南省及北京市各占 8%。华东地区自有冷藏车密度普遍较高，这些地区普遍经济也比较发达，居民生活水平、消费水平偏高，对食品质量和安全更加重视。

二、公路冷藏车市场政策环境分析

1. 新版 GB 1589 改变及影响

对于中国冷链干线运输而言，二手海柜改装而成的冷藏半挂车一直是运输的主力。新版 GB 1589《汽车、挂车及汽车列车外廓尺寸、轴荷及质量限值》将冷藏车的货厢宽度从原来的2500 毫米上升为2600 毫米，封闭箱车的总长从14.6米降低到13.75 米，现有的48 尺集装车骨架半挂车公告将被取消，集装箱骨架半挂车最大限值变成了45 尺（13.95 米），这一系列改变对于标准冷链挂车发展是一个重大利好消息，新标准的长期效应将在2017 年显现。

较于之前的标准，新版 GB 1589 增大了标准冷链挂车的宽度，能够更好地适应1200 毫米×1000 毫米标准托盘的摆放，在装卸速度上提升很大。标准托盘以后会成为趋势，新版 GB 1589 的实施也将是装载改革的一大时机，加速标准化智能装卸的实施。

公路超限标准从原来的55 吨下降到49 吨，让六轴牵引车的载货量进一步缩减，二手海柜比标准冷链挂车重3～4 吨的劣势更加突出。在国家大力整治超载超限非法改装的大环境下，从事冷链干线物流的老板们也开始转变观念。他们认为干线运输更需要符合法律法规，超载超限非法改装可能为公司带来更多的麻烦而不是利益。随着越来越多大型冷链物流公司的诞生，市场将更加规范，二手海柜的市占率也会进一步下降。

2. 治超治载影响显著

2016 年8 月，国家相关部门发布了《关于进一步做好货车非法改装和超限超载治理工作的意见》等文件。全国范围内大规模治超从2016 年9 月21 日开始执行，至2017 年8 月31 日结束。在重点整治阶段，各地交通运输、公安部门组织专门力量，集中开展专项整治，严厉查处货车超限超载等违法行为。

在本次治超行动中，货车超载超限标准吨位降低，其中最大变化是6 轴车的车货总重由55 吨变为49 吨，用户需要减少车辆的货物装载量才能合法上路。交通运输和公安两部门执法标准统一，严格按照新版 GB 1589 规定的最大允许总质量限值，认定车辆车货总重是否超限超载。

此外，对于二轴货车还规定车货总重应不超过行驶证标明的总质量，从而杜绝轻卡、微卡这类车出现超载不超限的情况。同时，严格实施“一超四罚”，即不仅超载超限货车的驾驶员要被罚款、罚分，对承运人、装载企业以及货运企业也要进行处罚。

2016 年四季度重卡市场的井喷，是多重利好因素叠加的结果。首先，新版 GB 1589 的实施，要求 6 ×2 牵引车总重从 55 吨下降到 46 吨，相比 6 ×4 牵引车 49 吨的总重减少了 3 吨，从而失去经济性优势，政策因素推动大量用户把现有的 6 ×2 牵引车换成 6 ×4 牵引车。其次，治超新政导致全国大量单车运力下降，公路运力出现缺口，市场对于货车的需求量也随之加大。根据市场的规则，一旦整个市场货主需要的车辆大于货车数，供不应求运费就会上涨。近两个月，各地公路运价普遍上涨 10% ~30%，吸引了很多重卡用户换车或新购车辆来满足运力需求的缺口。最后，“双十一”电商快递运力需求的大增，多重因素叠加让重卡整体市场形成触底反弹态势。

3. 财政补贴新能源冷藏车

根据四部委于 2013 年 9 月 13 日发布的《关于继续开展新能源汽车推广应用工作的通知》及 2014 年 1 月 28 日发布的《关于进一步做好新能源汽车推广应用工作的通知》，纯电动乘用车、插电式混合动力（含增程式）乘用车、纯电动冷藏车、燃料电池汽车中央财政 2016 年度的补助标准在 2013 年标准基础上下降 10%。2016 年中央财政新能源汽车推广应用补助标准——新能源冷藏车按电池容量每千瓦时补贴 1800 元，每辆车补贴总额不超过 13.5 万元。

三、冷藏车市场标准情况分析

在我国现行的与冷链物流有关的近 200 项标准中，涉及食品冷藏车的标准主要有，《汽车、挂车及汽车列车外廓尺寸、轴荷及质量限值》（GB 1589—2016）、《运输用制冷机组》（GB/T 21145—2007）、《城市物流配送汽车选型技术要求》（GB/T 29912—2013）、《保温车、冷藏车技术条件及试验方法》（QC/T449—2010）、《道路运输　食品与生物制品冷藏车　安全要求及试验方法》（GB29753—2013）以及《易腐食品机动车辆冷藏运输要求》（WB/T 1046—2012）。《道路运输　食品冷藏车功能选用技术规范》的发布实施将会更进一步细化食品冷藏车市场。

《道路运输　食品冷藏车功能选用技术规范》（WB/T 1060—2016）由中物联冷链委、山东中集、开利运输空调冷冻（中国）、上汽依维柯红岩商用车、中国聚氨酯工业协会异氰酸酯专业委员会、国家农产品现代物流工程技术研究中心、江苏精创、上海郑明、河南众荣物流、山东商业职业技术学院、福建安井等单位共同组织起草。

标准规定了不同货物对应的冷藏车类别，作为冷藏车应用的选用依据。《道路运输　食品冷藏车功能选用技术规范》的发布实施，与已发布实施的产品标准、管理标准一起，构成了一个完整的标准体系。

四、冷藏车需求方向与前景分析

目前，国内生鲜产品有 200 多种，要想把保质保鲜的产品送达客户手中，冷链运输是必不可少的关键环节。生鲜产品从原产地到老百姓的饭桌上，要使用全程冷链或二段式冷链运达社区便利店或直接送货上门，这必将会带动用于长途、调拨性运输的重型冷藏车（包括甩挂冷藏车）、就近取材的中型冷藏车、用于短途配送的轻型冷藏车和穿越大街小巷的微型电动冷藏车市场的发展。

第一，专用车企业发挥专的优势，对某一个细分市场应该有特殊定制。特别需要在车辆的能源清洁化、功能个性化、性能定制化、管理智能化、销售方案化 5 个方面发力，为不同的物流企业提供不同的解决方案，定制满足不同需求的冷藏车型。

第二，抓住新能源车的发展趋势和大势，研发适销对路的新能源车型。在环保影响下，未来新能源物流车的发展趋势越来越明显，而且随着物流行业运营模式的不断升级优化，短途物流将采用小型车厢甩包的模式。通过绿色环保、成本降低、国家政策支持等可以让物流企业在城市中做到畅通无阻，这就是新能源物流车辆带来的好处。

第三，抓住物流类专用车智能化发展的趋势。功能化、高端化、电子信息化、智能化是未来专用车的发展趋势。随着物联网、云计算、大数据、移动互联网时代的到来，在物流专用汽车功能方面，市场越来越要求高技术含量、高附加值的产品，从而实现车与人的智能互动，以此提高物流专用车智能化特性和服务水准，为物流运输客户创造更大的价值。

第五章　细分领域冷链需求分析

本章主要阐述了果蔬、水产品、肉制品、乳制品细分产业和餐饮市场的整体概况以及冷链需求情况分析。

第一节　果蔬产业情况与冷链需求分析

一、中国水果、蔬菜产业整体分析

经过近30年的发展，我国蔬菜的种植面积达到2000多万公顷，年产量超7亿吨，人均占有量达500多千克，均居世界第一位。2015年，我国蔬菜产量为76918.4万吨，年度国内蔬菜表观消费量为84032万吨。2016年我国蔬菜表观消费量为85111万吨，产量约为80005万吨，增长1.9%。（如表5－1和图5－1所示）

表5－1　　2012—2016年中国蔬菜产量统计　　单位：万吨

年份	产量
2012年	70883.06
2013年	73511.99
2014年	76005.48
2015年	76918.4
2016年	80005

资料来源：国家统计局。

中国是世界上最大的水果出产国，居全球13个产量超1000万吨的国家之首。2016年我过水果产量2.83亿吨，增长4.4%。（如图5－2所示）

中国在水果生产中，除李、杏、水浆果、山楂、梅、枇杷、杨梅等特

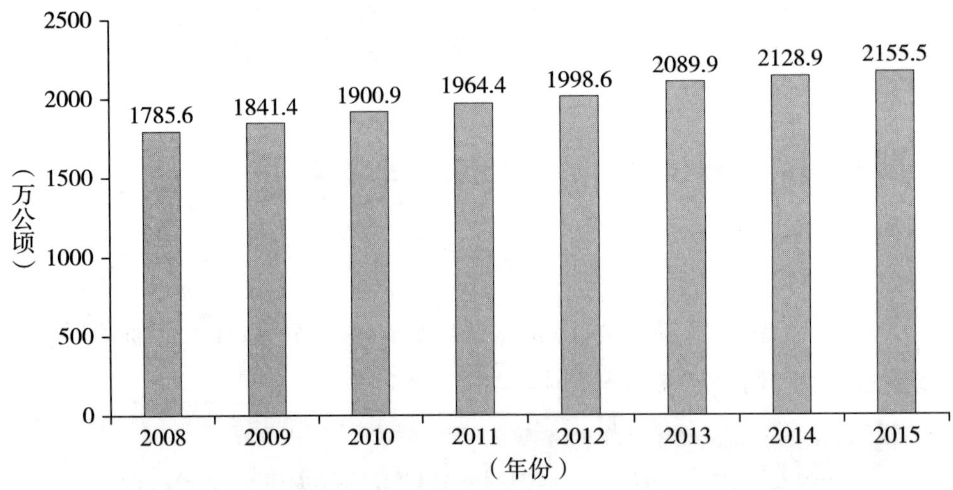

图5-1　2008—2015年中国蔬菜种植面积分析

资料来源：国家统计局。

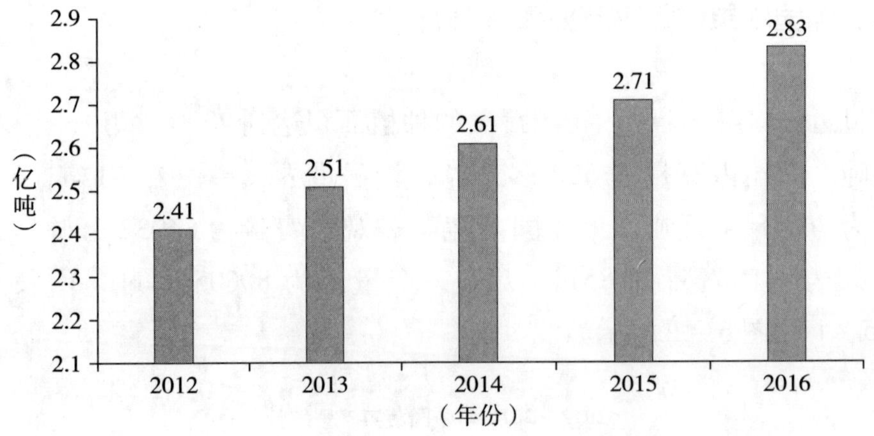

图5-2　2012—2016年中国水果产量

资料来源：国家统计局。

产果树和热带、亚热带果树外，以苹果、柑橘、梨为大宗产品。其中苹果产量达到4261.3万吨，比上年增长169万吨，增长幅度为4.1%。需要注意的是，在2010—2015年期间，2010年苹果产量仅为3326.3万吨，2014年突破4000万吨，达到4092.3万吨。中国苹果产量一直处于平稳增长阶段。与苹果有着相似产量变化趋势的还有国产香蕉、柑橘、梨以及葡萄，这些大品类国产水果一直保持着每年递增的趋势。

二、中国果蔬冷链需求特点分析

果蔬具有易腐性和易损性，采后寿命短，流通过程中处理不当很容易衰老或者发生品质变化。随着果蔬供给关系的平衡和消费者对果蔬品质要求的提升，冷链物流在整个果蔬流通体系中的重要性逐步提升，在财政补贴的支持下，产地冷库建设得到进一步发展。

1. 产地预冷是果蔬冷链的关键

产地预冷库不仅可以进一步杀灭果蔬附带的各类有害菌，还可以在最短时间内降低果蔬的温度及呼吸作用，将产品自身易于腐烂变质的因素降到最低，产地预冷环节是果蔬冷链的关键所在。

随着果蔬产业的发展和销售量的增长，近几年产地冷库的建造数量有了明显增长，尤其在冷库功能上，已经从原有的仓储保鲜向生产加工、包装、物流配送等功能方面发展。

自然降温冷却是一种简便且易行的预冷方式。虽然这种方法冷却的时间长，难以达到产品所需的预冷温度，但仍然可以散去部分田间热，有利于提高运输和储藏的效果。目前，除自然预冷外，行业内比较先进的预冷技术主要有冷风预冷、冷水预冷、冰预冷、真空预冷、压差预冷等方式。

（1）冷风预冷。冷风预冷是使冷空气迅速流经产品周围使之冷却。风冷可以在低温储藏库内进行，将产品装箱，纵横堆码于库内，箱与箱之间留有空隙，冷风循环时，流经产品周围将热量带走。这种方式适用于任何种类的水果蔬菜，预冷后可以不搬运，原库储藏。但该方式冷却速度较慢，短时间内不易达到冷却要求。

（2）冷水预冷。冷水预冷是以水为介质的一种冷却方式，将果蔬浸在冷水中或者用冷水冲淋，达到降温的目的。冷却水有低温水（一般在0～3℃）和自来水两种，前者冷却效果好，后者生产费用低。目前使用的水冷却方式有流水系统和传送带系统。水冷却降温速度快，产品失水少，但要防止冷却水对果蔬的污染。因此，应该在冷却水中加入一些防腐药剂，以减少病源微生物的交叉感染。商业上适合用水冷却的果蔬有柑橘、胡萝卜、芹菜、甜玉米、网纹甜瓜、菜豆等。

（3）冰预冷。冰预冷是通过冰的融化，吸收果蔬的热量，使果蔬降温，它包括在包装箱或托盘内放入冰，或用冰覆盖在托盘上。冰和产品接触会促使其快速冷却，这种冷却方法经常结合运输进行。一般来说，把产品由35℃降至2℃所需冰的重量为该产品重量的38%。这种冷却方法适用于与冰接触不易产生伤害的产品或需要在田间立即进行预冷的产品。但降低温度和保持产品品质的作用有限，只能作为其他预冷方式的辅助措施。适用于抱子甘蓝、花椰菜、甜玉米、胡萝卜、芹菜、菠菜、葱等。

（4）真空预冷。真空预冷是将果蔬放在真空室内，迅速抽出空气至一定真空度，使产品体内的水在真空负压下蒸发而冷却降温。压力减小时水分的蒸发加快，如当压力减小到533.29Pa时，水在0℃就可以沸腾，在真空冷却中，大约温度每降低5.6℃失水量为1%。真空冷却的效果在很大程度上取决于果蔬的比表面、组织失水的难易程度以及真空室抽真空的速度。因此不同种类的果蔬真空冷却的效果差异很大。生菜、菠菜、莴苣等叶菜最适合于用真空冷却，纸箱包装的生菜用真空预冷，在25～30分钟内可以从21℃下降至2℃，包心不紧的生菜只需15分钟。还有一些蔬菜如石刁柏、花椰菜、甘蓝、芹菜、葱、蘑菇和甜玉米也可以使用真空冷却，但一些比表面小的产品如多种水果、根茎类蔬菜、番茄等由于散热慢而不宜采用真空冷却。真空冷却对产品的包装有特殊要求，包装容器要求能够通风。

（5）压差预冷。压差预冷是在产品垛靠近冷却器的一侧竖立一隔板，隔板下部安装一风扇，风扇转动使隔板内外形成压力差。产品垛上面设置一覆盖物，覆盖物的一边与隔板密接，使冷空气不能从产品垛的上方通过，而要水平方向穿过包装上缝或孔在产品缝隙间流动，将其热量带走。差压风机为压头高的多叶轴流风机，采用抽吸的气流方式，因此，库内气流均匀，无死角。但由于冷风与果蔬直接接触，存在干耗失水现象。差压预冷是在冷库预冷的基础上弥补了其不足而研究发展起来的预冷技术，差压预冷与冷库预冷成本相当，但预冷效率可较冷库预冷提高2～6倍，预冷时间仅为冷库预冷1/10～1/4，是一种适宜大多数果蔬且成本较低的预冷方式，在发达国家其应用量仅次于冷库预冷位居第二位。差压预冷适用于水果和果菜类蔬菜。

2. 果蔬流通以批发市场为主，冷链物流方式粗放

从全国农产品市场份额分布来看，我国农贸市场就占据农产品的市场销售份额的73%，超市占据22%，生鲜电商及其他仅占据全国市场的5%，可见批发市场仍是果蔬的主要流通渠道。以北京新发地市场为例，2016 年市场各类农副产品总交易量为 1550 万吨，总交易额为 722 亿元，占北京农产品市场份额的 80% 以上。

根据对农产品批发市场果蔬运输车辆的调研发现，目前大部分果蔬产品仍采用“草帘 + 冰”等较为粗放的冷链运输方式，部分高端水果、蔬菜采用冷藏车进行运输，但所占比例较小。

3. 果蔬冷链需求与物流路径分析

我国许多地区蔬菜生产规模化、专业化和合作化程度大幅提高，果蔬冷链需求进一步增长，冷链集约化成都提升。“冬季南菜北运、夏季北菜南运”的流通特点突出，蔬菜运输半径明显扩大，流通成本相应提高。从全国范围看，山东、河北、辽宁等区域形成蔬菜产业集中地，蔬菜产品销往国内各大市场。

就蔬菜来看，目前我国蔬菜呈现两大特点。

一是蔬菜就近自给，根据《2011—2020 年中国蔬菜产业规划》内容，我国将会合理布局大城市蔬菜生产基地，稳定提高自给能力和应急供应能力。全国 36 个大城市，自给蔬菜主要是叶类菜和特色蔬菜，由于很大一部分是当地消费，所以未来冷链需求将主要集中在特色蔬菜部分。

二是建立优势区域蔬菜基地，以保证全国蔬菜平衡供应。目前，我国主要有华南与西南热区冬春蔬菜、长江流域冬春蔬菜、黄土高原夏秋蔬菜、云贵高原夏秋蔬菜、北部高纬度夏秋蔬菜、黄淮海与环渤海设施蔬菜六大蔬菜基地。由于运输距离远，所以未来冷链需求将会集中在冬春蔬菜部分。

就水果来看，生产受地理环境影响，具有一定的地区性集中和规模特点。比如，苹果主要集中在邻近渤海湾的山东、辽宁、河北等地区；柑橘主要集中在广东、四川、广西、福建、浙江、湖北、湖南等地区；梨主要集中在河北、辽宁、山东三省，山西、甘肃、新疆、安徽、江苏等地区，四川栽培也较多。葡萄主要集中在新疆、山东、河北、河南、辽宁、山西、安徽、江苏等地区。香蕉集中产区有台湾、广东、广西、福建、云南、四川等地区。而对于水果的未来冷链需求，将主要集中区域特色水果或高档水果。比如四川省，在攀西区域（攀枝花、凉山及雅安）重点发展石榴、芒果、猕猴桃等特色水果的冷链保鲜配送；在川南区域（包括内江、泸州、宜宾、乐山、自贡等市）重点发展桂圆、荔枝等特色果蔬的冷链配送。（如图 5 –3 至图 5 –5 所示）

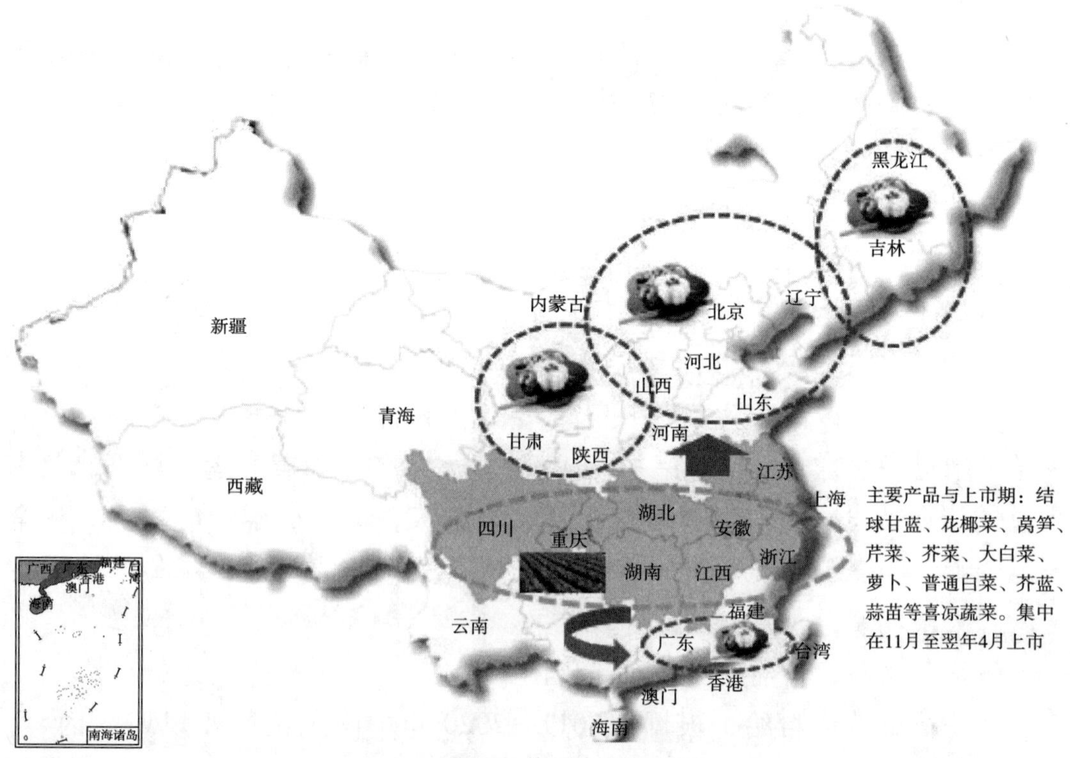

图5－3　我国长江流域冬春蔬菜流向

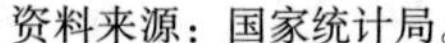
资料来源：国家统计局。

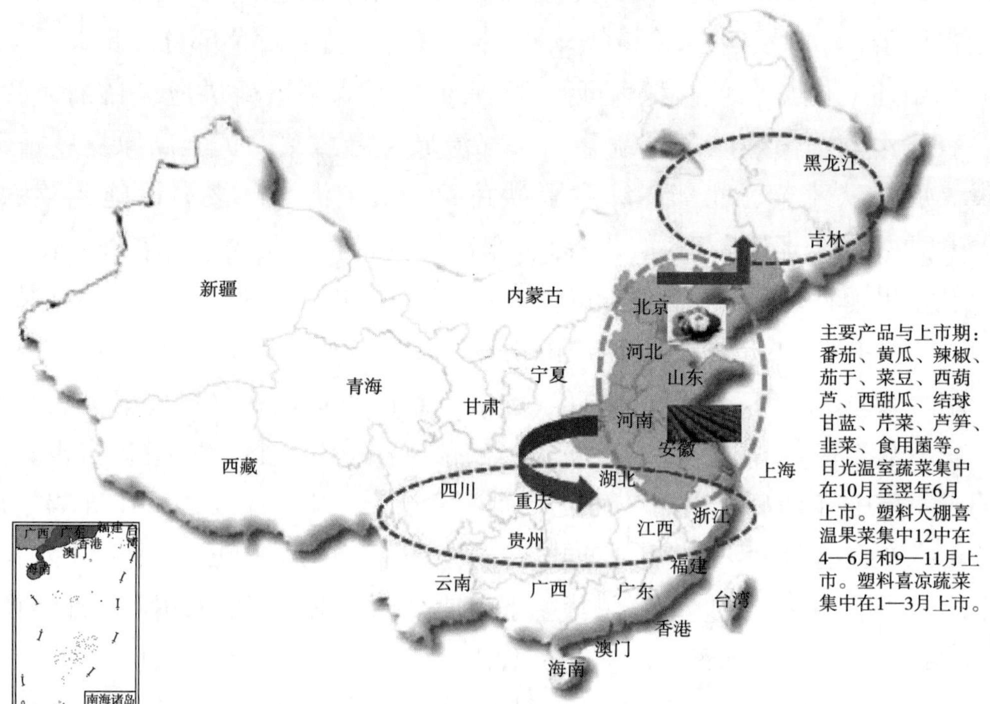

图5－4　黄淮海与环渤海设施蔬菜流向

资料来源：国家统计局。

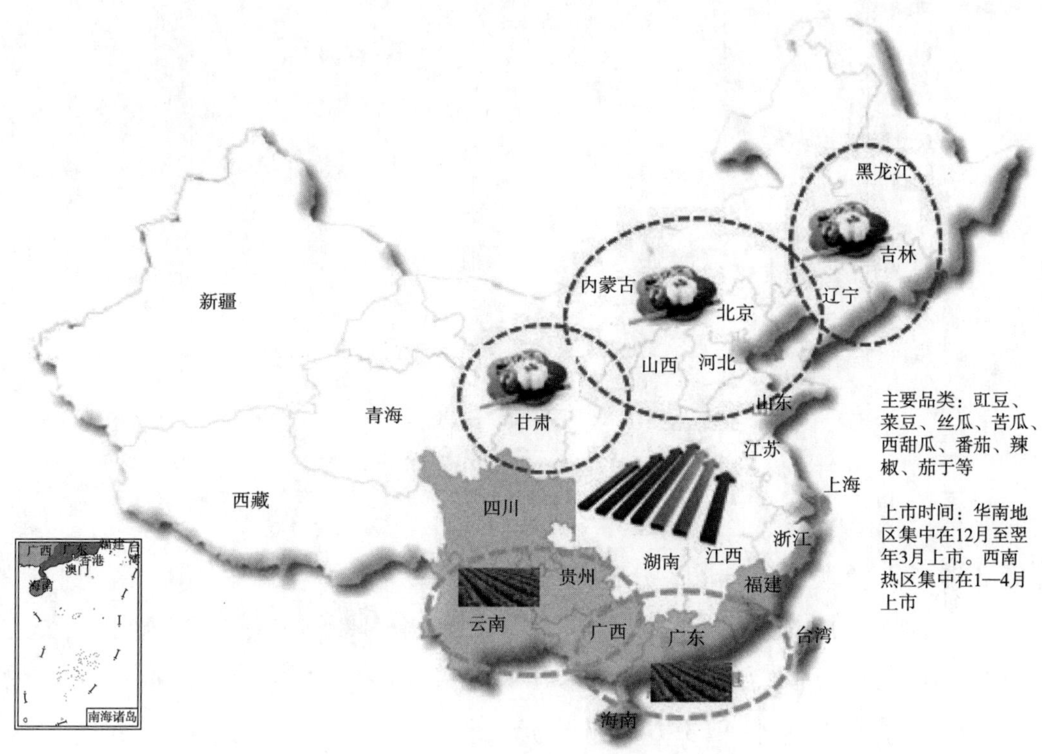

图 5－5　我国华南与西南冬春蔬菜流向

资料来源：国家统计局。

第二节　水产品产业情况与冷链需求分析

一、中国水产品整体市场分析

2016 年全年水产品产量 6900 万吨，比上年增长 3.0%。其中，养殖水产品产量 5156 万吨，增长 4.4%；捕捞水产品产量 1744 万吨，下降 1%。（如图 5－6 所示）

就未来来看，中国海水捕捞占比将会不断下降，反之，海水养殖占比将会不断上升。原因主要有两个方面：一是受海洋渔业资源过度捕捞和环境污染影响，中国海洋渔业资源衰退趋势严重；二是从长期来看，中国水产品消费一直处于稳步上升阶段。

据海关统计，2016 年我国水产品进出口总量 827.91 万吨，进出口

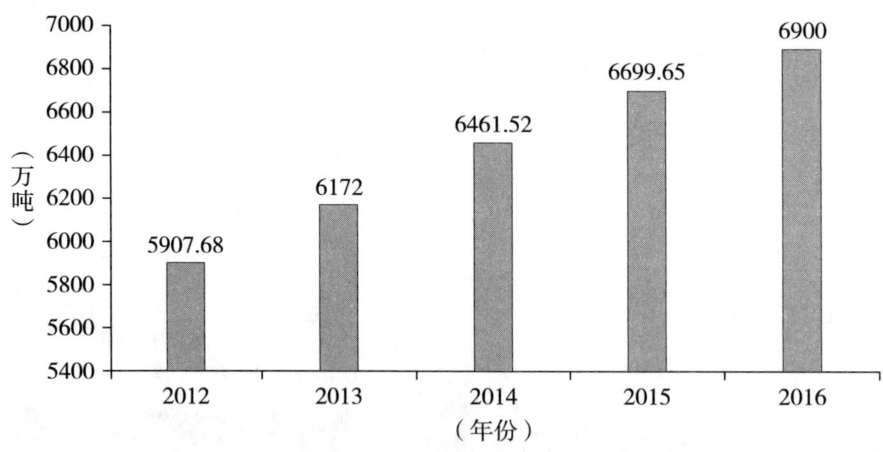

图5－6　2012—2016年中国水产品产量

资料来源：国家统计局。

总额301.12亿美元，同比分别增长1.69%和2.72%。其中，出口量423.76万吨，出口额207.38亿美元，同比分别增长4.37%和1.99%；进口量404.15万吨，同比减少0.98%，进口额93.74亿美元，同比增长4.37%。贸易顺差113.64亿美元，同比增加0.12亿美元。从占大农业的比例看，水产品贸易额占农产品贸易额的16.3%，水产品出口额稳居大农业首位，占28.4%（如图5－7所示）；在所有农产品中，贸易顺差仅次于蔬菜，为减小农产品贸易逆差做出了重要贡献。但是，需要引起注意的是，我国水产品出口综合平均价自2014年达到顶点后，已经是连续第二年下降，下降幅度是6.1%，其中，2016年比2015年同比下降2.28%。考虑到国内生产成本的持续提高，水产品加工出口企业的效益将进一步下滑。

二、中国水产品冷链需求特点

我国水产品消费量主要集中在辽宁、江苏、浙江、山东、海南和广东等沿海省份，西部地区由于受消费能力和传统饮食文化的影响，水产品消费尚处于较低水平。与消费地相比，水产品的产地更为集中，主要分布在沿海一带，为此，水产品的冷链物流路径主要是从沿海城市向沿海、内陆发达城市。（如图5－8所示）

我国水产品冷链构建属于初步性、片段性、分散性，水产品冷链更多的

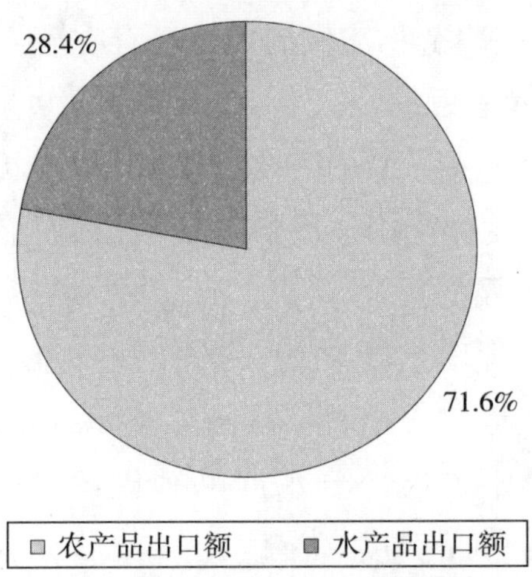

图 5－7　2010—2013 年水产品在农产品出口中的占比

资料来源：国家统计局。

图 5－8　2012 年中国城镇居民水产品消费示例

资料来源：国家统计局。

是集团性或者企业独自性的配置，离区域性、全国性的冷链网络还有比较大的差距。随着我国政府对食品安全的高度重视，水产品品种和产量的扩大，市场对水产品冷链物流的需求日益提高，冷链物流企业迎来了极好的发展机遇期。但是，我国水产品冷链物流发展壮大还存在着4个方面的问题。

1. 冷链网络建设有差距

片段分散方式的冷链系统，往往使得冷链标准无法连贯的执行，全过程冷链温度的记录无法发挥作用，冷链的交接过程比较复杂。

2. 冷链标准建设不及时

水产品冷链物流在管理上缺乏统一的作业标准，如装卸速度、作业流程、检验验货制度以及运输、仓储、配送、销售各环节低温对接要求等作业方面缺乏标准，使得中国大部分水产品销售环境不能控制在冷链温度之下。对各大类水产品的产品温度、湿度指标及储存期限，冷链标准建设不及时，不能具体提供一个科学统一的推荐范围。

3. 冷链配置建设不完整

在一般的市场上冷链配置建设不完整，水产品物流设备比较落后，冷冻水产品运输方式采用人力黄鱼车还相当普遍，因此，水产品的品质损失比较大。冷链体系配置只能依赖于城市化的提高，农村是很难做到的。在运输过程中还缺乏统一化的包装配置和物流形态，例如装有活鱼类的运输桶内3/4装水，只有1/4才是活鱼产品，无疑提高了水产品物流成本。

4. 冷链增值效应不明显

冷链物流要实施全程温度控制管理，必须依靠先进的信息技术作为支撑。还要加强水产品保鲜库、冷藏库的建设，增加温控设备。冷链物流投入比较大，而水产品属于低价产品，通过冷链物流服务过程的增值效应不明显，经营水产品冷链物流风险较大。

第三节　肉制品产业情况与冷链需求分析

一、中国肉类整体市场情况分析

2016年全年肉类总产量8540万吨，比上年下降1%。其中，猪肉产量5299万吨，下降3.4%；牛肉产量717万吨，增长2.4%；羊肉产量459万吨，增长4.2%；禽肉产量1888万吨，增长3.4%。禽蛋产量3095万吨，增长3.2%。牛奶产量3602万吨，下降4.1%。年末生猪存栏43504万头，

下降3.6%；生猪出栏68502万头，下降3.3%。（如图5－9所示）

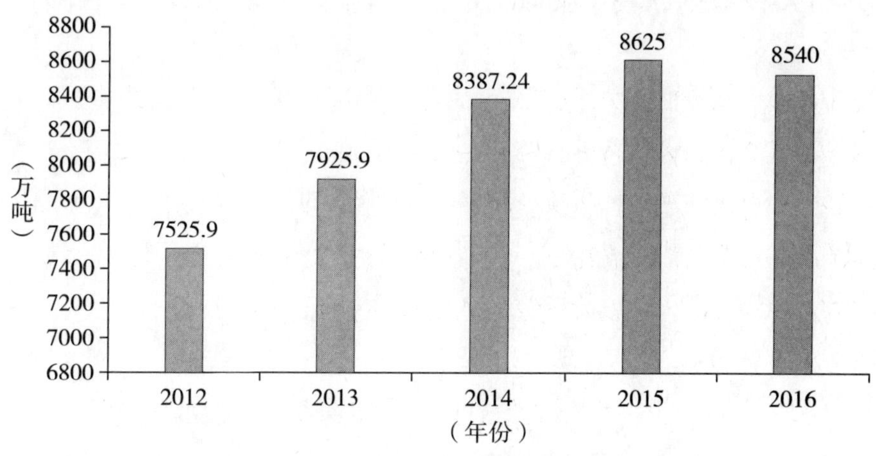

图5－9　2012—2015年我国肉类产量变化

资料来源：国家统计局。

纵观中国肉类近五年产量增长情况不难发现，肉类产量并非始终逐年平稳增长，2015年增速骤然放缓，2016年则出现了负增长。

2016年我国鲜、冷藏肉产量3637.1万吨，同比下降1.1%。（如表5－2所示）

表5－2　　2016年2—12月全国鲜、冷藏肉产量统计

月份	鲜、冷藏肉产量当期值（万吨）	鲜、冷藏肉产量累计值（万吨）	鲜、冷藏肉产量同比增长（%）	鲜、冷藏肉产量累计增长（%）
2	—	544.9	—	－0.4
3	281.9	827.3	－7.8	－2.7
4	272	1094.9	－4.2	－3.2
5	283.8	1378.5	－5.7	－2.5
6	312.9	1691.8	－3	－3
7	284	1962.6	－4.9	－4.1
8	295.9	2273.9	－1.6	－3.1
9	321.6	2592.4	－0.8	－2.3
10	334.4	2921.5	－0.5	－1.9
11	351.1	3238.6	1.5	－2.7
12	360.5	3637.1	3.3	－1.1

资料来源：国家统计局。

就肉类品种来看，2016 年我国猪、牛、羊肉产量占肉类产品总产量的比重始终在 75% 以上，其中又以猪肉占比最高。（如图 5－10 和图 5－11 所示）

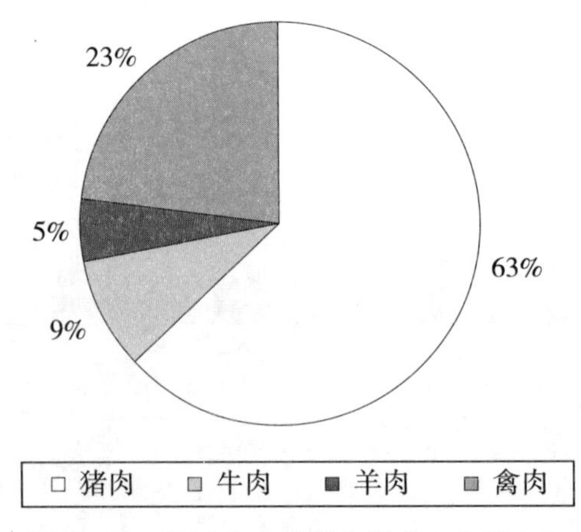

图 5－10　2016 年中国猪牛羊禽肉产量占比

资料来源：国家统计局。

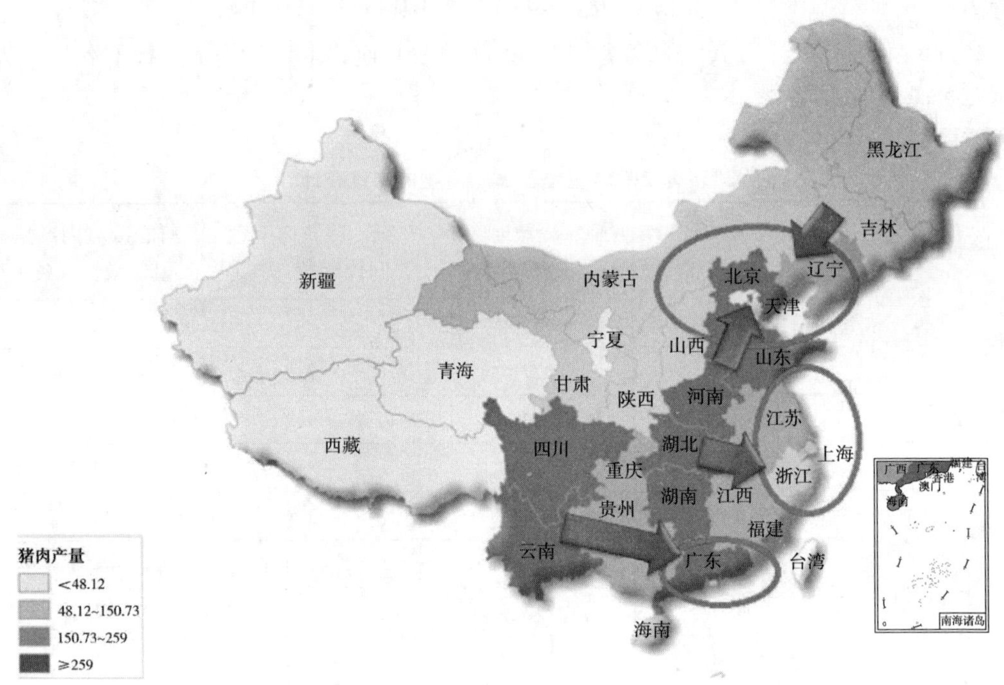

图 5－11　中国猪肉消费流通示意

资料来源：国家统计局。

二、中国肉类冷链需求与特点

近几年，我过肉类产业保持平稳发展，冷链物流配套相对完备，全国肉类冷库容量超过1000万吨。

1. 大型肉制品厂商积极布局冷链产业链

中国鲜肉市场消费比较稳定，内部渠道消费升级给冷链肉市场带来了巨大的发展空间。与此同时，双汇、众品等肉制品厂商销售渠道的下沉也拉动了冷鲜肉的消费。为了支撑庞大的冷鲜肉、冻肉消费市场，大型肉类生产企业由原有的销售渠道布局，逐步转移到冷链产业链布局。比如鲜易供应链，定位于中国温控供应链集成服务商，积极布局全国冷库网络、干线运输网络、城配网络。

2. 超市冷鲜肉逐步受宠，流通渠道有待改善

2016年，国务院办公厅关于印发《2016年食品安全重点工作安排》的通知，食品安全日益成为社会关注的重要问题，这一观念的变化在很大程度上影响了零售销售渠道的改变。所以，未来随着城镇化的进一步深入以及消费者意识的提高，超市将成为消费者购买猪肉的主要场所。

而从超市角度来看，生鲜是其门店聚集人气的重要商品，扩大生鲜销售规模已经成为业态的一种竞争战略。所以超市具有一定的驱动力来开展冷鲜肉市场。而从消费者角度来看，为规避批发市场引起的食品安全事件，也具有一定超市冷鲜肉消费意愿。未来，随着居民消费观念的逐步改变，超市销售冷鲜肉占比将逐步扩大。

第四节　乳制品产业情况与冷链需求分析

一、中国乳制品整体市场分析

近年来，随着经济持续快速发展，城镇化水平不断提高，居民生活水平不断提升，我国液体乳产销量整体保持增长势头。

2016年，全国乳制品行业累计完成产量2993.23万吨，同比增长

7.9%。产量排名前10位的有河北省、内蒙古自治区、河南省、山东省、黑龙江省、江苏省、陕西省、四川省、湖北省、安徽省。其中产量同比增长的省份有：河南省，同比增长23.3%；四川省，同比增长21.88%；内蒙古自治区，同比增长14.65%；安徽省，同比增长12.5%；湖北省，同比增长11.09%；山东省，同比增长4.26%；江苏省，同比增长3.77%；河北省，同比增长2.74%；黑龙江省，同比增长1.52%。产量同比下降的省份有：陕西省，同比下降10.92%。（如图5－12和图5－13所示）

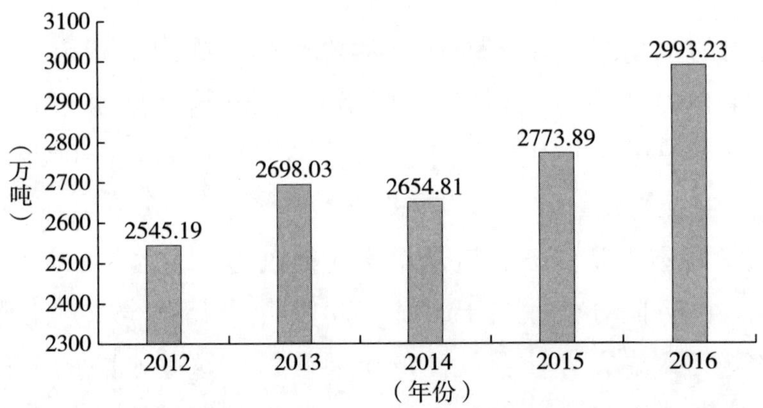

图5－12　2012—2016年液体乳产量

资料来源：国家统计局。

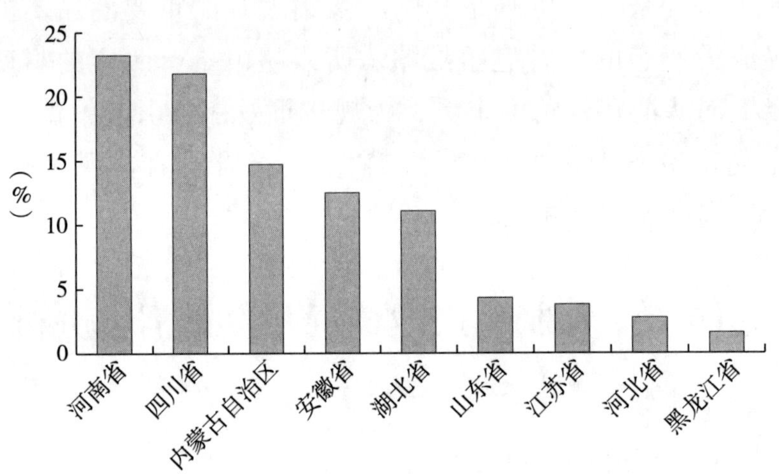

图5－13　2016年乳制品产量同比增长的省（市、区）增长对比

资料来源：国家统计局。

2016年，全国乳品行业完成累计进口额33.71亿美元，同比增长5.96%。进口额排名前10位的进口来源国和地区是新西兰、法国、澳大利亚、美国、德国、荷兰、爱尔兰、波兰、丹麦、意大利。其中，进口额同比增长的有：法国，同比增长29.51%；荷兰，同比增长10.65%；澳大利亚，同比增长9.54%；新西兰，同比增长7.62%；德国，同比增长0.21%。进口额同比下降的有：波兰，同比下降17.43%；爱尔兰，同比下降14.5%；丹麦，同比下降10.57%；美国，同比下降10.05%；意大利，同比下降0.6%。

我国进口额排名前10的省份是上海、广东、天津、浙江、北京、山东、福建、内蒙古、江苏、辽宁。其中，进口额同比增长的有：福建，同比增长59.65%；浙江，同比增长44.02%；江苏，同比增长14.79%；上海，同比增长8.12%；广东，同比增长7.91%；北京，同比增长3.37%；内蒙古，同比增长0.6%。进口额同比下降的有：天津，同比下降23.27%；辽宁，同比下降14.13%；山东，同比下降0.06%。（如图5－14所示）

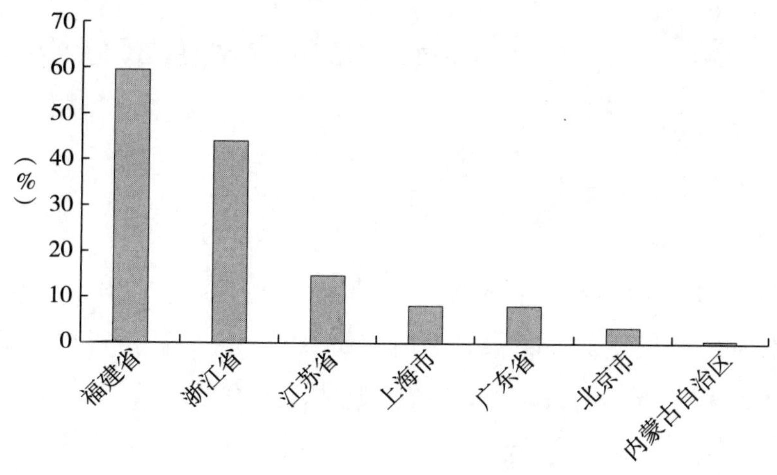

图5－14 2016年乳制品进口额同比增长的省（市、区）增长对比

资料来源：国家统计局。

二、乳制品冷链市场特点

冷链物流在奶业中已得到广泛的运用，例如奶源运输和部分奶产品的流通都必须依托冷链物流技术。保障和进一步推动了奶业发展，其理由主要有如下几个方面。

第一，所产的牛奶必须通过冷链运输才能安全抵达乳品厂进行工业化加工，不然，牛奶将全变质不能再加工。

第二，我国国土辽阔，奶源主产区远离牛奶消费市场，有了冷链物流才能连接和缩短产销两地的距离，牛奶入城的通道才能开启畅通；

第三，牛奶是一种易腐食品，新鲜牛奶、酸牛奶等产品如不将其处在低温下贮运或保存就会易变质。新鲜、口感和营养是牛奶的灵魂和精髓，而这一类的牛奶其新鲜度、口感、营养又是特别强的。

第四，酸牛奶、巴氏奶等这些保鲜奶品仍具有很强的市场消费拉动力。上述这两种牛奶已经成为全球牛奶消费的主流产品，虽然目前在我国的牛奶消费还是以 UHT、调味奶、含乳饮品和奶粉为主，但是，这些牛奶品种近一两年来的快速发展高峰期已冲顶，年均发展增长率只有 10% 左右，而酸牛奶仅占整个市场的 15% ~17%，但它的年均发展增长指数都超过了 30% 以上。也就是说，这些保鲜牛奶产品，对我国的牛奶消费市场将会起到强有力引领作用。

第五节　餐饮市场情况与冷链需求分析

一、餐饮市场总体分析

“十二五”期间历经行业洗牌、且强势回暖之后，新的五年规划伊始，餐饮市场逐渐趋于稳定。如表 5 – 3 所示，2016 年，全国餐饮收入 35799 亿元，同比增长 10.8%，限额以上单位餐饮收入 9213 亿元，同比增长 6%，两者增速分别较上年同期降低 0.9 个、1 个百分点。

表 5 – 3　　2016 年主要地区餐饮市场发展状况

地区		餐饮收入（亿元）	同比增速（%）	增速比上年同期变动百分点	统计口径
东部	北京	918.2	4.00	0.7	
	上海	1072.4	4.70	–2.6	含住宿
	天津	829.7	10.80	–1.3	含住宿
	江苏	2808	14.00	3.5	含住宿
	山东	3244	13.70	0.6	
	浙江	2248	13.10	3.3	
	海南	248	10.90	–1.1	

续　表

地　区		餐饮收入（亿元）	同比增速（%）	增速比上年同期变动百分点	统计口径
东部	广东	3496. 6	9. 20	-1. 5	
	福建	1221. 1	9. 10	-0. 9	
	辽宁	1615. 7	7. 70	-2. 1	
中部	江西	743. 2	16. 80	5. 9	
	吉林	884. 9	14. 90	3. 5	
	湖南	1646. 1	14. 10	0. 1	
	湖北	1404. 1	13. 00	-0. 9	1—11 月
	河南	2434. 3	12. 50	-1. 2	
	安徽	1086. 1	12. 40	0. 3	
	山西	576	6. 90	1. 9	
西部	重庆	1027	14. 50	1. 1	
	四川	2214	13. 20	0. 9	
	云南	836. 5	12. 60	1. 7	
	陕西	755. 7	12. 20	-3. 5	
	宁夏	133. 8	12. 10	-7	
	广西	668. 3	11. 30	1. 3	
	内蒙古	1027. 3	10. 60	-0. 2	
	贵州	318. 2	10. 60	-2. 2	
	青海	62	9. 90	0. 7	
	甘肃	505. 2	9. 80	-1. 1	
	新疆	38. 8	4. 50	-2. 7	1—8 月限上

注：除 4 个直辖市外，其他省区是按照餐饮收入同比增速高低排序。

资料来源：根据各省（市、区）统计局发布数据整理制作。

总体来看，餐饮业发展速度仍位于合理区间，餐饮收入总规模占到社会消费品零售总额的 10. 8%，比重持续回升，并且，餐饮市场对整个消费市场增长贡献率达到 11. 1%，拉动消费市场增长 1. 2%。餐饮行业稳增长、促消费的作用依然不容小觑。

二、餐饮市场冷链需求分析

目前，餐饮市场总体仍旧分散，但市场结构逐步变化，连锁经营模式占比增大，餐饮企业内部供应链也随之改变，长久以来困扰餐饮行业供应链的一些问题取得突破。

1. 中央厨房

餐饮业食材品类多类、标准复杂，对于标准化的实现要依托于中央厨房加工中心，中央厨房实现了将原材料集中进行加工、烹调、冷却、制成成品或半成品，通过计量、包装、贴标、冷链配送到门店，经简单加工即可售卖上桌。对于品牌化、连锁化餐饮食品企业而言，中央厨房建设已经成为普遍的选择。（如图 5－15 所示）

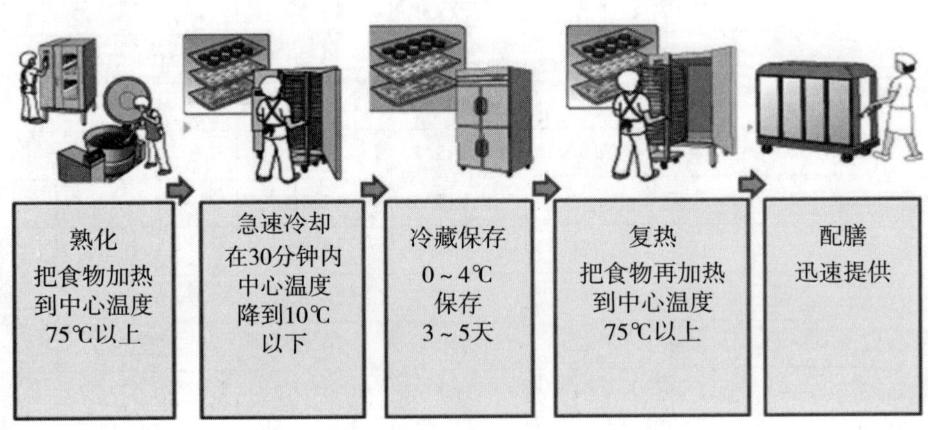

图 5－15　冷链技术在中央厨房中的应用

中央厨房和配送中心建设是现代餐饮业新的发展趋势，是大中型餐饮企业转型升级的重要手段。根据中国烹饪协会 2012 年对大中型快餐企业的调查显示，近一半的企业已建立了中央厨房，还有近 30% 的快餐企业计划建立。

2. 冷链配送

餐饮市场消费群体分布不均，以北京为例，餐饮最集中的是在五环之内，其次是各个近郊区县，这样就形成一个区域配送比较密集，另一端配送比较零散，这样对单体的运输来讲，装载率、交货时间的差异，都会导致冷链配送成本上升。目前，餐饮行业配送环节，多数企业选择自营配送+第三方外包相结合的模式为主，用以平衡配送成本，第三方的引入，特别是餐饮冷链的共同配送，能极大程度降低餐饮配送成本。

3. 餐饮供应链整合服务商出现

餐饮行业比较分散，分散的市场催生了餐饮供应链服务模式的创新，一批基于餐饮前段供应链整合的服务公司出现，通过规模化采购、完善的冷链物流体系支撑，帮助中小型、单店类的餐饮企业解决食材品质、标准化和物流配送问题。

第六章　部分区域冷链物流情况介绍

2016 年各地方政府认真贯彻中央有关部门大力发展冷链物流的文件精神，依托各自省市冷链物流资源和优势，出台相关冷链产业政策，并投入大量资金用于扶持冷链产业发展。本章重点研究了安徽省、海南省、云南省、辽宁省、山东省、广西壮族自治区、新疆维吾尔自治区、河北省的农产品冷链物流发展情况。

第一节　安徽省农产品冷链物流情况

一、冷链物流现状

安徽省是农业大省，农产品种类多，产量大，质量优。随着农产品生产组织方式和结构的调整，近年来主要生鲜农产品生产规模稳步提升，对农产品冷链物流的需求十分旺盛。

如海鲜等水产品仅合肥市年损耗率就达 15%，蔬果、肉类与水产品冷链流通率低于全国平均水平，全省每年因冷链物流缺乏损失近 50 亿元。

2005—2014 年安徽省主要生鲜农产品产量如表 6－1 所示。

表 6－1　　2005—2014 年安徽省主要生鲜农产品产量

年份	肉类	禽蛋	水产品	蔬菜	水果	牛奶	茶叶	总产量
2005	382.88	122.06	177.57	1671.23	151.72	11.05	5.96	2522.47
2010	376.94	119.00	193.31	2137.36	235.67	20.50	8.33	3091.11
2011	375.47	119.65	199.55	2213.99	241.79	22.52	8.76	3181.73
2012	397.74	122.65	207.49	2327.50	261.32	24.09	9.53	3350.32
2013	403.83	124.53	215.53	2417.95	255.90	25.34	10.09	3453.17
2014	414.02	122.53	223.69	2550.97	284.56	27.87	11.12	3634.76

注：2006—2009 年数据省略。

资料来源：安徽省国民经济和社会发展统计公报（2005—2015 年）。

据《安徽省冷链物流行业报告》数据，安徽省人均冷库容量14.9千克，冷藏车占货运汽车的比例仅0.35%，低于全国人均冷库容量和全国冷藏车占比，大部分蔬菜、水果、肉类、水产品均常温储运与销售。由于冷链物流设施不足，安徽省蔬菜、水果等农产品在采摘、储运、销售等环节损失率高达28%，约667万吨，经济损失巨大。

安徽省虽然有各类物流企业2000多家，但是专门从事冷链物流的企业尚不足30家，相对于安徽省农产品冷链物流的巨大需求，冷链物流企业发展的数量与质量均全面落后。在中物联冷链委发布的2015年中国冷链物流企业百强名单中，安徽冷链物流企业无一家上榜。

安徽省有32所本科、75所高等职业院校，大多数都开设物流管理、物流工程等专业，缺乏对冷链物流这一细分领域的关注，并未开设冷链物流相关课程，毕业的学生缺乏冷链物流行业所必需的制冷技术、冷藏知识、信息技术等知识技能。

二、发展冷链区位优势

安徽省属于我国的中部地区，具有承东接西、连南接北、临江近海、长三角腹地等区位特征，正在打造成“一带一路”的重要支点。近年来，随着水路、公路、铁路、航空等交通基础设施建设的推进，交通运输条件有较大的改善，为生鲜农产品进出安徽省市场提供了良好的条件。

截至2016年年底安徽省公路总里程达19.7万公里，实现了市市通高速，南北向6小时过境、东西向3小时过境；全省铁路运营总里程达到4223公里；内河航道总里程超6700公里，完成港口吞吐量超5亿吨。

安徽省共有16个港口，其中沿江安庆、池州、铜陵、芜湖、马鞍山5港为国家一类开放口岸。全省拥有码头泊位1344个，拥有航运企业762家，港口企业620家，芜湖港为首个亿吨大港。

2017年年初，芜湖朱家桥码头、马鞍山郑蒲港两个进口肉类指定口岸获批运行，意味着经检验检疫合格的欧盟、澳大利亚、新西兰等10余个国家进口畜、禽肉可直接运抵安徽省，不再经沿海口岸查验转运，两个进口肉类指定口岸的年查验能力达30万吨。此举可降低物流成本逾10%，价格将比国内市价低30%以上。安徽省作为肉类生产和消费大省，两个进口肉类指定口岸的开通运行，将进一步完善口岸经济体系，引导肉类冷链、加工产业集聚，促进沿长江两岸经济社会发展。

第二节　海南省农产品冷链物流情况

一、冷链物流需求

海南省是临海农业大省，具有十分有利的地理优势和区位优势。海南省热带水果蔬菜种类琳琅满目，种类繁多。有荔枝、龙眼、杨桃、菠萝蜜、榴梿、杧果、番石榴、红毛丹、香水菠萝、木瓜、雪莲、山竹、橙子、酸豆、人心果、莲雾、椰子、绿橙、火龙果、皇帝蕉、圣女果、鸡蛋果、仙人果、番荔枝等水果，还有芹菜、大白菜、油菜（上海青）、青瓜、胡萝卜、白萝卜、茄子、西红柿、长豆角、土豆、青椒、尖椒、蒜、葱、生菜、菠菜、菜心（花）、苦瓜、丝瓜、荷兰豆、莲花白、冬瓜、四季豆、洋葱、空心菜、南瓜、葫芦瓜等蔬菜。

2015 年，海南省蔬菜收获面积 396.01 万亩，蔬菜产量 572.19 万吨；水果收获面积256.47 万亩，水果产量407.26 万吨，其中，香蕉产量140.22 万吨，芒果 50.88 万吨，菠萝 37.24 万吨，荔枝 15.43 万吨，龙眼 5.38 万吨。丰富的农产品品种，巨大的农产品产量，加之气候长夏无冬，并且市场规模较小，内陆地区需求较大，使得海南省发展冷链物流正好符合市场及经济发展的需要。

二、冷链现状与问题

海南省的冷链物流从 20 世纪 90 年代初期开始，2015 年，海南省投资 100 亿元用于公路与水路的建设，通车里程达 1.7 万余公里，以“三纵四横”为骨架，有干线直通各港口、市、县，有支线延伸到全岛 318 个乡镇海南全省 68 个天然港湾，已开辟港口 24 个，其中以海口港、八所港、洋浦港、三亚港 4 个港口为最大。

海南省政府近年来非常重视农产品冷链物流的发展，因地制宜出台了多项冷链落地政策，比如在落实鲜活农产品运输“绿色通道”政策方面，把冻畜禽肉、冻水产品、槟榔等列入“绿色通道”鲜活农产品品种范围，每年减免企业费用上亿元。

在冷链物流基础设施建设方面，据不完全统计，海南省拥有冷库150多座，但绝大部分冷库容量很小，常见为几十吨到几百吨不等，地理位置分布不均匀，并且80%以上由农业生产或加工企业出资建设，这就造成冷库重复建设、冷库资源利用不充分等问题。

第三节　云南省农产品冷链物流情况

一、冷链物流需求

云南省是我国西南农业大省，也是典型的产地市场，以农产品出口为主。云南省农产品种类丰富，像红提、橙子、荔枝、红毛丹、山竹、番茄、西蓝花、豌豆、马铃薯等，各种生鲜果蔬在物流过程中的温度、湿度控制要求均不相同，农产品出口具有出口量大、种类多、时效性强、物流环节多的特点。

2016年，云南省农产品出口额296.5亿元，较上年同期增长17.1%，占同期云南省出口额的38.7%。东盟是主要消费市场，另外对美国以及中国香港等发达市场保持较快增长。2016年，云南省对东盟出口农产品168.7亿元，同比增长8.1%；占云南省农产品出口额的56.9%。

水果、蔬菜出口量值齐增，鲜花、茶叶等增幅居前。2016年，云南省出口各类水果80.6万吨，同比增长28.7%；出口额123.9亿元，同比增长10%。2016年，全国出口水果344.9亿元，增长13%，而云南省占全国水果出口额的35.9%，居全国各地区之首。同时，蔬菜出口89万吨、78.5亿元，分别增长20.6%和39.7%，占云南省农产品出口额的26.5%。鲜切花出口4亿元，增长47.6%。

二、冷链物流特点及发展方向

由于云南农产品多为出口，因此其冷链物流包括采收、冷藏储存、冷链运输、通关等多个环节，任何一个物流环节都存在影响质量安全的风险因素，质量安全管理操作难度大、可控性差。由于缺乏冷链物流质量控制体系致使生鲜农产品国际物流损耗严重，因此建设生鲜农产品国际冷链物流质量控制体系对支撑我国农产品对外贸易发展和提升竞争力显得尤为重要。

生鲜农产品国际冷链物流质量控制体系，如表6－2所示。

根据《云南省现代物流产业发展“十三五”规划》要求，未来5年云南省的冷链物流目标是，在昆明、曲靖、玉溪、楚雄、大理等高原特色农产品主产地，加快推进高原特色农产品大型批发市场建设，支持建设高原特色农产品物流基地，推动高原特色农产品批发交易和物流一体化发展，打造中国高原特色农产品交易物流中心。

着力在花卉、果蔬、野生菌、肉类、奶制品、水产品、海产品、药品等流通领域发展冷链物流。加强智能冷链物流能力建设，引导和支持企业使用各种新型冷链物流装备与技术，完善产地预冷、销地冷藏和保鲜运输、加工等设施，解决冷链物流运输与其他环节的无缝衔接问题。

开展以花卉、果蔬为重点的冷链物流发展试点，支持试点物流企业购置节能环保的冷链运输车辆，推广全程温湿度自动监测系统和控制设备，建立冷冻、冷藏和保鲜仓库或配送中心，提升企业的冷链运输服务能力。在试点基础上，培育壮大一批专业冷链物流企业。

第四节　辽宁省农产品冷链物流情况

一、冷链物流需求

辽宁省地处沿海地带，丹东市邻近黄海，特色是黄蚬子、飞蟹等，而大连邻近渤海，海鲜特别丰富，特色是海参、扇贝、鲍鱼、黄花鱼等。2016年，辽宁省水产品出口千万美元以上企业已达77家，比2015年增加11家；水产品出口创汇26.98亿美元，占全省大宗农产品出口额的59.2%。

辽宁省瓜果虽然不像南方那样有特色，但是它的独特也不是南方水果可以代替的，例如樱桃、苹果、草莓、南果梨等。2016年，辽宁省水果产量超过780万吨，产值达到180亿元。这些特色农产品在给辽宁省经济带来发展的同时，也对冷链物流提出了很高的需求。

表6－2　生鲜农产品国际冷链物流质量控制体系

（1）关键控制点（CCP）	（2）显著危害	（3）关键限值	（4）监控			（5）纠偏行动	（6）验证	（7）记录
			内容	方法	监控者			
CCP1 预冷	微生物污染	2小时内预冷至0～2℃	集散中心温度	测量温度	监督检验人员	进行产地预冷，迅速降低农产品田间热；采用真空预冷等技术提高预冷保鲜率；及时调整冷库温度	持续监测	温度记录
CCP2 入库检验	微生物污染化学品残留	是否符合国际检验检疫标准	生鲜农产品	抽样检查	监督检验人员	对于微生物、化学品残留不符合国际标准的生鲜农产品退货，禁止进出口	周期性库存检查	入库产品记录
CCP3 冷藏储存	微生物污染	冷库温度保持0～6℃	冷藏库温度	测量温度	监督检验人员	对生鲜农产品进行低温冷藏或减压冷藏，及时调整冷库温度	定期检查并调整温度	冷库内温度记录
CCP4 冷链运输	交叉污染	冷藏车箱是否消毒；车厢温度0～4℃	车厢是否消毒；车厢内温度	人工监督及测量	监督检验人员	对冷藏车厢重新消毒；及时调整车厢内温度	车厢内制冷设备检查；查看消毒记录	消毒记录
CCP5 通关	微生物危害	检验检疫时间	通关时间	人工监督及检测	监督人员	实施快速通关和产地预检提高通关效率	是否有出境货物通关单	出入境记录
	微生物危害化学品残留	是否符合国际标准	生鲜农产品	抽样检查	海关	对于不符合标准的生鲜农产品禁止出口	是否有出入境货物通关单	出入境记录

二、冷链现状与发展方向

目前，辽宁省冷链物流还处于初步发展阶段，市场规模较小，基础设施设备水平落后。据资料显示，辽宁省的人均冷库容量47千克，冷藏保温车的比例占货运汽车的比例只有0.3%，铁路冷藏运输车辆总量占铁路运输车辆总量仅仅只有2%。目前，冷冻冷藏设施出现陈旧老化现象，而且区域分布不平衡，大型农产品批发市场、区域性农产品配送中心等关键物流节点缺少冷冻冷藏设施。

近年来，辽宁省政府为了把大连打造成为“东北亚冷链物流中心”，发挥在“一带一路”国家战略实施中的重要运输节点作用，在推动冷链物流发展方面不遗余力，促使冷链物流水平有了很大的提升。

在冷链基础设施建设方面，随着恒浦国际物流和毅都集团在大窑湾保税港区的二期冷链仓库即将建成，大窑湾口岸冷藏存储能力将超过40万吨，成为国内规模庞大、功能齐全的保税冷链物流口岸。恒浦物流、獐子岛中央冷藏、盖州物流3家企业获得进口肉类冷链查验和储存一体化设施资质，使辽宁省进口肉类指定冷链查验场数量由2个增至5个，口岸综合竞争力进一步提升，五大冷链查验场年进口肉查验处理能力超过50万吨。

此外，在大连港集团、中铁铁龙、大连铁越、獐子岛、辽渔集团等龙头企业的长远规划和积极推进下，辽宁省在全国冷链网络布局、铁路冷链模式创新、鲜活冷链运输等方面取得了实质性和突破性进展。

第五节　山东省农产品冷链物流情况

一、冷链物流需求

山东是农业大省强省，2016年蔬菜及食用菌总产量10327万吨，水果总产量1728万吨，肉蛋奶总产量1473.7万吨，均居全国首位。2016年，全省农产品出口首次突破1000亿元大关，连续18年出口总量保持全国第一。

山东省在发展农产品方面有很强的地域资源优势，依托青岛港、烟台港、日照港等，水产品、肉类进出口业务稳定；威海、荣成等地水产养殖、加工规模较大；潍坊、烟台等地蔬菜和苹果、樱桃等水果全国闻名。山东省农产品除了出口总量大以外，每年流通到其他省市的农产品总量也很大，约占总产量的60%。

但山东省农产品流通仍以大宗原产品为主，加工转化率仅为30%，加工增值效益较低，目前流通市场的农产品大多缺乏标准化，分级分类的产品较少，品牌、包装等跟不上，而且总体来看冷链流通水平低，农产品尤其是蔬菜、水果损耗较大。

二、冷链现状及问题

截至2016年年底，山东省内低温储存能力占全国11.4%，超过480万吨，成为全国最大的冷库集群；山东省从事冷链物流业务的规模企业（营业收入800万元以上）有160家，拥有冷库650座，冷藏及保温车辆约2.9万辆。

目前，山东省农产品冷藏运输率只有10%～20%，山东省生鲜农产品供应链的上下游之间缺乏整体规划，致使资源整合难度大。例如，在冷库建设方面，重城市经营性冷库建设，轻产地加工型冷库建设；重肉类冷库建设，轻果蔬冷库建设；重大中型冷库建设，轻批发零售冷库建设。

第六节　广西壮族自治区农产品冷链物流情况

一、冷链物流需求

广西农业资源丰富，是我国重要农产品生产基地之一，主要盛产南亚热带水果、蔬菜、甘蔗、三黄鸡、奶水牛、水产品等农产品。2015年全区水果产量1369.99万吨，水产品产量345.62万吨，谷物产量1422.4万吨，糖料蔗产量7504.92万吨，蔬菜及食用菌产量2786.08万吨，猪牛羊禽肉产量408.95万吨。全区农业总产值、增加值、出口额等多项统计指标居全国前列。同时，广西作为连接中国与东盟各国贸易往来的桥头堡，每年承接国内与东盟各国大量的农产品进出口贸易。随着广西生鲜农产品产量、需求量和进入流通领域量的不断增长，全区冷链物流市场潜力巨大。

二、冷链物流现状及方向

近年来，广西加快跨区域农产品流通基础设施项目建设，大力推动冷链物流产业发展，不断提升冷链物流发展水平，与发达地区冷链物流差距进一步缩小。

随着冷链物流产业的不断发展，全区冷链物流比例不断提高。目前广西果蔬、肉类、水产品冷链流通率分别达到22%、14%、9%，冷藏运输率分别达到8%、7%、5%。在冷链物流运输方式上，目前主要以公路冷链物流运输为主，铁路冷链物流和航空冷链物流为辅。（如表6－3所示）

表6－3 广西冷链情况汇总

类别	典型农产品	冷链物流比例	冷链物流方式	来源	流向
水产品	虾、鲜活水产品、海产品	64.3%	航空	广西、东盟	北方省份
水果	芒果、荔枝、火龙果	25.4%	公路、铁路	广西、东盟	北方省份
蔬菜	豆角、大白菜、胡萝卜	10.3%	公路、铁路	广西	北方省份

广西已初步形成了由湘桂铁路、桂海高速公路、“南菜北运”专线、沿海海运线路、空运线路等组成的冷链物流线路及较为健全的冷链物流节点。依托“南菜北运”和跨区域农产品流通基础设施项目建设契机，近年来，广西大力推动铁路冷藏集装箱运输。2013年12月百色至北京“百色一号”果蔬专列正式开通运行，截至2016年10月底共开行52趟，其中冷藏集装箱32趟，运输果蔬产品18500吨。

目前，广西海吉星农产品物流中心、南宁金桥农产品批发市场、玉林宏进农产品批发市场、柳州新柳邕农副产品批发市场等区内大型农产品批发市场和农产品流通企业基本上都建设有千吨以上规模的冷库。据不完全统计，广西现有各类冷冻、气调库容量近80万吨，占全国冷库容量的2%，其中，肉类加工企业冷冻库43万吨，水产冷库15万吨，蔬菜批发市场冷藏气调库18万吨；运营型冷藏车2000多辆，占全国冷藏车保有量的2%；冷藏车占全部运营货车的0.38%，略高于全国的0.3%。大部分零售企业和网点配置了冷藏冷柜设施，极大提高了广西居民的生活品质。

第七节　新疆维吾尔自治区农产品冷链物流情况

新疆农产品冷链物流模式包括以加工企业、批发市场、终端销售企业和第三方物流企业为核心的四种农产品冷链物流模式。目前，第三方物流已经逐渐成为继快递业务之后专业化物流发展的一个重要方向，加快发展第三方冷链物流在新疆不仅有资源、市场、区位和交通等有利条件，也是建设特色农产品品牌工程的内在要求。

新疆被定位为“丝绸之路经济带”核心区，应发挥新疆独特的区位优势和向西开放重要窗口的作用，深化与中亚、南亚、西亚等国家的交流与合作，形成“丝绸之路经济带”上重要的交通枢纽、商贸物流中心和文化科教中心。新疆发展农产品第三方冷链物流已具备良好的基础，有良好的气候资源条件和市场条件，有“丝绸之路经济带”沿线省区及国家的互联互通的区位条件和交通条件，这些都为新疆构建第三方农产品冷链物流模式创造了极为有利的条件。

新疆是我国著名的“瓜果之乡”和五大牧区之一，瓜果、牛羊肉等特色优质农产品及其加工产品深受国内外消费者的青睐，并已形成一定的市场品牌优势。近年来，通过在全国各地建立新疆农产品外销平台，进一步扩大和提升了新疆生鲜农产品的市场规模以及品牌形象；通过加大以瓜果、蔬菜为主要品种的农产品出口，中亚等周边国家对新疆农产品的消费需求不断增长，为农产品冷链物流的快速发展打下了良好的市场基础。

新疆与周边8个国家接壤，现有国家一类口岸17个，二类口岸12个，3个边境经济合作区，1个出口加工区，以及中哈霍尔果斯国际边境合作中心，喀什、霍尔果斯两大特殊经济开发区正加紧规划建设。目前，15个一类陆路口岸均与国省县道连接，形成了西出中亚、南亚、西亚各国，北达蒙古的干线公路交通网，与周边各国初步形成了国际运输网络。这为农产品冷链物流的快速发展开辟了广阔的市场空间。

2016年全年新疆建设完工3058座果蔬烘干房和1602座冷藏库，这些项目预计带动农民工资性收入将达12.67亿元。2015年全疆计划新建果蔬热风烘干房3500座，50吨组装式冷藏库2000座。目前，全年完成建设烘干房3058座，完工率87%，建设冷藏库1602座，完工率80%。

据初步测算，果蔬烘干房日烘干能力已达到9174吨，保鲜能力达到8万吨左右。烘干房带动15.29万农民就业，冷藏库带动1.6万农民就业。农户生产的蔬菜、水果经过储藏，销售期从不到半个月延长到了7个月，有效地调节了果蔬市场供应，若错季销售，售价将提高30%～50%。和田地区种植的大白菜，冷库储藏时间为12月，出库销售时间为次年春季2月底，考虑到白菜入库价值及消耗等原因按照0.78元计算，次年春天销售时批发价格达到1.5元左右，价格翻了一番。按照一座冷库储藏50吨白菜计算，仅此一项增收3.9万元左右。

第八节　河北省农产品冷链物流情况

河北省作为生鲜农产品的输出大省，在京津冀一体化的大发展机遇下，如何构建高效的生鲜农产品冷链物流系统，降低生鲜农产品的物流损耗和物流成本，提高食品安全，改进生鲜农产品物流效率是迫切需要解决的问题。河北省在此大背景下，积极出台了《河北省农产品冷链物流十二五发展规划》，对生鲜农产品冷链物流项目加大政府扶持力度。

截至2014年，河北省共有972座具有一定规模的冷库，900多辆具有专业化的冷藏车，2800多套温控加工及分拣设备。冷链物流系统正在向及冷藏、冷冻、加工、配送、销售为一体的方向发展。

河北省作为全国重要的猪肉、牛羊肉、果蔬生产基地，以生产基地为依托的专业化农产品产业链逐步形成，迫切需要发挥冷链物流组织协调作用，构建连接生产与消费的安全高效产业链条。

进一步完善冷链物流设施，推广冷链物流技术和装备，培育冷链物流企业，推进冷链物流标准化和信息化，打造“一带两基地”（即服务京津市场的环京津冷链物流聚集带，以石家庄为中心的冀中南冷链物流基地、以唐山为中心的沿海冷链物流基地），建设“四大”冷链物流体系（包括肉类、果蔬、水产品、加工食品等），构建多品种、广覆盖、一体化的冷链物流服务网络。

根据商务部、财政部开展中央财政支持冷链物流发展工作的相关要求，河北省 2016 年中央冷链物流发展专项资金以股权投资方式对冷链物流企业给予支持。

受托管理机构为河北省国有资产控股运营有限公司。国控公司组织会计、律师事务所对各市推荐的企业进行了尽职调查和审计评估，划分 A、B、C 三个投资额度等级，其中 A 级投资额度控制在 800 万～1100 万元；B 级投资额度控制在 500 万～800 万元；C 级投资额度控制在 300 万～500 万元。

A 类：

（1）河北钧达科贸发展有限公司；

（2）汇通图腾国际物流有限公司；

（3）昌黎县嘉诚实业有限公司；

（4）河北康盛农业科技有限公司；

（5）黄骅市鑫茂肉类食品公司；

（6）鹿泉区通用 365 电子商务智慧谷。

B 类：

（1）围场满族蒙古族自治县雄威农业发展有限公司；

（2）高碑店市新发地物流服务有限公司；

（3）张北丰茂农业开发有限公司；

（4）邯郸市诗美琳食品有限公司。

C 类：张家口市时蔬鲜蔬菜销售有限公司。

第七章　2016—2017 年冷链物流领域企业案例

案例一：蒙阴蜜桃跨境物流技术集成应用

国家农产品现代物流工程技术研究中心

一、概述

蒙阴县境在山东省中南部，蒙山北麓，东汶河上游，是沂蒙山区的腹地，地处中纬度，属暖温带季风型大陆性气候，四季分明，气候条件非常适合果品生长，有明显的地域优势。

近年来，蒙阴县充分发挥资源优势、区位优势，按照品种布局区域化、基地建设规模化、生产技术标准化、发展品种优良化的“四化”标准，积极引导果农实行无公害化生产。特别是 2008 年、2010 年分别承担了山东省、国家科技富民强县专项行动计划“优质无公害果品生产技术的研究与应用”项目以来，蒙阴县县委县政府更是把优质无公害果品生产作为全县工作重点，投入财政科技资金 150 万元，实施科技特派员项目 89 个，建立示范基地 15 个，总面积 1.2 万亩，推广面积 15 万亩，实现项目产值 1660 万元，举办各类培训班 180 多期，受训农民 13000 多人次，引进各类农业新技术 35 项、新品种 20 个。截至 2013 年年底，全县以桃、苹果、板栗为主的优质果品生产基地面积达到 65 万余亩，果园面积达到 100 万亩，果品总产达 11 亿千克，销售收入达到 40 亿元，被评为“全国果品生产十强县”和“全国果品综合强县”之一其中蜜桃面积 65 万亩，产量 10.4 亿千克，是全国蜜桃第一大县，被命名为中国蜜桃之都和中国桃乡，蒙阴蜜桃是农业部地理标志产品，注册了地理标志证明商标，品牌价值达 35 亿元。

品控物流技术是农产品电子商务发展的瓶颈。虽然，生鲜电子商务市场巨大，前景广阔，但是电子商务企业面临着冷链物流成本高、损耗大、品质及仓储供应难以保证等问题。因此，必须通过引进先进的农产品品控物流技术，来保障农产品的品质和商品价值。本项目以蜜桃为代表的蒙阴特色农产品为对象，建立适合生鲜果品电商物流模式的冷链物流技术体系。针对电子商务这一新型商业模式下果品冷链物流过程中存在的各种问题，开展节点技术研究和集成技术创新，形成电商模式下涵盖蒙阴果品全产业链的新型冷链物流技术体系。

利用技术创新，支持商业模式创新，打造中国蜜桃电子商务第一平台。通过高精度移动储运技术、品控包装技术、物联网技术、检验检测技术构建新型供应链模式。全程减少物权转移，减少环境变化，明确责任主体，建设监控、检验、追溯三位一体的品控体系。线上建设带有山东资源优势的垂直与平台电子商务在线平台，线下建设移动储运体系。即产地收购、储藏，产品干线物流，销地落短储（同一储运空间），加当地配送快递多环节少主体的新型物流供应链模式。将供给推动型转向需求推动型，建立快速反应机制。技术创新支持实现供应链、价值链、利益链、责任链、风险链的最佳责权利和风险防控模式，逐步实现生鲜电商的重大技术和模式创新突破，引领行业发展。

二、蒙阴蜜桃跨境物流技术集成的思路与方法

由国家农产品现代物流工程技术研究中心为我县农产品产业提供生鲜农产品保鲜技术、包装技术、信息技术，并开展商业模式创新。国家农产品现代物流工程技术研究中心在农产品物流领域开展了大量研究，已建立了一套完善的生鲜农产品品控物流技术体系。同时，中心针对生鲜电子商务新业态，正积极开展生鲜电商模式下的品控物流技术体系研究，在高精度移动储藏技术、品控包装技术、物联网技术、信息技术等方面已取得了突破性进展。

采用果品精准智能储运一体化技术和装备，针对蜜桃等特色果品的电子商务销售新业态，采用高精度智能化移动储藏设备对蜜桃等进行储藏和运输，建设移动储运体系，形成产地收购、储藏，产品干线物流，销地落短储（同一储运空间），加当地配送快递多环节少主体的新型物流供应链模式。

三、蒙阴蜜桃跨境物流技术集成示范流程

蒙阴蜜桃跨境出口迪拜流程，如图 7 – 1 所示。

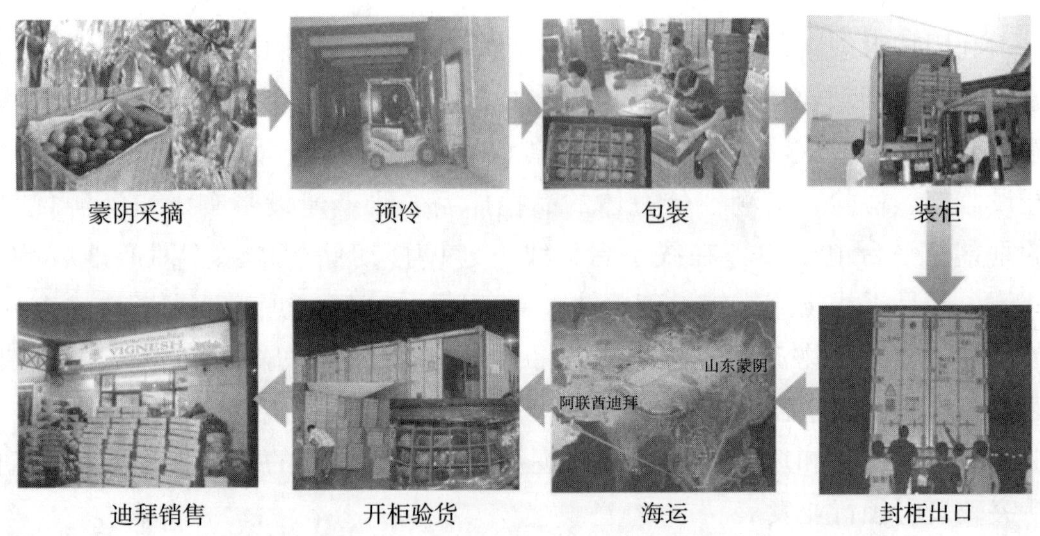

图 7 – 1　蒙阴蜜桃跨境出口迪拜流程

采摘及收购：蜜桃的收购采用两种方式：一种是直接到集散市场上进行收购，现场进行分拣；另一种是到蜜桃种植基地，要求采摘人员根据需要进行采摘。两种方式都在露天环境下进行作业，蜜桃收满一车后再运到工厂。通常收购需要一整天的时间，蜜桃通常要到下午 6 点以后才能入库。

预冷：预冷采用真空预冷车与冷库预冷相结合的方式，蜜桃运回厂区后立即入库进行预冷，预冷时间根据发货时间决定。蜜桃运回后先不入冷库，只放在冷库穿堂过道内，须进行扫毛加工后再入预冷。

包装：蜜桃在装集装箱当天出库进行包装，目前采用的包装为五层瓦楞纸箱包装，纸箱内放一层（24 个）蜜桃，桃之间用纸隔断分割。包装箱内套塑料袋，塑料袋采用纳米袋，纳米袋分挽口、扎口和扎口 + 1 – MCP（环丙烯类化合物）三种处理方式。

装柜：所有蜜桃等产品包装好后，用叉车将托盘运到集装箱里，然后再通过人工方式进行码放。装柜期间，为避免冷凝器结霜制冷机组不开机。集装箱封箱后开启车载机组进行降温。

海陆联运：集装箱先通过陆运运到青岛港码头，然后由码头统一进行调配吊装到货轮上，该过程需 2 天；货轮离港经过 18 天海运后到达迪拜阿里港；到港后由迪拜收货方到港口取货柜，然后运至迪拜当地批发市场，该过程需 2 ~ 3 天。

迪拜销售：集装箱运到迪拜当地批发市场后，连同半挂车底盘一同停放在市场，产品销售完后再将集装箱交还货代公司。

2015 年 11 月 16 日，《科技日报》以“一只桃子何以 30 天还能新鲜如初”为题，报道了物流中心创新团队为蒙阴蜜桃出口迪拜提供技术服务获得成功。创新团队经过多年的科研探索，逐步形成了一套成熟的农产品跨境物流品控技术体系。

四、智慧物流环境监控技术

首次实验于 2015 年 6 月中旬开始实施，6 月 16 日完成货物装载，集装箱经陆运运至青岛港，于 18 日装入远洋货轮，经过近二十天的海上航行于 7 月 10 日到达阿联酋迪拜，蜜桃好果率超过 95%，所有蜜桃仅用两天时间便销售一空。2015 年自 6 月 16 日，蒙阴共向迪拜出口蜜桃 6 批次 10 个集装箱、共向新加坡出口蜜桃 11 批次 21 个集装箱。

团队对采摘时的大气温湿度、树上果实的内部温度、冷库内的温湿度 + 气体、集装箱外的温度以及集装箱内的温湿度 + 气体等信息进行了全程监控，采集了大量实验数据，将进一步优化蜜桃跨境出口物流品控技术方案。（如图 7 －2 至图 7 －11 所示）

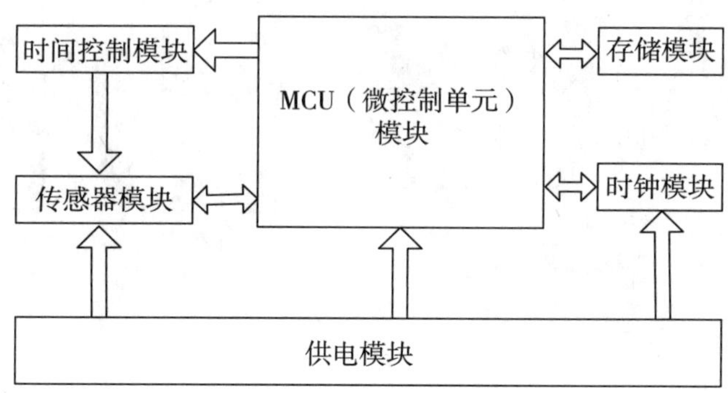

图 7 －2　环境信息采集框架

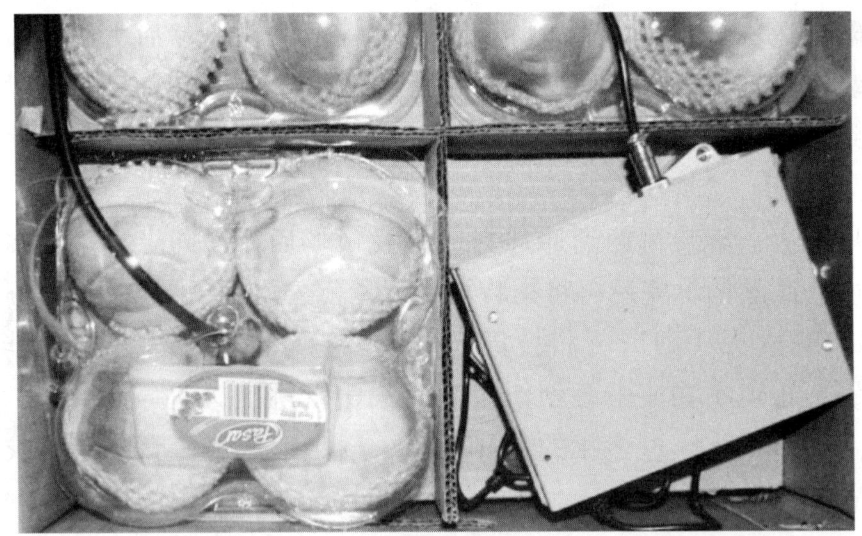

图 7－3　监测设备实际应用

图 7－4　树上果实的内部温度

图 7－5 采摘环境的温湿度采集

图 7－6 集装箱外部的温湿度采集

1. 对鲜桃运输环境全程监控

由于鲜桃属于典型的呼吸跃变型果实，因而对影响呼吸作用的 CO_2、O_2 和乙烯等多源气体的敏感度强烈，长途运输过程中易出现失水、失重、快速软化、果实腐烂、果肉褐变等影响品质的质量问题，增加了鲜桃的不耐储藏和易腐性。随着冷链耦合保鲜剂或气调技术的加入，气体成分参数的监测受到越来越多的关注。传统的气体监测设备大多是有源性的，容易受到长途冷链运输环境的限制；并且存在存储容量小、功耗大、体积大以及成本高的技术问题，不能实时、全面记录长途冷链物流运输过程中的多源性气体参数变化。为了解决上述技术问题，本次实验研制了一套对鲜桃冷链物流环境信息采集的系统装置，包括微控制模块、存储模块、时钟模块、时间控制模块、传感器模块以及供电模块。传感器模块包含温湿度传感器、O_2 传感器、CO_2 传感器以及乙烯传感器，传感器模块采集的信息通过存储或实时发送两种方式发送终端。

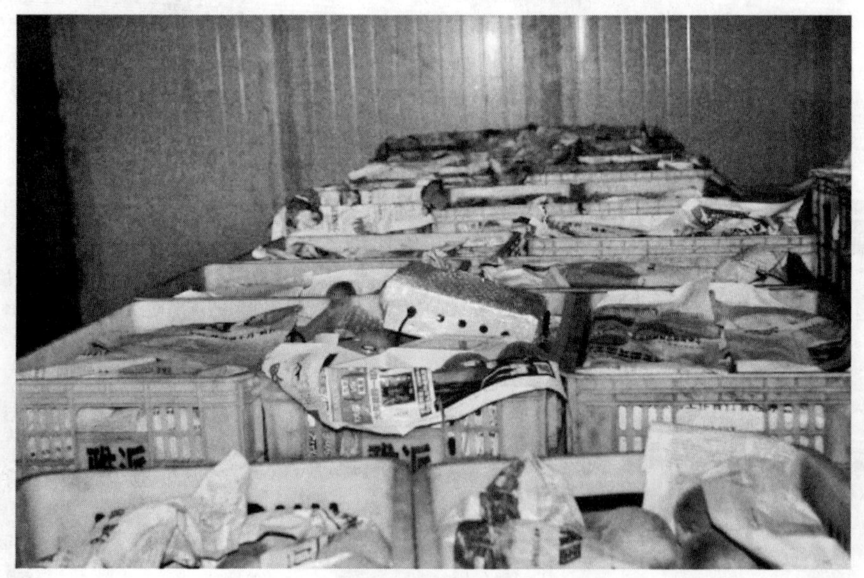

图 7－7　冷库内的温湿度＋气体采集

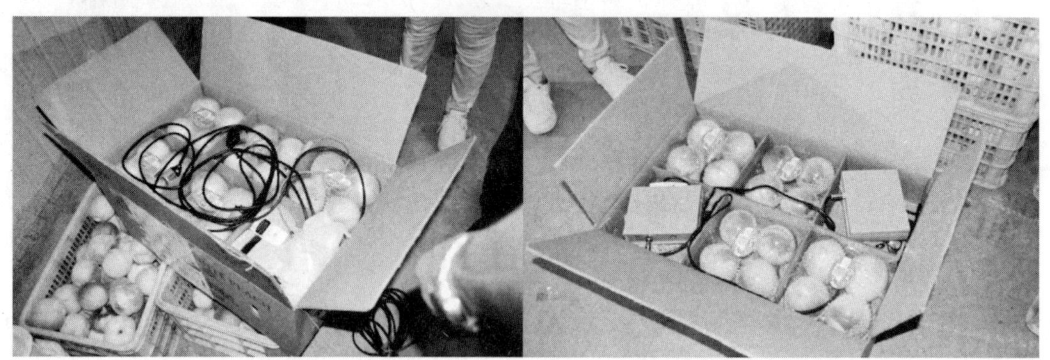

图 7－8　温湿度、O_2、CO_2、乙烯采集设备安置

图 7-9　冷库内温湿度、O_2、CO_2、乙烯数据采集

图 7-10　集装箱内温湿度、O_2、CO_2、乙烯数据采集

图 7-11　集装箱内温湿度、O_2、CO_2、乙烯采集设备安置

2. 环境信息变化

本次实验室采集的温湿度、O_2、CO_2 以及乙烯等环境信息，通过实时感知鲜桃从采收到销售过程中的关键参数信息，可以及时控制环境信息的变化引起的果蔬品质的变化。

3. 温度

根据蜜桃物流流程的不同环境，分别采集了蜜桃从采收到预冷到出库后的温度变化情况、蜜桃装入集装箱后海陆联运到迪拜过程中的温度变化情况、集装箱外部温度变化情况。

五、纳米自发气调保鲜技术

在蒙阴蜜桃跨境出口迪拜中，蜜桃在装集装箱当天出库进行包装，采用的包装为五层瓦楞纸箱包装。其中，纳米袋为国家农产品现代物流工程技术研究中心自主研发，具有优良的气调保鲜效果。（如图 7－12 至图 7－14 所示）

跨境出口迪拜的蒙阴蜜桃好果率接近 100%。在该应用示范中，展现出了优良的保鲜效果。

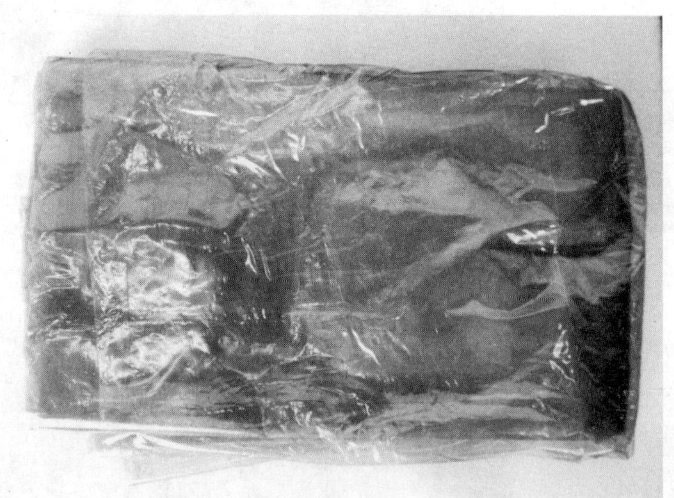

图 7－12　纳米自发气调保鲜袋

图 7－13　纳米自发气调保鲜袋包装蒙阴蜜桃

图 7 – 14 纳米自发气调保鲜效果

案例二：如何成为领先的冷链供应链综合服务商

招商美冷（香港）控股有限公司

一、公司基本情况

招商美冷由招商局物流集团有限公司（招商物流）和 Americold Realty Trust（美冷）合资，是由招商物流控股的中国领先的冷链供应链综合服务商，旗下有招商局国际冷链（深圳）有限公司、康新物流（天津）有限公司、维益食品（天津）有限公司、康新物流（哈尔滨）有限公司、招商美冷贸易有限公司、招商美冷物流（武汉）有限公司、招商美冷物流（郑州）有限公司等 11 家经营公司，拥有广泛的客户资源和丰富的冷链物流项目运作经验，冷链物流业务网络覆盖国内主要省市地区。截至 2016 年年底，招商美冷拥有和管理 15 座冷库，面积近 30 万平方米；自有冷藏运输车辆近百台，同时整合管理 4000 多台长期可控外协冷藏车，运输网络覆盖全国主要省市地区，初步形成了覆盖全国的冷链营运网络布局。

招商美冷依托双方股东在品牌、资本、网络、客户及专业经验等方面的资源优势，致力于为客户提供冷链相关的全国性“仓干配” + 进出口配套服务 + 贸易（自营与代理）与相关金融支持的一体化的冷链供应链解决方案。

招商美冷为中物流冷链委理事长单位，长期致力于推动行业的健康、快速、可持续发展工作，并发挥了应有的作用，还作为起草单位之一修改完善了《物流企业冷链服务要求与能力评估指标》（国家标准）和《冷链物流从业人员职业资质》（行业标准），积极推动冷链行业发展。近年，招商美冷荣获2015—2016年“中国冷链十佳综合物流服务商”“中国冷链物流企业百强”“中国食品物流50强企业”等殊荣。

如今，招商美冷依托股东的强大支持，正在快速扩大市场份额和巩固行业的领导地位，努力推动创新型企业与智慧型冷链供应链综合服务的发展，大力推进我国冷链物流转型升级发展。

二、股东介绍

（一）招商物流概况

招商物流是国家5A级物流企业、招商局集团旗下发展现代物流业的全资二级子企业，是中国领先的第三方合约物流服务商，于2001年正式组建，总部位于深圳，注册资本12.5亿元，在中国拥有约30多家子公司，自建和管理仓库面积达200多万平方米，形成了遍布全国的物流运作网络，物流服务涵盖汽运、铁路和水运业务，以及与港口（码头）相关的国际货代和船舶代理、理货等综合业务，同时相继培育拓展了国际商贸、公共冷链、公路快运、供应链金融四大平台。

（二）美冷概况

美冷总部位于美国亚特兰大，在全球拥有及管理180余座冷库设施，库容总量约10亿立方英尺（约2830万立方米），站全球库容总量的12%，冷链业务遍布全球，在加拿大、澳大利亚、新西兰、阿根廷和中国均设有分公司，拥有员工12000余名，是全球最大的冷链企业及领先的温控仓储和物流运营商，在美国拥有最广泛的冷链物流网络。

美冷拥有专业的冷链物流服务管理和运营经验，致力于为客户提供综合的供应链解决方案。

三、公司主要服务

招商美冷提供温控仓储、干线运输、区域及城市配送等一揽子冷链物流服务，同时也提供采购与分销、供应链金融等综合解决方案。通过高质量的冷链物流服务和业务创新，招商美冷将逐步增强对整个冷链的控制，成为供应链上的核心企业。

（一）温控仓储

公司在全国主要城市经营管理 15 座冷库，均配备先进的设备及仓库管理系统，温控仓储业务温度区间分布广泛：包括冷藏仓库（0℃ ~5℃）、冷冻仓库（ –25℃ ~ –18℃）、恒温仓库（18℃ ~22℃）以及干仓。招商美冷具备全温控技术能力，致力于为客户提供优质的冷链服务。

（二）冷链运输 & 配送

公司拥有 3 吨、8 吨、12 吨、30 吨等各类型号冷藏运输车辆，冷链运输网络覆盖国内主要省市地区，目前在哈尔滨、北京、天津、青岛、苏州、上海、郑州、成都、武汉、广州、深圳、香港等地均拥有专业现代化的冷库可作为 RDC（区域配送中心）进行区域配送。

（三）贸易业务

招商美冷在业务模式上不断追求创新，在专注冷链物流服务的同时，于 2011 年下半年尝试开展贸易业务，进一步将公司服务范围向供应链上下游延伸，从而加强了对整条供应链的控制。

招商美冷旗下贸易公司具有肉类、海产品的进口资质和酒类流通许可证，为中国海关 A 类企业，提供食品的全球采购、进口代理和国内分销等一站式服务。

通过“线上微店 + 线下配送”的商业模式创新，公司增强了对进口冻品食品、红酒等自产地到国内终端销售的渠道和流向控制，同时有利于冷链物流业务向上下游业务的渗透，丰富了未来的业务形态和盈利模式，实现了物流业务和贸易业务的网络化有机融合和相互推动发展。

（四）其他服务

招商美冷还提供冷链物流增值服务、供应链金融服务、报关与报检及冷链信息传播、行业标准推进等公众服务。

四、公司主要客户案例

招商美冷与众多知名零售、生产、餐饮服务、进出口贸易企业等均有合作。下面就公司的代表性客户案例进行分享。

（一）项目背景

世界乳业巨头某集团是全球最大的乳制品出口商，占全球乳品贸易的1/3，该企业是所在国最大企业，年出口额占所在国出口额的25%，出口占所在国85%的牛奶，年加工200亿升牛奶，产品销往100多个国家。中国作为该客户最重要的海外市场，40%的销售收入来自中国，近几年市场需求及销售达到20%～40%的增长率。客户为了集中优势在产品的研发、生产、制造及销售，在产品的全供应链整合上有较广泛的需求。招商美冷具备全供应链的方案设计，实施，资源匹配，整合的能力和在业界良好的口碑和声誉，为双方合作提供了契机。

（二）业务范围及规模

业务范围涵括：代理进口采购、代理进口清关，商检、代理进口商品标签的备案、一站式仓储，精准库存管理（包括换箱，一次、二次包装换标，贴标等客户需求的合法合规的增值服务）、高效，准时地门到门客户配送（包括长途干线配、同城配、跨市配等）

业务规模：年进口货值约40亿元，年进口货物国内物流费用约1.5亿元。

（三）全供应链解决方案支持

1. 专业的项目团队

根据客户的全供应链业务需求，公司由商务、财务、关务、仓储运营、运输管理、系统 IT 专业人员等组成专业的项目团队。

2. 客户需求信息量化分析

在项目启动前，对客户的所有进出流量数据进行分析、测算、演算。并严格按照客户的需求进行虚拟操作，模拟库存管理。保证了数据流，订单流等与实际操作的信息数据能够快速匹配。

3. SAP 信息系统的支持

根据客户的产品属性、特点及库存及周转的要求，二次开发出了与客户需求契合度较高的 SAP WMS 模块及 TMS 模块，能够满足客户所有的进口采购、仓储及配送、进口报关报检、自动计费、对账结算等管理的功能，为客户日常运营提供强大的信息化系统支持。

（1）WMS 模块功能。（如图 7－15 所示）

收货过程管理及控制（系统收货、上架及自动上架、库位管理及调整、TMS 界面交互，收货数据报表），发货过程管理及控制（系统发货，批次或 FIFO 或 FEFO 管理）CROSS DOCKING（货台交接直接发货管理）、货值管理、包装管理、二次包装及重新包装和分拣管理、TMS 界面交互等。

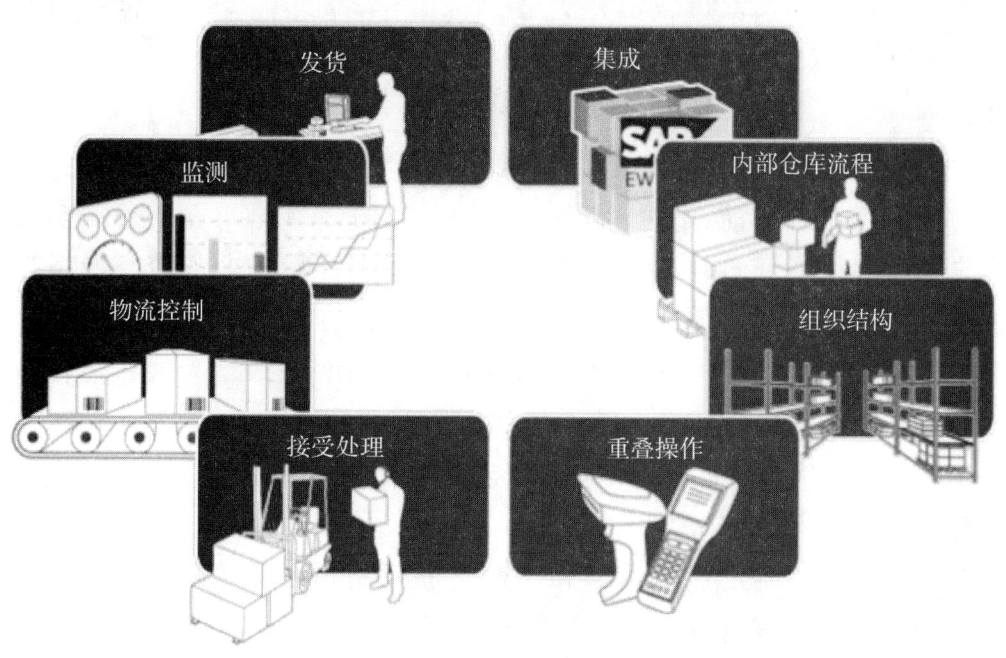

图 7－15　WMS 模块功能

（2）TMS 模块功能。

运输计划（生成订单，包括客户通知或计划），路线计划及优化（根据订单自动设计分配路线及优化，优化路线计划），路径跟踪（GPS/GIS 应用于运输订单的跟踪，运输轨迹将会对路径、热点、主要运输节点、ETD/ETA 等进行监控），货车管理（对车辆优化成本和运作效果，效率支持），司机过程监控及管理（将会优化司机运输的效果和保障司机运输安全），运输管理（能够优化运输效能，并帮助改善运输过程）。（如图 7－16 所示）

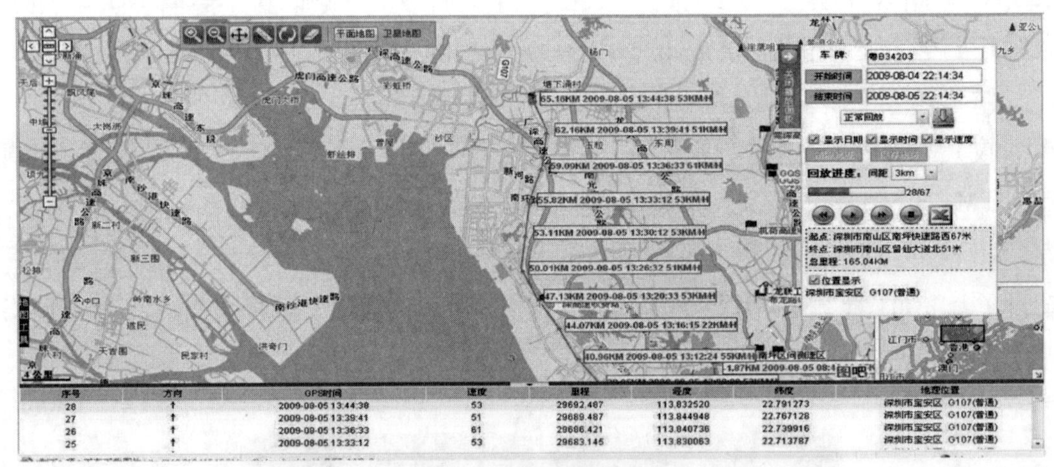

图 7－16　运输管理页面

4. SOP 业务流程的制定、实施和优化

在项目正式启动前，安排商务、仓储、运输、系统 IT、关务等多部门和客户对口部门展开多轮协商及研讨，全面研究客户的业务流程及考核指标要求，制定针对性的 SOP 标准化操作流程，并在模拟运作中，不断修正业务流程和方案，确保流程和客户实际需要的高度一致，为项目运作减少失误、提高效率和快速平稳提供了有力的保障。

图 7－17 是客户仓储运作的其中一个 SOP 流程图模板。

5. 全员培训和考核机制

在项目启动前制定员工短期和长期培训机制，涉及培训人员、培训计划、培训课程、考核内容、考核日期等，做到所有涉岗员工都经过培训并通过考核才能在项目运作开始前正式上岗。让所有员工对自己的工作方法、要求、重点、要点等有清楚的认识。使每位员工都能各司其职和各尽其职，

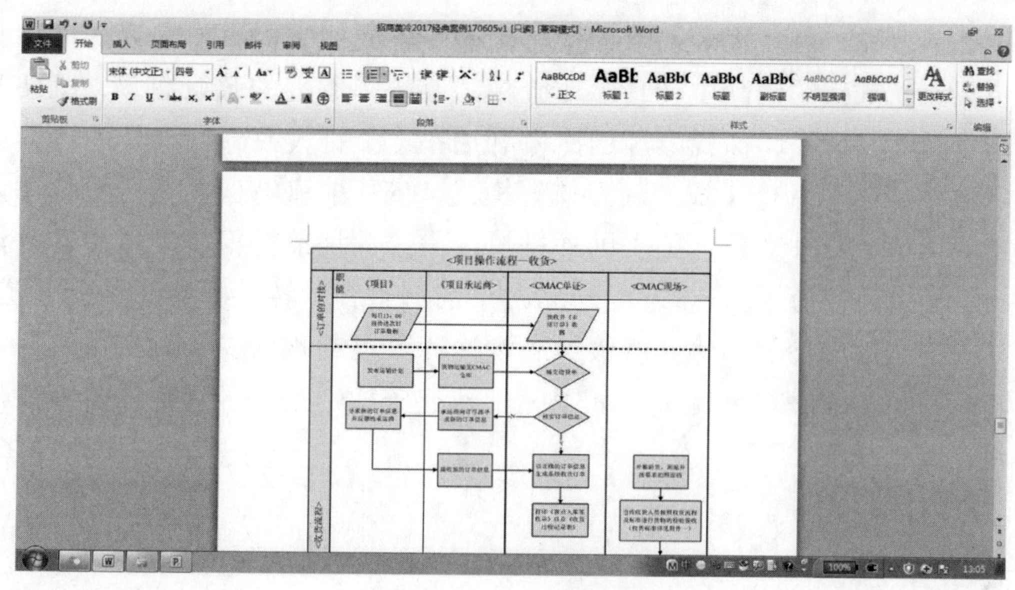

图 7－17　SOP 流程图模板

提高了人员的工作效率和准确率。

（四）深圳西部港区区位优势和良好的政企关系

1. 区位优势

西部港区是深圳最繁忙和最重要的进出口货物集散地，年集装箱和散杂货吞吐量占到了深圳港区的一半左右。招商局港口和招商物流同为招商局集团的兄弟公司。我司在深圳的仓库资源都位于蛇口自贸区范围内，和港口能做到较好的区港联动效应，能帮助客户较好地协调码头、船公司的内外部各种关系，在效率、危机处理上有较强的主动性，能为客户从成本、效能、安全性等方面提供更加有效的保障。

2. 政企关系

招商美冷作为深圳西部重要的冷链企业资源，一直与国检、海关等政府相关职能部门保持长期友好的合作关系，2009 年 8 月，华南冷库成为深圳西部港区唯一国检冻肉柜定点仓库，并在 2015 年与国检、海关等相关部门共同研讨业务升级和创新，使蛇口定点仓业务模式求新求变，冻肉进口拓展开发了盐田调离冻肉柜在华南库的查验、仓储、中转新业务形态；促进了我司进口冻肉业务量的增长的同时，使西部冷库的业务形态更具有多样性。

在前海蛇口自贸片区改革创新的优秀实践案例中，我司配合深圳检验检疫局创新推出的国际中转食品监管模式突破了香港的政策瓶颈，既便利对港中转贸易、提高保税港区的冷库利用率，又将大幅降低港企的运营成本。这种“前店后仓”式的新型监管模式，依托前海湾保税港区毗邻香港的地缘优势，双方签署《关于国外进口冻肉经深圳前海保税港区中转香港的检验检疫合作协议》，通过境外冻肉“前海暂存、转运香港”的新管道，打通深港两地的冷链运输，既缓解香港冷库不足的现状，又切实便利对港中转贸易，为前海蛇口自贸片区国际中转业务特别是片区现代物流业发展提供新的增长点。

（五）项目意义及行业影响

该客户类型涉及全供应链的服务，需求多样化，涉及业务涵盖代理进口采购、代理进口清关、商检、商标备案、换证、代理出证、多种配送模式（本地市配，长途干线配，省内跨城配等）。因为准备充分，在项目正式运作不到一个月，库存准确率、货品残损率、订单准确率、订单及时完成率、装卸货效率等各项 KPI（关键绩效指标）考核指标全部达标，各个业务板块的服务质量都让客户感到满意。

该项目的运营充分发挥了公司冷链供应链方案设计能力的优势，为客户提供了优质、安全可靠的冷链供应链综合服务，打造了我司进口冷链产品的全供应链服务运营模式。该项目的成功运营受到越来越多客户的高度关注，在行业内形成了广泛的知名度，树立了国内乃至国际乳制品冷链物流服务标准，扩大了我国冷链物流企业在国际冷链物流市场的影响力。

五、未来发展规划

作为“多温区、全产品”的大型综合性公共冷链服务商，招商美冷将在发展冷链物流的同时，积极开展采购与分销、供应链金融、电子商务等业务模式，为客户提供更好的冷链服务和更高的价值，全力保障民生和食品安全；同时在未来几年内将致力于建立全国范围内的冷链网络，努力成为中国领先的冷链供应链综合服务商。

案例三：解密冷链物流，看鲜易供应链温控标杆如何炼成

河南鲜易供应链股份有限公司

当下居民消费水平不断提高，对高品质生鲜食品和食材的追求成了普遍而又轻奢的事。如此大势之下，肉类、果蔬、水产品等各类生鲜食品和食材，从生产地到厨房这一运输过程中的保鲜，变得越来越重要，而冷链物流是关键，成为当下无论是生产商、批发商、终端零售商或者是消费者，乃至资本关注的热点话题。但冷链物流由于其管理的复杂性、专业设备的高壁垒，而被视为物流行业的制高点，令无数投资人及跨界大佬望而止步。

有一家企业，却勇做中国冷链物流行业的先行者，深耕冷链物流领域十余年，并且不断求变创新，用自身的革新升级，引领着中国冷链物流行业发展。这家企业于 2014 年率先应用“供应链思维 + 互联网思维 + 产业发展新思维”，在冷链物流行业率先打造温控供应链集成服务平台，而成为“互联网 + ”新时代引领中国冷链发展的方向标。2015 年 9 月，李克强总理视察这家企业期间称赞其为“时代弄潮儿”，它就是冷链物流行业一颗闪耀的品牌——鲜易供应链。

鲜易供应链成定位于中国温控供应链集成服务商，公司紧密聚合生鲜产业的生产商、流通商、品牌商、分销商和金融机构等生态资源，率先打造温控供应链集成服务平台，为中国冷链产业提供超越冷链的温控供应链集成服务，业务涵盖温控仓储、冷链运输、城市配送、集采分销、供应链金融、保税物流、流通加工等服务，致力于为生鲜行业提供温控供应链服务解决方案，帮助客户专注核心业务，提升整体运营效率。

那么，鲜易供应链——中国温控供应链的标杆企业，是如何炼成的？

一、供应链思维：领跑全国温控供应链第一方阵

可以说，鲜易供应链的“过去时”，是着力打造发达完善的冷链物流系统。历经十多年的发展后，“温控供应链品牌”成为了鲜易供应链的“现在时”。现今，冷链物流行业竞争激烈，且对运营服务要求极高，鲜易供应链是如何赢得客户青睐呢？

供应链思维是取胜砝码。“做冷链其实是分为不同类型的，比如运输型、仓储型、城市配送型、综合型、供应链型等。其中供应链型可以说是冷链行业的最高层次，做不做供应链也事关一家冷链企业事业发展的格局，鲜易供应链定位于中国温控供应链集成服务商，公司以产业互联网为基础，将供应链服务嵌入产业链，为客户提供一站式、一体化温控供应链集成服务。”鲜易供应链 CEO 郑瑞祥表示。反观国内目前市场，很多冷链企业仍然停留在物流的思维上，缺乏供应链思维业务模式。

生鲜食品对于温度要求极其严苛，而全程不断链是保障食品安全最根本也是最基础的。单纯地提供单一方面服务，很难实现从源头到终端的有效链接，也不能满足日益多样化的客户需求，而鲜易供应链构建起端到端全程可视化的温控供应链服务体系，从而在保障食品安全的前提下，为客户提供从产品集采到仓运配、流通加工、集采分销以及供应链金融的一站式系统服务，让客户省时、省心、省力、省钱。

二、四网融合：打造温控供应链集成服务平台

鲜易供应链全程端到端的温控供应链服务体系，所依托的正是其打造的温控供应链集成服务平台。鲜易供应链通过实施“产品 + 服务”“硬件 + 软件”“平台 + 杠杆”，构建“云仓网、运输网、城配网、信息网”，打造“冷链物流服务平台 + 集采分销平台 + 供应链金融平台”融合的集成服务平台，为客户提供一体化温控服务解决方案，帮助客户实现商流、物流、信息流及资金流同步。

2016 年，鲜易供应链围绕“四网融合”战略，持续发力网络化服务平台构建，先后实现上海、西安、长沙、成都、深圳和杭州 6 个城市的 TC（转运中心）仓布局，开通郑州—上海、郑州—北京等 36 条冷链卡班线路，目前已实现在全国 7 大区域布局 23 个温控基地，形成了完善的配送网络，千余条冷链物流服务线路涵盖全国 28 个省市自治区，在 23 个核心城市开展冷链城配服务。2017 年鲜易供应链还将继续在全国核心节点城市布局 5 个 TC 仓，以及省内支线网络，进一步夯实网络化服务能力。

三、服务产品化：提供敏捷高效的标准化服务

冷链物流行业客户需求是碎片化、多样化的，单纯的冷链物流产品已不能满足日益变化的消费需求，能否为用户提供高品质的温控集成服务成为新的产业课题。在这方面，鲜易供应链显然再次站在了产业前沿。

鲜易供应链深耕冷链物流领域多年，通过服务产品化，将公司的温控供应链服务细分成标准化的产品：标准化的管理、标准化的流程、标准化的设备，为客户提供温控仓储、冷链运输、冷链城配、集采分销、供应链金融、流通加工等一体化服务产品，真正解决冷链断链、服务质量低、成本高等诸多问题。

鲜易供应链打造的三级产品体系，服务质量更高、服务效率更快。客户可依据自身的服务需求自主选择服务菜单自由组合，公司在全国 20 多个温控基地打造样板、做透样板、复制样板，让客户体验鲜易供应链的统一、安全、高效、协同的温控供应链集成服务。

对于有特殊需求的大客户，鲜易供应链可为其打造定制化服务解决方案。

四、平台化思维：运用大数据的力量，打造信息化制高点

全球互联网时代下，伴随着互联网与物流业深度融合，行业边界正在不断地重新定义。而目前我国冷链信息化水平低，技术落后，随着我国向全球价值链高端攀升，信息化将成为冷链物流行业发展的重要抓手。

（1）集聚创新资源，打造 PASS 平台。鲜易供应链开发的 PAAS 平台是公司“产品 + 技术”双驱动发展的主引擎，兼具“开放性”和“闭环性”两个特征。“开放性”体现在生态圈资源可以通过不同入口实现“自服务”，通过智能定价、智能调度实现平台化线上运营。“闭环性”则体现在 OMS（订单管理系统）可以快速处理客户预约订单，根据客户合作类型把订单推送到 WMS 与 TMS（运输管理系统）中，并根据客户业务类型，实现 WMS 与 TMS 系统之间业务数据快速流转，且运用分拣、分拨、RFID、GPS 等物

联网技术快速协同完成客户业务，从客户端到用户端实现仓配一体化信息化服务，减少业务数据转化流程，提高服务效率。

（2）物联网技术应用。鲜易供应链的仓储服务平台通过应用二维码、无线射频识别等物联网技术和大数据，建立了智能化仓储系统、智能电子标签拣货系统，对存储货物的动态实现了在线管理，并与合作伙伴共享数据信息。在运输环节，应用 RFID 标签、GPS、温度传感器、司机 App 等，实现了对 3000 多辆车定位服务，对车内温度、湿度、车辆运行状态适时监控，保证运单的全程可视化和平台化。

五、国际化战略落地：立足中国，服务全球

伴随着我国自贸区的食品贸易业务日益增多，以及上海、郑州等跨境电子商务综合试验区设立，国际贸易中冷链服务的业务量和发展空间越来越大。鲜易供应链再一次用敏锐触角和前瞻性，凭借雄厚实力和品牌积淀，走在行业前端，快速实现了国际化战略的落地。

如今，鲜易供应链已经依托上海自贸区、郑州航空港区，先后在昆山、郑州、许昌等地开设商检保税库、进口肉类口岸及海关监管库，以商检保税为服务基础，为国内外客户提供集温控仓储、冷链运输、城市配送、流通加工、集采分销、供应链金融和供应链咨询服务于一体的温控供应链集成服务。

六、服务组合拳：一点接入、全网服务

在保证食品安全的基础上，如何通过鲜易供应链的服务帮助客户提高运营效率、降低运营成本，让客户省时、省力、省心，省钱，是目前鲜易供应链重点研究和推进的课题。单一的服务解决的只是单一的问题，有针对性，但未能充分整合资源，更无法优化资源，在新的经济常态下，鲜易供应链打造智慧生鲜供应链集成服务平台，站在整个生鲜产业链上去看待单一问题，发挥鲜易内部生态优势，通过整合资源、优化资源，从而推出组合拳服务，运作成熟的有仓运配一体化、TC + PC、金融 + 集采分销 + 仓运配等服务组合拳。

1. 仓运配一体化服务：一点接入，全网服务

仓储、运输和配送都是物流功能作业中的一个环节，目前中国冷链物流行业资源比较分散，行业集中度不高，仓储是仓储、运输是运输、配送是配送。仓、运、配的分割导致一方面全程温控无法实现，产品运输的环节断链导致产品质量安全无法得到有效的保障；另一方面客户不得不面对冷链物流链条上的每一家企业，沟通成本较高，且缺乏统一的规划、安排、调度，导致效率低、运营成本较高。

鲜易供应链正是基于目前行业的痛点，为解决客户的产品在整个流通环节过程中的供应链环节多、操作难度高、管理难度大、运营效率低的问题，整合自身及社会资源，为客户提供仓运配一体化的服务，实现一点接入，全网服务，从而降本提效。

如公司服务的一家进口渠道客户，该客户承载百胜和星巴克的采购执行和物流配送服务，业务覆盖 14 省 35 市 323 家门店，月发运量达到了几十万件，不仅服务要求高，而且资金占压较大。但其原运营模式为进口后诸多物流公司整合操作，操作难度高管理难度大效率低下。公司为其提供保税仓 + 通关服务 + 国内仓运配一体化服务，为该客户提供了全托管方案，针对其资金占压较大的问题，还提供“存货易”金融服务，一系列举措不仅优化了客户的服务，更提高了利润率和服务水平。

2. TC + PC 服务：降成本、增效益、多品种、添价值

TC 是流通分拨，PC 为流通加工，TC + PC 通俗地讲就是在提供流通加工服务的基础上，依托仓运配一体化服务网络，进而为客户提供区域分拨及城市配送服务。

随着我国自贸区的食品贸易业务日益增多，以及上海、郑州等跨境电子商务综合试验区设立，进口贸易中冷链服务的业务量越来越大，但由于进口生鲜品工业化的大宗型生产，无法满足终端多样化的品类需求，因此进口生鲜品必须进行二次加工，且生鲜食品的属性决定了其从进口到终端必须保证全程冷链“不断链”。

鲜易供应链精准捕捉客户进口生鲜品的流通加工需求，通过流通加工这一差异化服务切入，聚合公司 8 大流通加工中心、23 个流通分拨中心，为客户提供温控供应链一体化服务，实现“降成本、增效益、多品种、添价值”，解决进口贸易商等客户的发展瓶颈。

如Y客户主要以进口猪产品销售为主，由于国外产品加工机械化程度较高，产品规格多工业化，标准粗放，与国内需求标准存在一定的差异。随着信息的进一步透明化，国内外产品利差减少，单纯的一买一卖很难实现经营利润。通过与公司合作，利用公司的流通加工优势对进口的粗分割产品进行二次加工，产品与国内需求标准接轨实现了产品增值，同时TC + PC，在为其实现产品20%的增值基础上，缩短库存周转周期15天。

3. 供应链金融 + 集采分销 + 仓运配

我国中小微企业数量众多、富有活力，是国民经济、解决就业的核心力量，且中小微企业资金需求旺盛，但银行不愿为中小微企业提供融资服务，鲜易供应链就是打通上下游的中小微企业与金融机构之间的障碍，让中小微企业能够获得优质的金融服务，帮助其解决经营资金困难，助力其做大做强。

鲜易供应链围绕生鲜供应链上下游的生产商及贸易商，提供原材料代采、存货融资、应收款保理等多样融资、信用结算服务，推出“存货易”“代采易”等金融产品，为客户提供供应链金融服务解决方案。

中小微企业在依托资金进行做大做强的同时，势必将进行原材料的代采或产品的分销，贸易流通过程中也将随之而产生仓、运、配的服务需求。鲜易供应链基于客户的服务需求，依托公司温控供应链服务平台，打出供应链金融 + 集采分销 + 仓运配服务组合拳，运用公司多元化的地面服务能力、网络化的供求信息管理和6大集采中心、150个城市线下分销的全球化贸易运作能力，在为客户提供供应链金融的同时，帮助客户进行原材料集采、仓储管理、运输服务、流通加工、冷链城配、产品分销等系统化的温控供应链集成服务，真正做到让客户省时、省心、省钱、省力。

如H公司是一家集农作物种植、畜牧养殖、屠宰、肉制品加工、进出口贸易、畜产品交易平台打造于一体的综合性公司，目前已形成了横跨三大洲四个国家的产业布局。形成了以牛业为主的肉类食品板块，与牛业相统合的乳业板块，以粮种业为主的集育种、销售、粮食供应储藏为一体的种业板块，食用胶原蛋白肠衣板块等四大核心板块。

基于H公司的生产、销售等经营需求，产品需要库存，以快速响应市场变化，加之其原料的采购主要来源于国外，每次采购需要先付20% ~ 30%的订金，而且原料从国外采购需经过生产、运输、报关、报检等一系列流程，往往占用资金长达 3 个月以上，诸多原因造成 H 公司有强大的资金需求。H 公司在市场销售淡季时，由于单个经销商进货量较低，大量的小吨位订单需要及时发运，发车难、成本高也一直困扰着 H 公司。

鲜易供应链自 2015 年深度了解 H 公司供应链痛点，组织专家团队为其定制了专项服务解决方案，在为其提供金融服务（代采易 + 存货易）的同时，为其在全国 100 多个城市提供温控仓储 + 冷链运输 + 流通加工等增值服务，从而在为其提供了数亿元的资金支持的基础上，满足了其多区域、多方位、一体化的供应链服务需求，帮助 H 公司优化供应链、提高核心竞争力。

从企业物流到物流企业，再到供应链企业，未来走向平台型企业，鲜易供应链正致力于打造温控供应链服务平台，紧密聚合生产商、流通商、品牌商、分销商和金融机构等生态资源，通过对行业资源、社会资源的有效整合，积极“构建全球领先的智慧生鲜供应链生态圈”。而这个生态圈正在持续发酵，释放着不可估量的辐射力和影响力，成为温控供应链品牌永不干涸的源头活水。

案例四：以技术创新促西南冷链物流中心优化升级

林德叉车（中国）有限公司

四川成都独有的区位优势，使其成为西南重要的商贸物流中心、长江流域经济带和丝绸之路经济带上的重要节点。成都银犁冷藏物流股份有限公司作为西南最大的冷冻畜禽产品、水产品、干杂、副食及果蔬等农副产品集散中心，其运行模式得到社会广泛关注。公司远景如图 7 – 18 所示。

在成都银犁冷藏物流中心，到处停放着进出拉货的车辆，重庆、贵州、西藏的都有，交易活跃。每天早上 7 点左右，冻品从成都银犁冷藏物流中心市场源源不断发往西部各省级市场，成都大型交易市场白家农产品批发市场、郫县海霸王食品市场也从这里进货，再分销到全国各点，运输到市场消费。成都银犁冷藏物流中心产品成为冷冻产品选购的最佳平台。

信息时代需要互联网思维，成都银犁冷藏物流中心需要积极转变传统运营模式，利用信息化建设市场，用好电商功能，线上线下融合是银犁加快发展的机遇和挑战。

图7－18　公司远景

成都银犁选择租赁叉车。与购买叉车相比，叉车租赁模式的优势在于：可避免大笔现金一次性投入，避免大量流动资金沉淀到固定资产投资中，节约了成本；由于租期相对于设备的经济寿命而言较短，可避免设备的技术陈旧风险；租赁服务中所包括的叉车全面保修保养服务，可免除承租企业的一切后顾之忧。同时，还可节约承租企业在叉车维护、维修和使用管理上的人力物力，降低人员管理成本。

目前，成都银犁投入使用的设备包括货架9000余个托盘位，穿梭车5台，配套各种型号叉车如电动平衡重叉车、电动前移式叉车及水平托盘搬运叉车等，卸货专用升降平台46个，5吨定制双开门电梯16台。不同类型设备各行其用，分工明确：平衡重叉车负责掏箱作业，水平搬运叉车和牵引车负责货物水平转运，电梯负责垂直运输货物，前移式叉车负责库内的堆码作业。成都银犁已基本实现全机械化库房作业，主要表现为：无人力搬运，全部依靠叉车、牵引车、穿梭车相互配合完成物流作业；货物全部以托盘为载体进行存储或转运，运作效率高，已实现无纸化作业。

仓库实例如图7－19所示。

为了保证物流系统的高效运转，成都银犁对物流设备的选择是严苛的。比如，选择林德叉车作为合作伙伴，成都银犁主要基于以下几点考虑：林

图 7-19 仓库

德叉车的品质优良，首先针对冷库低温、潮湿的环境，林德叉车加装了低温保障装置，在一些关键部件设计安装散热元件。其次，针对冷库可能出现结冰的环境，林德叉车装有防滑装置，可以较大程度上缓解叉车侧移，将危险系数降至最低。第三，林德叉车的主动动能和从动动能均具备刹车功能，提高了叉车驾驶安全系数。第四，林德叉车针对电动叉车在低温环境不能完全放电的情况，增加电池容量，较其他品牌多出约 15% 的容量，以此来保障叉车在冷库较长的工作时间。叉车实例如图 7-20 所示。

成都银犁叉车工人对林德叉车的操控性赞赏有加，对设备的认可间接提高了叉车工人的工作效率。林德叉车后期服务相当到位，除具备强有力的保养、维修服务支撑，对成都银犁叉车工人的培训、叉车使用的管理、叉车工人的考核等方面，林德叉车均提供了超出成都银犁预期的高质量服务。在合作期间，林德叉车根据成都银犁冷库的建筑特点，有针对性地提供了个性化物流解决方案，优化叉车配用的数量和种类，提升了设备运转和物流效率。据了解，在二期项目规划中，成都银犁将会延续与林德叉车的合作关系。

高效可靠的物流支持伴随着成都银犁在短短不到三年时间内，奠定了西南地区一级冻品市场地位，创造了“腾笼换鸟”市场迁移发展、提速升

图7－20　叉车

级的一个极具参考性的“银犁模式”，多次迎来政界、商界客人到访调研考察、学习。

案例五：三大冷链业务模式打造市场新格局

上海领鲜物流有限公司

上海领鲜物流有限公司成立于2003年，隶属于光明乳业股份有限公司，是一家具有雄厚实力和丰富物流管理经验的冷链物流企业。不仅为光明乳业提供仓储配送服务，也面向社会为第三方客户提供专业的物流服务。公司物流营运团队深谙冷链体系及物流服务体系建设，具有极为丰富的冷链物流运作及实战经验。

截至2017年第一季度，领鲜物流已在上海为中心的华东地区建立起强大的现代冷链物流网络，拥有配送中心26座，常温、冷藏和冷冻库面积5.5万平方米。在全国范围内常温、冷藏和冷冻库面积更高达20多万平方米。拥有自有各车型冷藏车辆300余台，合作承运商不同车型的运输车辆1500余台，日配送终端网点多达50000余家，由上海及全国各物流中心始发的每日干线线路多达100余条，形成高效送达的全国物流网络。

一、业务模式

1. 业务模式1——集中式中央大仓管理（如图7-21所示）

定义：在上海设立中央仓库，作库存管理，华东其余城市采用零库存方式，依托现有的冷藏输配送网络，根据订单要求实现48小时内整个华东现代商超的配送。

特点：单中心管理，便于控制库存，操作简便，节省成本，充分挖掘领鲜现有网络优势。

适用条件：第一，客户业务量不大，而且以上海为主、华东其他城市为辅；第二，客户销售订单中心在上海，总部与物流直接对接；第三，销售渠道以现代商超为主；第四，双方可以实现信息对接和共享。

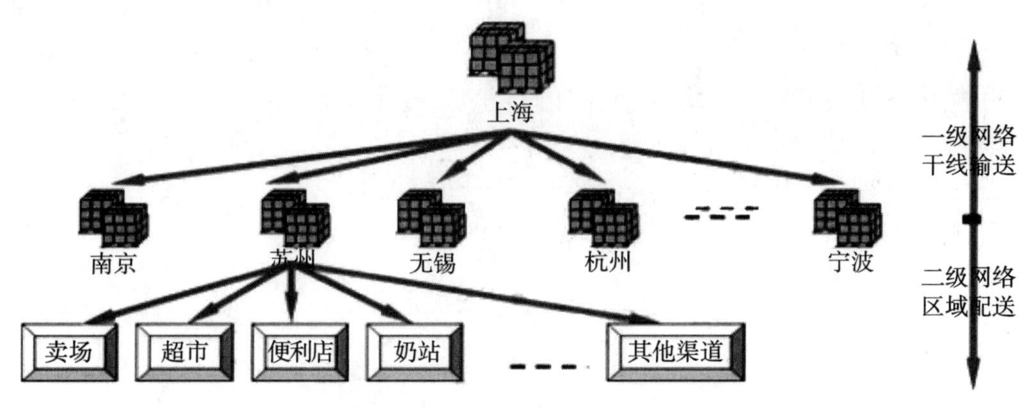

图7-21 集中式中央大仓管理模式

2. 业务模式2——分布式多中心管理（如图7-22所示）

定义：在华东设立多个配送中心，每个DC保有库存，负责一定的区域，所有货物由工厂直接输送到位。

特点：减少输送环节，提高客户响应速度，更贴近一线市场，管理难度增加，可以充分利用领鲜物流华东DC资源及市内配送网络优势。

适用条件：第一，客户业务量较大，足以支撑分中心业务运作；第二，客户的订单管理采用分布式，以独立销售分公司模式运作；第三，双方信息共享，多中心统一的信息平台，实现仓库调拨。

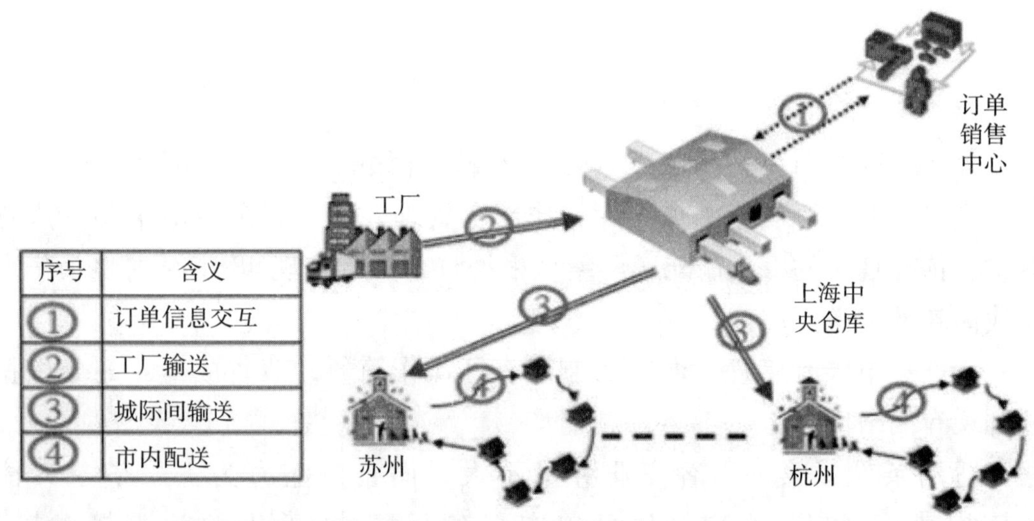

序号	含义
①	订单信息交互
②	工厂输送
③	城际间输送
④	市内配送

图 7－22　分布式多中心管理模式

3. 业务模式 3——混合模式（如图 7－23 所示）

定义：将集中式中央大仓管理与分布式多中心管理结合使用，即在上海中央大仓保留主要库存，分中心严格控制库存量，充分利用领鲜物流现有的输配送网络和中央大仓低成本的优势，发挥 WMS 的平台功能，进而降低成本。

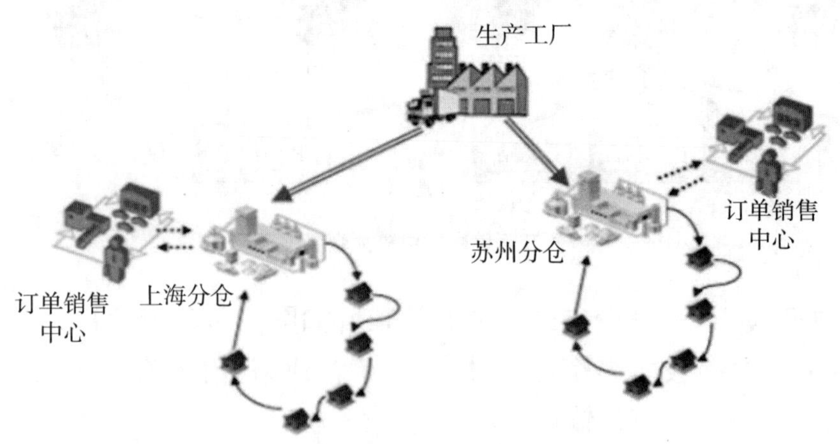

图 7－23　混合模式

特点：能够充分利用两种模式的优势。

适用条件：第一，有库存的业务，比如常温、冷冻等业务类型；第二，客户的工厂较多，或者工厂不在华东，但是发货量适中；第三，客户的销售模式为华东设有销售总部，同时下面设立有销售分公司，独立核算；第四，客户与领鲜物流必须能够实现信息对接，提高供应链的管理水平。

在现代物流业飞速发展的当今，上述不同模式均有赖于信息系统的支持，供应链信息化水平高低是供应链体系优化程度的一个表现。领鲜物流深刻理解到信息化的重要性，较早地实施了 WMS，一方面提升了企业内部管理水平，通过系统指导业务运作；另一方面也通过系统实现了与客户系统的对接，提高了沟通效率，降低了沟通成本，目前情况下，该对接包括与客户系统的直接对接或利用生成数据的间接对接。通过核心的 WMS，接收到客户电子订单后，再通过其他信息系统如 TMS、DPS（电子标签系统）等利用订单数据实现运输线路编排、电子标签拣货等操作。（如图 7－24 所示）

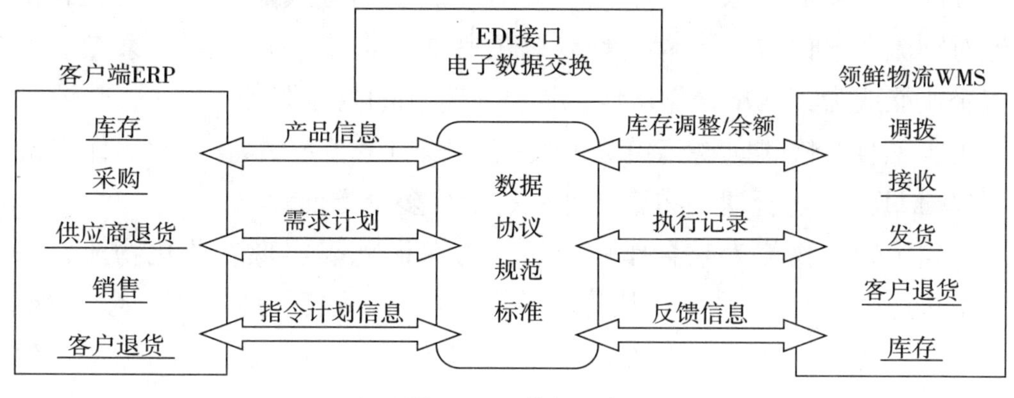

图 7－24 信息系统

领鲜物流是中国物流与采购联合会冷链委副会长单位；中国食品工业协会会员单位；上海冷藏库协会副理事长单位；上海物流协会会员单位，是中国物流与采购联合会认证的“AAAA 级物流企业”和“五星级冷链物流企业”连续 3 年荣获中国物流与采购联合会冷链委“冷链物流百强企业”称号，是全国《食品冷链物流追溯管理要求》国标试点企业和《餐饮冷链物流服务规范》行业标准试点企业。2014 年，领鲜物流通过了 IOS 9001 的质量认证。

领鲜物流作为光明乳业“一体二翼”战略规划中的重要一翼，同时也是光明乳业全产业链中的重要组成部分，有效地支持了光明新鲜产品的发展。同时，领鲜物流和众多行业客户建立了长期合作关系，包括泰森、雨润、荷美尔、宝迪、圣华、德清源、避风塘、欧福、安德利、乐斯福、联华快客、光明便利等。依托良好的物流硬件设施、优秀的运营管理团队、高效的运作效率和丰富的食品物流经验，领鲜物流携手上下游合作伙伴，致力为社会提供高品质、多温度带的食品物流服务。

二、运作案例

1. 领鲜运作案例 1

客户 A 是一家业务覆盖面广且规模很大的食品生产销售企业，其产品既有冻品又有冷藏品，在与领鲜物流合作前，其物流采用自营 + 部分外包模式，由于业务量大，有多个外包商，日常物流管理难度较大，并且随着其业务的不断拓展，原来这种机动灵活小而全的方式随着竞争加剧和销售渠道对物流要求的提高，愈发难以满足其业务需求，希望有一家专业冷链物流企业能成为其战略合作伙伴，提供其专业的物流服务。

为实现自有模式向物流模式的转变，影响了客户 A 整个营运体系的调整，包括 IT、销售管理、物流管理、计划等多个方面。

在确定领鲜物流为其合作伙伴后，为保证稳妥实现专业化物流，双方进行了长达 10 个月的准备，从订单模式、计划模式、销售管理、物流配送、仓储管理、客户服务等多个方面多个供应链环节，深入考察和探讨，建立实用且可行的 SOP 手册。在实际运作中，考虑到客户产品横跨 2 个温度带，故此领鲜物流采用双温车方式，即同一部冷藏车有 2 个隔舱，通过相关制冷设备设施分别控制不同的温度，实现同 1 个网点 2 个温度带产品的同车配送，将运输费用下降了近 1/3。

目前，双方在物流业务上已合作多年，在确保业务正常有序运作的同时，领鲜物流每日从物流角度向客户 A 反馈订单执行日报、库存日报等，以便其了解营运结果和销售体系，为其调整经营策略提供一手的数据。

2. 领鲜运作案例 2

客户 B 是一家正在积极拓展市场的食品生产销售公司，业务量波动较大，在与领鲜合作前B客户采用自有车辆营运，但是销售波动给车辆资源的配置带来很大难题，要么出现车辆不够导致丧失销售机会，要么车辆闲置，增加成本；同时在拓展销售渠道的过程中，面临的最大问题是物流资源的投入，业务拓展前期渠道销售的订单量较小，而每个销售渠道系统的网点又比较多，导致单车的装载率很低而配送的路径长，投入产出不成比例。

领鲜物流是专业的物流公司，其配送网络已经覆盖相关城市的各个网点，通过整合相似业务和相同网点，实现同一车辆相同销售渠道的共同配送，将客户B的业务量纳入领鲜既有配送线路中，提高单车装载率，不仅降低了自己的物流成本，也为客户提供了一个合理的物流费用。同时，领鲜物流的资源优势也解决了客户业务量波动时的货物运送无法及时到位的问题。

领鲜物流先天庞大的分销物流网络，还有力地支持了客户B新增渠道业务。

客户B原先物流业务自营时单点的平均物流费用约为其销售额的10%以上，在领鲜物流承接后单点物流费用约为7%，费率下降了3个百分点。

3. 领鲜运作案例3

领鲜物流较早地采用了电子标签系统（DPS）实现拆零拣货，面向便利店和部分有较大拆零分拣需求的客户。

仓库布局实例，如图7－25所示。

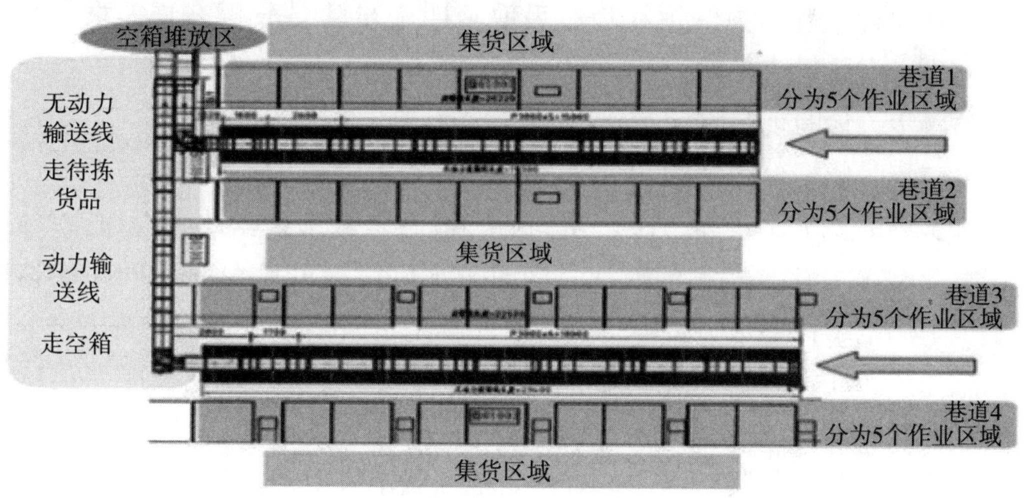

图7－25 仓库布局

布局：4条巷道；20个作业区域；498个电子标签位；可以实现单批次498家门店同时进行拣货作业。

通过该系统可以有效地降低拣货差错率，降低作业中断，减少人工，节约用工成本。据测算，采用 DPS 后有效提升了分拣的作业速度，相比原先人工纸面捡货大大降低了拣货差错率（低于 0.2‰）；按照一个波次捡货 498 家门店计算，相比原先人工作业可节约用工 8 ~ 10 名，年节约用工成本约 30 万元。

目前，该系统服务于领鲜物流的四家客户，日拣货品项数约 400 个，总件数约 10 万件，有效地帮助了领鲜物流节约仓库运作成本，提高作业效率，提升客户服务能力，通过该系统节约下来的拣货时间在一定程度上缓解了客户的销售和业务运作的时间压力，支持了领鲜物流实现其供应链管理仓储段的运作优化目标。

4. 领鲜运作案例 4

客户 D 是一家生产销售高端豆制品的企业，其销售渠道主要是现代商超，对产品生产及到站时间要求均很高：既要保证新鲜，又要赶早市。因此，客户 D 的产品在每天下午生产，晚上下线，同时希望所有卖场和便利店能在早上 8：00 之前送达。其原来的物流配送网络资源无法满足，而华东现代商超的拓展速度很快，要求供应商的物流资源也要充足，在双方合作后，领鲜物流强大的分销网络有力地支撑了其销售渠道的拓展。

在具体合作过程中，领鲜物流采取了四个步骤，分析客户需求，提出解决办法，实施物流运作。

第一步，诊断现在物流运作中存在的问题和难点。

第二步，依据分销渠道分析运作特点、产品 ABC 分类和客户要求，一般是大卖场的要求比较高，次之便利店，最后是超市。据此合理编排线路，采用复合配送 + 专线配送的模式，同时根据到货时间晚分拣时间短的情况确定了采用电子标签进行拆零拣货 + 整箱标签进行整箱拣货的分拣方案。

第三步，在实施运作后与客户建立月度沟通会议，定期回顾营运中的问题，及时总结和改进。

第四步，与销售紧密沟通，有计划地拓展销售渠道，做到充分准备。

三、运作变革案例

为全程保障配送产品的冷链质量，同时也为了确保产品质量和节能降耗要求，领鲜在日常营运中不断推陈出新、创新管理。在硬件配置和管理体系上不断进行适应性的调整和变革以实现最佳的配送效果。例如，众所周知，城市配送中经常遇到的问题就是配送网点密集，因此配送过程中需要频繁开关车门进行卸货交接，而车门开启后车厢内冷气势必会外流造成逃冷，一旦逃冷后在短时间内无法有效的恢复车内冷链温度，给产品质量带来一定的隐患。

为此，领鲜物流结合多年的冷链城配经验，对配送过程中所存在的难点进行分析，找出症结所在并进行创新变革。从卸货交接的操作规范到门帘的使用以及后期的双向移动门帘的应用，使得配送过程中逃冷情况得到了有效的控制，从而达到了节能降耗、有效提高配送质量的效果。（如图7－26所示）

图7－26 门帘使用对比

原先冷藏车辆一般采用固定塑料片门帘，虽有一定的防逃冷效果，但实际使用中上下货不方便而且塑料片受冷后容易受损，存在诸多弊端。而领鲜新安装的双向移动门帘采用不对称叠加复合式，通过滑槽便于在车厢内移动，在卸货时可以关门取货，然后开门卸货，真正有效地避免了逃冷情况的发生。同时，在配送过程中货量不断减少的情况下，门帘可以前移，减少了制冷机组需要制冷的空间，从而起到了节能降耗的效果。

以上是领鲜物流众多技术和管理创新案例中的一项，通过扎实的管理和有效的执行，真正提升了企业的冷链服务质量和水准。随着史上最严食品安全法的出台以及消费者消费安全意识的不断提高，全程冷链的时代已经到来：

甲方企业对于冷链的要求会不断提高，冷藏产品常温配送的旧习将一去不返；

冷链运作的标准和企业自身的软硬件设施的配套将会不断提高和完善；

冷链物流企业的准入门槛也将进一步提高；

冷链物流市场竞争激烈，但恶性的价格竞争将会逐步减少；

未来的冷链物流市场将会是一个资源、合作、网络布局以及高效整合的竞争环境。

领鲜作为一家以冷链配送业务为主的物流企业，既是责任也是担当。未来领鲜物流将不断提质增效，通过加强与上下游企业的深度合作，不断提升自身软硬件实力，积极探索商业模式转型与变革，引入“互联网＋物流”模式助力企业快速发展，实现“合作共赢，共创未来”的愿景。

案例六：“一带一路”东风正起 “长运冷链”乘风破浪抢先机

广交长运冷链物流中心

一、冷链行业前景展望

随着经济全球化合作日益深入，互联网信息技术革命带动新技术新业态不断涌现，冷链物流业发展面临的机遇与挑战并存。

（一）冷链物流需求快速增长

在国际化采购、国际化生产、国际化销售的格局下，我国实施“一带一路”战略和自由贸易试验区战略，将进一步加快对外开放。新型工业化要求加快建立规模化、现代化的制造业物流服务体系。农业现代化将极大释放大宗农产品物流和鲜活农产品冷链物流需求。

广东省方面，随着与东盟、港澳地区交流合作的全面深化，国际物流市场规模将继续扩大。广州市新型城市化建设也将伴生许多生产性、生活性物流需求，并催生新的物流需求。

（二）资源环境约束日益加强

随着社会物流规模快速扩大，能源消耗和环境污染形势加重、城市交通压力加大，传统物流运作模式已难以为继。按照建设生态文明的要求，加快运用先进运营管理理念，不断提高信息化、标准化和自动化水平，促进一体化和网络化经营，大力发展绿色物流，推动节能减排，切实降低能耗、减少排放、缓解交通压力。

（三）新技术新业态不断涌现

信息技术和供应链管理广泛运用，为广大生产流通企业提供低成本、高效率、多样化、精益化的物流服务，以新技术、新管理为核心的现代物流体系日益形成。随着城乡居民消费能力增强和消费方式转变，全社会物流服务能力和效率将会持续提升。冷链物流市场的兴起和竞争加剧，将助推冷链物流在新的起点上加速发展。

二、长运冷链成立缘起

“一带一路”的发展助力上海、广东、天津、福建自贸区的发力，拓展了运输方式的组合发展，促进了运输结构的调整，降低了物流成本，为中国国际物流发展带来了战略机遇。中澳、中韩等贸易协定的签署，使得跨境冷链业务日益频繁，而移动互联网的崛起，又催生了生鲜电商、冷链宅配的兴起，这些无疑将是冷链物流发展面临的新主题、新机遇。

鉴于良好的行业发展前景及其展望，广州市公共交通集团有限公司下属单位广州市长途汽车运输公司顺应人民群众对食品安全日益重视的需求，立足于为华南地区商贸企业提供高端优质的食品冷藏仓储和冷链配送服务。经前期深入调研和周密论证，公司决定以建设和运营冷库为切入点，切入准入门槛和技术含量相对较高的冷链物流业务。按照集团构建城市配送体系是大势所趋。长运公司将依托 2016 年投产的高端冷库——广交长运冷链物流中心，以及与之相匹配的优质冷藏车队，为客户提供多温仓储、冷链配送、产品加工和包装、供应链金融等形式多样的冷链物流服务，逐步培养公司在冷链仓储和配送方面的营运管理能力。

三、长运冷链项目概况

广交长运冷链物流中心是广州交通集团长运公司按“高起点、高标准、高效率”目标建造的冷链物流基地，项目主要有五个优势。

项目优势之一：区位优势明显

广交长运冷链物流中心（长运冷库）占地面积为7万平方米，库容量达35000吨。中心位于广州市天河区天源路，距离广州CBD仅8千米，地理位置优越。交通方面，中心内接城市主干道，通过天源路连接广汕路、广园路、广州大道，可快速便捷到达广州各个区域。最近的高速公路出口距离中心近1千米，中心的货物可通过华南快速干线、广河高速、机场高速、广深高速等快速辐射珠三角、华南乃至全国。

项目优势之二：存储温度精准管理

项目主体建筑为两栋双层美式外保温钢结构冷库，四个库区设有共20个独立库房，其温度涵盖范围为－15℃～25℃，总存储能力高达4万吨。为保障冷库内货品的存储温度，长运冷库采用双回路电源，最大程度降低冷库断电风险；采用性能高效稳定的美国约克制冷机组，并配备全自动远程温度监控系统，确保存储温度可恒定保持在预设温度；配备全封闭的低温穿堂，货品可在低温状态下完成存储和运输的交接过程，确保全程不断链；每个独立库房都安装了自动感应的快速卷帘门，有效防止货物进出库房时库房冷气外泄。

项目优势之三：物流操作便捷

长运冷库在建设之初就被定位为物流配送库，所以，长运冷库将提高物流操作效率的理念贯穿至设计及建设的全过程。长运冷库采用双层设计，但其一层、二层作业面完全分开，有专用引桥连接两层作业面，形成环形通道。长运冷库内拥有2万平方米的停车作业场地，可同时容纳上百台货车停车或作业。长运冷库设置54个装卸口，全面保障货物装卸效率；库内低温穿堂宽达15米，理货空间充裕宽达。库房内使用存取效率较高的双深度货架，通道宽度均超过 3. 5 米，充分保障了叉车设备在库内通行和存取货物的效率。库内照度参照美国标准达 300Lux，可支持库内全天候货物拣选。上述种种，都源于我们对物流操作高效便捷的不懈追求。

项目优势之四：中心内信息管理全覆盖

长运冷库配备先进的供应链一体化信息管理系统，系统具备订单管理、仓储管理、运输管理、结算管理、应用管理、基础数据管理、报表管理 7 大功能模块，可精准管理到每个库房和每板货物。同时，该系统还可满足客户直接下单、库存共享及全程可追溯管理等需求。库内已实现无线 Wi－Fi 全覆盖，结合条码技术，操作指令可通过 PDA、车载电脑等载体，瞬间下达到仓管员、叉车司机等一线操作人员，确保营运管理高效率。

项目优势之五：完备的运输服务能力

为满足客户的运输配送需求，长运冷链物流中心配备 100 多台冷藏车辆，为客户提供全国范围内的冷链运输服务，部分车辆拥有广州市区 24 小时城市配送通行资质，可满足客户全天候城市配送需求。同时，还与 OTMS、易流等信息平台在运输管理方面合作，实现了运输过程全程可视化，例如在途实时信息反馈、货物在途实时温度、车辆路线地图、节点提示或车辆接近收货区域时自动短信提醒、电子回单即时上传云端等。我们全程管控，将全程冷链、准时准点配送作为服务目标。

四、长运冷链发展规划

我国冷链物流市场规模和需求增速加快，仅食品行业冷链物流的年需求量就在 1 亿吨左右，年增长率在 8% 以上。从行业发展空间来看，当前我国综合冷链流通率仅为 19%，而美、日等发达国家的冷链流通率达到 85% 以上。基于这样的产业发展前景，在市场定位方面，广交长运冷链物流中心将坚持仓储配送一体化的业务模式，冷链服务覆盖全链条。

（一）冷链主营业务

长运冷链的目标客户主要是市场上有冷链需求的高端客户，其中以进出流量大的客户优先。在综合服务方面，长运冷库提供涵盖 -25℃ ~15℃的多温区仓储、分拣、装卸、包装、运输配送、退货管理，以及进出口报关、报检服务、商贸代理及供应链金融等一系列冷链物流解决方案等，可支持生鲜食品企业打造其华南区的分拨中心，大型连锁超市建立总仓，进出口食品贸易企业建立其中国区集散中心，生鲜电商建立分拨中心等，强强联合，共谋发展。在业务发展策略上，遵循先易后难的原则，分阶段涉足各个领域。前期重点发展城市配送、商超总仓、区域分拨中心、进出口货物集散、生鲜电商总仓等；中期发展冷链零担延伸冷链服务能力，形成覆盖全国主要城市的冷链服务平台；远期发展供应链金融、生鲜产品商贸代理、供应链咨询，拓宽企业经营范围。

（二）供应链金融和冷链商贸计划

为了将长运冷链业务适时向供应链的上下游拓展延伸，公司考虑尝试发展供应链金融服务以及冷冻产品贸易等业务，以丰富公司服务内容，优化业务结构，增强与客户的粘合度，提升整体竞争力，打造一个属于长运冷链的特色品牌，吸引更多优质客户进驻长运冷链。主要包括：

（1）供应链金融：通过代理采购、仓单质押、买方信贷、大系统大数据分析等多种模式，实现金融产品向温控供应链产品的转换，帮助客户提高市场反应速度，强化核心竞争力。

（2）冷链商贸：由生鲜产品冷链物流服务延伸至商贸代理。并给客户提供产品展示的平台。顾客在平台上选好产品后，由长运冷链提供一个从生产商直接到消费者的增值销售服务。广州市长途汽车运输公司经过数十年的发展及沉淀，积累了丰富资源以及企业管理方面的人才和经验。恰逢冷链物流时代快速崛起，长运公司投身对资源依赖性较强的冷链物流以充分发挥公司的优势。同时，长运公司作为国有企业，具备高度的社会责任心和使命担当，这契合于冷链物流对从业者责任担当方面的要求。

广交长运冷链物理中心已建成立足广州、服务珠三角、辐射华南地区的全过程冷链物流服务体系，并不断提升公司的冷链营运管理能力。长运公司将以提供优质、优秀的冷链物流服务为核心目标，为客户提供全国范围内的冷链物流服务，为食品新鲜、健康和安全保驾护航。

第八章　资料汇编

2016—2017 年冷链行业标准汇编

《肉与肉制品冷链物流作业规范》行业标准

1　范围

本标准规定了肉与肉制品冷链物流的基本原则、基本要求、冷链作业、包装与标识等。本标准适用于肉与肉制品冷链物流过程中的温控与作业管理。

2　规范性引用文件

下列文件对于本文件的应用是必不可少的。凡是注有日期的引用文件，所注日期的版本适用于本文件。凡是不注日期的引用文件，其最新版本（包括所有的修改单）适用于本文件。

GB 7718 食品安全国家标准　预包装食品标签通则

GB/T 9829 水果和蔬菜　冷库中物理条件　定义和测量

GB/T 15091 食品工业基本术语

GB/T 18354 物流术语

GB/T 19480 肉与肉制品术语

GB/T 21735 肉与肉制品物流规范

GB/T 24616 冷藏食品物流包装、标志、运输和储存

GB/T 24617 冷冻食品物流包装、标志、运输和储存

GB/T 28577 冷链物流分类与基本要求

GB/T 28843 食品冷链物流追溯管理要求

GB/T 30134—2013 冷库管理规范

3　术语和定义

GB/T 18354、GB/T 19480、GB/T 15091 和 GB/T 28577 界定的以及下

列术语和定义适用于本文件。

肉与肉制品冷链物流 Cold Chain Temperature Control for Meat and Meat Products

肉与肉制品在温度控制的物流网从供应地向接收地实体流动的过程。根据实际需要，将运输、仓储、配送、交接等基本功能的实施进行有机结合。

4 基本原则

4.1 应保证肉与肉制品在运输、仓储、配送、交接等过程均在规定的温度要求下进行。

4.2 应有防止温度变化影响肉与肉制品质量的控制措施。

4.3 服务过程应满足时效性要求，各个环节的操作应在规定的时间内完成。

4.4 肉与肉制品温度检测方法应符合 GB/T 28843 中附录 A 的规定。

4.5 在运输、仓储、配送、交接等过程中应采用温度记录设备和温度检测工具进行温度监控和记录，必要时，应对湿度进行监控；作业过程中，对产品进行必要的温度和质量的查验与交接。

4.6 对不同肉与肉制品应规定保存时间，保存期限不得少于产品保质期满后六个月；没有明确保质期的，保存期限不得少于两年。

4.7 应建立符合肉与肉制品冷链物流要求的管理体系文件，应按照规定的程序进行控制和实施，保证各类载体文件现行有效。

5 基本要求

5.1 管理制度

5.1.1 应建立保障肉与肉制品运输、仓储、配送、交接等环节温度要求的制度文件。

5.1.2 应建立有效控制风险的措施。

5.1.3 应建立重大事故及险情报告制度。

5.1.4 应建立应急救援现场组织预案。

5.1.5 应建立肉与肉制品运输、仓储、配送、交接等环节的交接制度。

5.2 人员

5.2.1 直接接触肉与肉制品的工作人员应持有有效的食品行业健康证明。

5.2.2 从事肉与肉制品冷链服务各环节工作的人员，应接受肉与肉制品运输、仓储、配送、交接、检验及突发状况应急处理等相关知识和技能培训；并经考核合格。

5.3　设施设备

5.3.1　应具有与肉与肉制品冷链温控要求相适应的运输、仓储、配送、交接等设施设备。

5.3.2　肉与肉制品运输应使用温控运输设备。

5.3.3　运输工具厢体应配备温度自动记录装置并运行正常。

5.3.4　封闭式月台温度应保持在5℃～10℃，并具备配套的制冷系统或有保温条件的缓冲间。

5.3.5　冷库应配备自动监测、自动调控、自动记录及报警装置。温（湿）度自动监测布点应经过验证，监测（记录）的温（湿）度应符合标准要求。

5.3.6　计量器具应定期校验并有检定证明。

5.3.7　当有带板运输时，宜使用1.2米×1.1米托盘。

5.4　信息系统

5.4.1　应建立仓储、运输、设备等信息管理系统。

5.4.2　信息管理系统应具备监控、查询、报警、追溯等功能，并与上下游实现共享。

6　冷链作业

6.1　冷链流程，如图8－1所示。

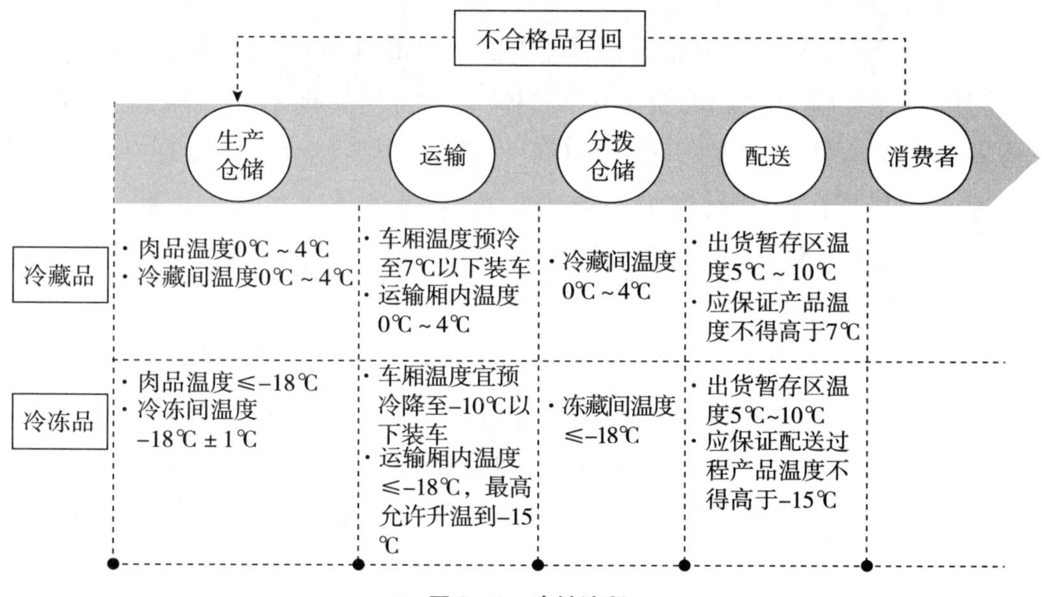

图8－1　冷链流程

6.2　生产仓储

冷藏的肉与肉制品入库时温度为0℃～4℃，冷藏间温度为0℃～4℃；冷冻肉品温度为－18℃以下，冷冻间温度为－18℃±1℃。

6.3　运输

6.3.1　应根据肉与肉制品的类型、特性、运输季节、运输距离的要求选择不同的运输工具和配送线路。

6.3.2　装车前，保持车辆清洁卫生；运输前车辆应进行清洗消毒，并符合相关规定；装载时冷冻肉与肉制品温度应达到－15℃或达到双方约定的收货温度，同时装车前，车厢温度宜预冷至－10℃；冷藏肉与肉制品的车厢温度预冷至7℃以下时方可装运。

6.3.3　装车过程宜使用物流工具，确保在较短时间内装车完毕。

6.3.4　散装生、熟肉品和易串味肉品等不能混装于同一托盘、同一车辆，含有独立包装的预包装肉与肉制品可采用物理隔离等方法装载于同一车辆内。

6.3.5　装车完成后，根据肉品运输要求，设置车厢的制冷温度，确认制冷机组正常运转后，依指定路线配送。

6.3.6　运输过程制冷系统应保持在正常运转状态，全程温度应控制在指定的温度范围内。冷藏设备的温度记录间隔时间不应超过1小时/次。冷藏设备温度偏离设定范围时，应采取纠正行动。

6.3.7　冷藏肉与肉制品运输作业应符合GB/T 24616中的相关规定，冷冻肉与肉制品运输作业应符合GB/T 24617中的相关规定。冷藏肉与肉制品在运输过程中厢体内温度应保持在0℃～4℃，产品温度应保持在0℃～4℃；冷冻肉与肉制品在运输过程中厢体内温度保持在－18℃以下，厢体内温度最高允许升温到15℃，产品温度保持在－15℃或更低的温度。

6.4　分拨仓储

6.4.1　肉与肉制品到货时，应对其运输方式及运输过程的温度记录、运输时间等质量控制状况进行重点检查和记录，到货冷冻肉与肉制品温度高于－15℃或高于双方约定的最高接受温度时，冷藏肉品高于4℃或高于双方约定的最高接受温度时，收货方应及时通知货主，双方按合同约定协商处理。

6.4.2　经检验合格的肉与肉制品才能入库储藏，并依据进货信息和随货清单做好记录。

6.4.3　冷藏、冷冻肉品储存作业应分别符合 GB/T 24616、GB/T 24617 的规定，管理应符合 GB/T 21735 的规定。

6.4.4　肉与肉制品堆码应按照分区、分类、按生产批次和温度等进行管理。

6.4.5　肉与肉制品堆码应符合 GB/T 30134 6.8 的规定，堆放高度以纸箱受压不变形为宜，散装货物堆放高度不宜高于冷风机下端部位。

6.4.6　冷库温度波动幅度不应超过 ±1℃；在肉与肉制品出入库时，库房温度最高不应超过 3℃。温度的测定按 GB/T 9829 的规定执行。

6.4.7　冷库温度记录间隔时间不应超过 2 小时/次，温度偏离设定范围时，应采取纠正行动。

6.5　配送

6.5.1　肉与肉制品出货前应确认包装是否良好，装卸过程中不应损坏其外包装。

6.5.2　肉与肉制品的出货暂存区的温度要求在 5℃ ~10℃，暂存时间不得超过 1 小时。

6.5.3　肉与肉制品出库和装车、卸车的速度应在规定的时间内完成，使用的方法应以产品温度上升不超过 3℃ 为宜。

6.6　交接

6.6.1　肉与肉制品交接过程应保持作业环境的温度符合相关标准规定。

6.6.2　应根据合同标注或标准要求在规定的时间、规定地点进行交接，交接内容包括但不限于以下项目：产品出入库时间、品类、数量、产品温度、运输厢体温度、生产日期、保质期、储藏条件、产品内外包装标准及车厢内卫生状况，并经双方签字确认。

6.6.3　交接发生异议时，应在保证肉与肉制品质量安全的条件下，按照合同规定及时处理。

6.6.4　应保留交接过程中所有涉及可追溯的记录单据，追溯信息应符合 GB/T 28843 的规定。

6.7　不合格品处理

在运输、仓储、配送、交接等过程中发生的或可能发生的肉与肉制品质量受到影响的应按不合格品进行处理。

7　包装与标识

7.1　冷藏肉与肉制品的运输包装与标志应符合 GB/T 24616 中相关规定。

7.2　冷冻肉与肉制品的运输包装与标志应符合 GB/T 24617 中相关规定。

7.3　进入食品零售市场销售的肉与肉制品宜进行预包装，包装标识应符合 GB 7718 的要求。

7.4　肉与肉制品外包装应有明显标识，应标明货物批次等。

《道路运输　食品冷藏车功能选用技术规范》行业标准

1　范围

本规范规定了食品冷藏车的一般要求、其他要求、产品标识、功能选用。

本规范适用于道路运输食品冷藏车。

2　规范性引用文件

下列文件对于本文件的应用是必不可少的。凡是注有日期的引用文件，仅所注日期的版本适用于本文件。凡是不注日期的引用文件，其最新版本（包括所有的修改单）适用于本文件。

GB 1589　道路车辆外廓尺寸、轴荷及质量限值

GB/T 21145　运输用制冷机组

GB 29753　道路运输　食品与生物制品冷藏车　安全要求及试验方法

GB/T 29912—2013　城市物流配送汽车选型技术要求

3　术语和定义

GB 29753 界定的以及下列术语和定义适用于本文件。为了便于使用，以下重复列出了 GB 29753 中的某些术语和定义。

3.1　总传热系数　The Overall Coefficient of Heat Transfer

在稳定传热条件下，冷藏车车厢内外平均温差为 1 摄氏度（℃），单位时间内在单位面积传递的热量。

[GB 29753—2013，定义 3.6]

3.2　传热量　The Hot Loss through the Walls

环境温度在30℃时，为保持冷藏车厢体内部要求的温度，单位时间内需要向厢体内输入的热量。

[GB 29753—2013，定义3.7]

3.3　厢体的传热面积　The Mean Surface Area of the Body

冷藏车厢体内部表面积和外部表面积的几何平均值。

[GB 29753—2013，定义3.8]

3.4　车厢内外温差　The Absolute Difference between the Inside Temperature and the Outside Temperature of the Body

冷藏车车厢内部平均温度和车厢外部平均温度差值的绝对值。

[GB 29753—2013，定义3.9]

3.5　独立式运输用机械制冷机组　Independent Mechanical Transport Refrigeration Units

运输用制冷机组的一种，机组使用独立的动力作驱动，不使用车辆发动机动力。

3.6　非独立式运输用机械制冷机组　Non - independent Mechanical Transport Refrigeration Units

运输用制冷机组的一种，机组使用车辆发动机的动力驱动而自身不具有独立的动力。

4　分类

食品冷藏车的分类按GB 29753的规定。

5　一般要求

5.1　整车

5.1.1　冷藏车应符合GB 29753的规定。

5.1.2　冷藏车是国家汽车产品公告“冷藏车”目录中的产品或取得国家“3C”认证的产品。

5.1.3　冷藏车应符合国家环保、节能要求。

5.2　底盘

5.2.1　挂车宜采用空气悬架装置。

5.2.2　冷藏车采用非独立式运输用机械制冷机组时，底盘发电机的发电量应满足非独立机组的用电需求，且宜安装提高底盘发动机怠速的装置。

5.2.3　冷藏车采用非独立式运输用机械制冷机组时，底盘应预留压缩机的安装空间，宜配备压缩机安装支架。

5.3　车厢

5.3.1　车厢隔热材料宜选用燃烧性能等级为B2级及以上级的隔热材料。

5.3.2　车厢内壁材质应无毒、无害、无异味、无污染，内壁结构易于清洗。

5.3.3　厢板宜采用封闭型隔热结构，隔热材料与内外壁板结合紧密。

5.3.4　车厢内外壁及主体框架宜采用质轻且高强度的材料。

5.3.5　车厢内的LED（发光二极管）或其他冷光源照明装置，应安装牢固，并易于检修。

5.3.6　车厢内部底板、侧壁、前后壁宜安装导流槽，以保证装载货物后的车厢内空气循环畅通。

5.3.7　车厢内应设置货物栓固装置。

5.3.8　车厢内宜设置多个测温点来检测温度，应有一个测温点设在冷风机或蒸发器回风口，应在驾驶室内或挂车内易观察位置处设置测温点以实时显示车厢内温度。

5.3.9　最大总质量3.5吨以上的冷藏车，宜在车厢右侧设侧门。

5.3.10　当车宽为GB 1589规定的汽车、挂车及汽车列车外廓尺寸的最大限值时，车厢内宽度应不小于2400毫米。

5.4　制冷机组

5.4.1　制冷机组应符合GB/T 21145的要求。

5.4.2　制冷机组在相应冷藏车类别温度下的制冷量，应不小于传热量的1.75倍，传热量的计算方法见附录A。

5.4.3　制冷机组的温度控制精度不宜大于1.5℃，宜采用与车载GPRS共享的数据输出接口。

5.4.4　独立式运输用机械制冷机组的污染物排放应符合国家环保要求。

5.4.5　制冷机组与车厢的连接应牢固可靠，不影响车厢密封性能。

5.4.6　在寒冷地区使用的冷藏车，宜采用带加热功能的制冷机组。

5.4.7　高顶驾驶室冷藏车，制冷机组冷凝器宜安装在车厢底部。

5.4.8　长途运输宜采用独立式运输用机械制冷机组。

6　其他要求

6.1　城市配送冷藏车

6.1.1　城市配送冷藏车的主要技术参数要求应符合 GB/T 29912—2013 第 4 章的规定。

6.1.2　城市配送冷藏车所设的后门和侧门，应安装隔离内外空气的装置，宜选用塑料门帘。

6.2　多温冷藏车

6.2.1　装备有两个或两个以上货舱的冷藏车，每个货舱应配备独立的温度控制装置。

6.2.2　多温冷藏车应选用多温制冷机组。

6.2.3　多温冷藏车每个货舱应至少设一个外门。

6.2.4　多温冷藏车保温隔板的厚度应不小于 50 毫米。

6.3　专用装置

专用冷藏车应设置专用装置：冷鲜肉冷藏车，应在车厢内顶部预置肉挂滑道及吊钩；其他专用冷藏车，应根据装载货品设置适宜的专用装置。

7　产品标识

7.1　标识方法

由三个大写英文字母组成，第一个字母为 F，代表机械制冷；第二个字母为 R 或 N，代表车厢隔热性能，对应 GB 29753 表 4 中的类别Ⅰ、类别Ⅱ；第三个字母为 GB 29753 表 1 中的冷藏车分类。

7.2　标识示例

冷藏车类别为 F、车厢隔热性能为类别Ⅰ的 F 类冷藏车，标记表示为：FRF。

8　冷藏车选用

常见易腐食品冷藏车选用如表 8－1 所示。

表 8－1　　常见易腐食品冷藏车选用

易腐食品名称	温度要求	冷藏车选用
冰激凌	－22℃	FRF
速冻食品（速冻分割畜禽肉、速冻水产品、冷冰蛋、速冻米面食品、速冻蔬菜等）	－18℃	FRF、FRC
鲜鱼、其他海鲜（活体除外）	2℃	FRA、FRB、FRC、FRD、FRE、FNA、FND
熟食、集体用餐低温盒饭类	0℃～4℃	FRA、FRB、FRC、FRD、FRE、FNA、FND
冷鲜肉类、水产类、蛋类	0℃～4℃	FRA、FRB、FRC、FRD、FRE、FNA、FND
豆制品、冷藏奶制品	4℃～7℃	FRA、FRB、FRC、FRD、FRE、FNA、FND
新鲜蔬菜、水果、食用菌	1℃～15℃	FRA、FRB、FRD、FRE、FNA、FND

附录 A
（资料性附录）
传热量

A.1　定义

环境温度在 30℃时，为保持冷藏车厢体内部要求的温度，单位时间内需要向厢体内输入的冷量，单位为瓦（W）。

A.2　计算

传热量由下式确定：

$$Q = K\ S\ \Delta t$$

式中：

Q——传热量，单位为瓦（W）；

K——厢体总传热系数，单位为瓦每平方米·开尔文［W/（m^2·K）］；

S——厢体的传热面积，单位为平方米（m^2）；

Δt——车厢内外温差，单位为开尔文（K）。

《冷链物流从业人员能力要求》团体标准

1 范围

本标准规定了冷链物流从业人员的职业资质等级划分、主要职责及职业能力要求。

本标准适用于冷链物流从业人员的考核与评估，冷链物流从业人员的聘用、教育和职业培训可参照使用。

2 规范性引用文件

下列文件对于本文件的应用是必不可少的。凡注有日期的引用文件，仅所注日期的版本适用于本文件。凡是不注日期的引用文件，其最新版本（包括所有的修改单）适用于本文件。

GB/T 18354 物流术语

GB/T 28577 冷链物流分类与基本要求

3 术语和定义

GB/T 18354 和 GB/T 28577 界定的以及下列术语和文件适用于本文件。

3.1 冷链物流 Cold Chain Logistics

以冷冻工艺为基础、制冷技术为手段，使冷链物品从生产、流通、销售到消费者的各个环节中始终处于规定的温度环境下，以保证冷链物品质量，减少冷链物品损耗的物流活动。

[GB/T 28577—2012，定义 3.4]

3.2 冷链物流从业人员 Cold Chain Logistics Practitioners

从事与冷链物流作业和管理有关的人员的统称。

4 职业资质等级与主要职责

4.1 职业资质等级

冷链物流从业人员职业资质分为四个等级：物流员级、助理级、中级、高级。

4.2 主要职责

4.2.1 物流员级从业人员：物流员级从业人员主要职责是根据作业流程的规定，完成冷链物流仓储、运输、信息处理、冷链物流系统的使用和维护等作业操作。

4.2.2　助理级从业人员：助理级从业人员主要职责是根据作业管理的要求，对冷链物流仓储、运输、信息处理、冷链物流系统的使用和维护作业操作实施监督和指导。

4.2.3　中级从业人员：中级从业人员主要职责是根据业务的需求，对冷链物流仓储、运输、信息处理、冷链物流系统运营等资源和流程进行管理和优化。

4.2.4　高级从业人员：高级从业人员主要职责是根据所在行业的发展趋势和所在组织的战略，确定冷链物流业务发展战略和商业策略，对冷链物流业务系统和网路进行规划和实施，组织重大业务流程设计和实施。

5　职业能力要求

5.1　物流员级从业人员职业能力要求，如表8－2所示。

表8－2　　物流员级从业人员职业能力要求

职业功能	工作内容	技能要求	相关知识
行业认知	冷链物流作业认知	1. 能描述所在部门和岗位主要作业内容 2. 能描述所在部门和岗位作业相关的法律、规定和标准 3. 能描述所在部门和岗位健康与安全相关规定和流程	1. 冷链物流基本概念 2. 冷链物流基本作业流程 3. 冷链物流作业健康与安全相关知识
	组织环境认知	1. 能描述所在组织业务类型、经营范围 2. 能描述所在部门和岗位的工作内容和职责	1. 冷链物流企业类型 2. 所在组织、部门和岗位信息
冷链物流加工、包装和装卸搬运作业	加工处理	1. 能根据作业流程对货物进行加工作业 2. 能记录预加工处理的信息	货物冷链物流加工的知识和流程
	包装处理	1. 能根据货物特性和包装要求选择包装材料 2. 能根据作业流程进行包装预处理，在指定的包装环境下实施包装作业 3. 能根据作业要求进行包装标识、记录包装信息	冷链物流包装的知识和流程

续　表

职业功能	工作内容	技能要求	相关知识
冷链物流加工、包装和装卸搬运作业	装卸搬运	1. 能根据货物特性和作业要求选择和使用装卸搬运设备与设施 2. 能根据作业要求进行装卸搬运、记录作业信息	冷链物流装卸搬运的知识和流程
冷链物流存储与配送作业	仓储预处理作业	1. 能根据货物冷藏要求进行存储预冷处理和保鲜处理 2. 能记录仓储预处理的信息	1. 冷链仓储预处理的知识和流程 2. 预冷处理和保鲜处理的方法
	仓储作业	1. 能执行入库、出库、搬运、分拣、拣选、盘点、库存、流通加工、包装等冷库仓储作业 2. 能使用冷库仓储管理信息系统	1. 冷链仓储操作的知识和流程 2. 仓储管理信息系统和信息设备的使用方法
	配送作业	1. 能执行冷链货物配送作业 2. 能执行冷链退货作业	1. 冷链配送作业的知识和流程 2. 冷链退货检查、清点、签收、装载的知识
	温度控制与湿度控制	1. 能根据存储环境对不同货物品类进行温度控制 2. 能根据存储环境对不同货物品类进行湿度控制	1. 冷库分类的知识 2. 货物品类与冷库温度带和湿度带的知识
冷链物流运输作业	运输预处理	1. 能根据货物运输要求进行运输工具的选择、运输工具预冷处理和装载等作业 2. 能记录运输预处理的信息	1. 冷链运输预处理的知识和流程 2. 冷链物流运输工具的知识
	运输作业	1. 能执行冷链运输货物受理、运送、交付、签收、退货等作业 2. 能执行冷链货物运输代理作业 3. 能使用运输信息系统	1. 冷链运输车辆的知识 2. 冷链运输与配送操作的知识和流程 3. 冷链运输代理的知识
设备和系统的使用与维护	制冷系统使用与维护	1. 能使用制冷系统，能按流程操作预冷、保鲜、速冻、解冻等设备 2. 能根据货物包装要求使用包装材料 3. 能执行制冷系统日常维护作业，能对制冷设备进行日常保养	1. 货物品类与温控、品控的知识 2. 制冷系统的知识 3. 制冷系统使用与维护的知识和流程 4. 冷链物流包装材料的知识

续 表

职业功能	工作内容	技能要求	相关知识
设备和系统的使用与维护	保温和保湿系统的使用与维护	1. 能操作保温设施设备来提高冷库的保温性能 2. 能使用保湿材料和操作保湿设施设备来控制湿度 3. 能对保温系统和保湿系统进行日常维护	1. 货物品类与温控、湿度控制的知识 2. 保温设备的使用与维护知识 3. 保湿材料和设备使用与维护的知识
质量监控作业	冷链物流质量控制和追溯作业	1. 能执行冷链货物的安全、品质、卫生等控制流程 2. 能使用监控系统和设备进行物流和质量的追溯操作	1. 冷链物流货物安全、卫生控制流程 2. 冷链物流监控系统和设备的使用方法
安全、节能与环保	作业安全与健康保障	1. 能描述所在组织作业安全和健康的要求和规定 2. 能执行冷链物流作业的安全流程 3. 能对事故按照应急方案进行先期处理，并协助相关部门调查处理	1. 所在组织作业安全和健康的规章制度 2. 冷链物流安全作业的知识和流程 3. 事故应急处理流程
	节能和环保处理	1. 能执行作业环节的节能方案 2. 能执行作业环节的环保流程	1. 冷链物流作业环节的节能知识和流程 2. 冷链物流作业环节的环保知识和流程

5.2 助理级从业人员职业能力要求，如表8－3所示。

表8－3　助理级从业人员职业能力要求

岗位职能	工作内容	技能要求	相关知识
行业认知	冷链物流认知	1. 能描述冷链物流的应用领域和作用 2. 能描述冷链物流的基本作业内容 3. 能描述作业相关的法律法规和标准	1. 冷链物流基本概念 2. 冷链物流基本作业流程 3. 冷链物流作业相关的法律法规和标准
	组织环境认知	1. 能描述所在组织业务类型、经营范围 2. 能描述所在部门和岗位的工作内容和职责	1. 冷链物流企业类型 2. 所在组织、部门和岗位信息

续 表

岗位职能	工作内容	技能要求	相关知识
冷链物流加工、包装和装卸搬运作业管理	加工和包装作业管理	1. 能根据作业流程制订货物加工和包装方案 2. 能根据作业要求配置作业资源 3. 能对加工、包装作业进行监督和指导	冷链物流加工和包装的知识和流程
	装卸搬运作业管理	1. 能制订装卸搬运作业方案 2. 能对装卸搬运作业进行监督和指导	冷链物流装卸搬运的知识和流程
冷链物流存储与配送作业管理	仓储与配送作业组织	1. 能制订仓储和配送的作业方案 2. 能制订仓储和配送作业计划，对作业资源进行规划和调度	冷链仓储和配送的知识和流程
	仓储与配送作业管理	1. 能对仓储、配送作业进行监督和指导 2. 能执行仓储与配送作业质量管理和控制 3. 能执行仓储与配送作业的绩效考核 4. 能对仓储、配送作业流程和作业资源配置提出改善方案和建议	1. 冷链仓储和配送作业的知识和流程 2. 冷链仓储和配送作业质量管理和绩效考核的知识和流程 3. 作业管理的知识
冷链物流运输作业管理	运输作业组织	1. 能制订运输的作业方案 2. 能制订运输作业计划，对作业资源进行规划和调度	冷链运输作业的知识和流程
	运输作业管理	1. 能对运输作业进行监督和指导 2. 能执行运输作业质量管理和控制 3. 能执行运输作业的绩效考核 4. 能对运输作业流程和作业资源配置提出改善方案和建议	1. 冷链运输的知识和流程 2. 冷链运输作业质量管理和绩效考核的知识和流程 3. 作业管理的知识
设备和系统的使用与维护管理	设备和系统使用与维护管理	1. 能制订设备和系统的使用和维护方案 2. 能监督和指导设备和系统的使用和维护作业 3. 能对设备和系统的使用和维护流程提出改善方案和建议	1. 货物品类与温控、品控的知识 2. 冷链物流设备和系统使用与维护的知识和流程
质量监控作业管理	质量监控作业管理	1. 能执行质量监控的作业管理方案、计划 2. 能对质量监控的结果进行汇总，反馈和提出改善方案	冷链物流质量监控的知识和流程

续 表

岗位职能	工作内容	技能要求	相关知识
安全、节能与环保	作业安全与健康保障	1. 能描述所在组织作业安全和健康的要求和规定 2. 能制订所在岗位安全流程的执行方案和计划，分析并反馈执行结果 3. 能组织对事故的先期处理，并协助相关部门调查处理	1. 所在组织作业安全和健康的规章制度 2. 冷链物流安全作业的知识和流程 3. 事故应急处理流程
	节能和环保处理	1. 能制订作业环节的节能和环保执行方案 2. 能对作业环节节能和环保的执行进行监督、指导和反馈	1. 冷链物流作业环节的节能知识和流程 2. 冷链物流作业环节的环保知识和流程

5.3 中级从业人员职业能力要求，如表 8－4 所示。

表 8－4　　中级从业人员职业能力要求

岗位职能	工作内容	技能要求	相关知识
行业认知	冷链物流管理认知	1. 能描述冷链物流管理的基本内容 2. 能描述冷链物流在国内和所在区域的市场概况 3. 能描述所在组织业务相关的法律法规和标准	1. 冷链物流管理基础知识 2. 冷链物流市场情况 3. 冷链物流法律法规和标准
	组织环境认知	1. 能描述所在组织的战略目标和市场目标 2. 能描述所在部门在组织中的定位和目标	1. 所在组织战略目标、愿景和市场定位 2. 所在组织、部门和岗位信息
冷链仓储与配送管理	仓储与配送经营	1. 能对冷链仓储与配送系统提出功能需求 2. 能对冷链仓储与配送市场进行分析，撰写市场分析报告 3. 能根据客户需求制订冷链仓储与配送服务方案、审核服务合同	1. 冷链仓储与配送系统的知识 2. 冷链仓储与配送市场分析的知识
	仓储与配送运作	1. 能制订、评估、优化冷链仓储与配送管理流程 2. 能对冷链仓储与配送信息管理提出功能需求 3. 能进行库存分析，能制订、实施和评估库存控制方案 4. 能制定、执行、评估冷链仓储与配送安全管理制度和流程	1. 冷链仓储与配送管理的知识 2. 冷链库存管理的知识 3. 冷链仓储与配送安全管理制度、流程

续　表

岗位职能	工作内容	技能要求	相关知识
冷链运输管理	运输经营	1. 能对冷链运输系统提出功能需求 2. 能对冷链运输市场进行分析，撰写市场分析报告 3. 能根据客户需求制订冷链运输服务方案、审核服务合同	1. 冷链运输系统的知识 2. 冷链运输市场分析的知识
	运输运作	1. 能制订、评估、优化冷链运输管理流程 2. 能对冷链运输信息管理提出功能需求 3. 能对冷链运输配送的运营成本、运营绩效评估进行管理 4. 能制定、执行、评估冷链运输安全管理制度和流程	1. 冷链运输送管理的知识 2. 冷链运输安全管理制度、流程
设备和系统选型与评估	设备与系统选型	1. 能描述当前冷链物流设备和系统的发展概况 2. 能提出设备和系统的采购要求和厂家分析 3. 能参与或组织设备和系统的选型工作	设备和系统的市场情况
	设备与系统使用评估	1. 能制订设备和系统的管理流程 2. 能对设备和系统的使用和维护进行评价，并进行流程优化	1. 货物品类与温控、品控的知识 2. 冷链物流设备和系统评估方法
质量管理	冷链物流质量控制与追溯管理	1. 能制订冷链仓储、配送、运输环节的质量控制方案 2. 能制订、评价、优化冷链物流质量控制与追溯管理流程 3. 能制订可视化的质量控制和追溯实施方案	1. 冷链物流仓储、配送、运输质量控制的知识 2. 冷链货物生产、消费的知识 3. 冷链物流可视化作业和管理的知识
安全、节能与环保	作业安全与健康保障	1. 能描述所在行业和组织的作业安全和健康保障管理体系 2. 能制定所在部门的安全和健康保障管理制度	1. 冷链安全和健康保障的法律法规 2. 所在组织作业安全和健康保障管理体系
	节能和环保处理	1. 能制订冷链环保作业和管理方案 2. 能制订冷链物流运营的节能方案，对节能方案进行风险评估和保障分析	1. 冷链仓储与配送环保的知识 2. 冷链物流运作节能和环保的知识 3. 冷链物流运作节能经济性分析的方法和工具

续 表

岗位职能	工作内容	技能要求	相关知识
行业发展分析	行业发展分析	1. 能阐述冷链物流产品、服务和技术的发展与创新对所在组织的影响 2. 能阐述行业技术、产品和服务的发展趋势	1. 冷链物流行业发展动态 2. 相关领域产品、服务和技术的发展动态

5.4　高级从业人员职业能力要求，如表8－5所示。

表8－5　　　　高级从业人员职业能力要求

岗位职能	工作内容	技能要求	相关知识
冷链物流行业认知	冷链物流行业分析	1. 能描述物流冷链行业发展现状和趋势 2. 能描述所在组织在行业的定位和发展方向	1. 冷链行业发展政策、法规 2. 冷链物流行业发展现状和趋势
	组织环境认知	1. 能描述所在组织的文化、使命和目标 2. 能描述所在组织战略目标及实现方案	1. 所在组织文化、使命和目标 2. 所在组织战略目标
冷链物流市场分析与商业策略制定	市场分析与规划	1. 能对物流冷链物流宏观市场、行业发展进行业务发展分析 2. 能对客户、合作伙伴、竞争对手进行市场分析，撰写分析报告 3. 能制订、评估企业的市场发展规划	1. 市场分析的知识、方法和工具 2. 市场发展规划的方法与工具
	商业策略制定	1. 能对企业商业策略提出物流发展需求 2. 能根据企业商业策略制定与之配套的物流策略	1. 企业商业策略的知识 2. 企业运营模式和盈利模式的知识
冷链物流信息与技术规划与实施	设备设施规划与实施	1. 能制订制冷系统、保温系统、保湿系统的使用方案 2. 能制订冷链物流设施设备使用规划 3. 能对冷链物流设施设备及相关系统进行经济性和安全性的评估	1. 制冷系统、保温系统和保湿系统的知识 2. 冷链物流设施设备的知识 3. 设施设备规划和实施评估的方法和工具
	信息系统规划与实施	1. 能制订、评价冷链物流信息系统规划和实施方案 2. 能够利用冷链物流信息系统进行决策分析	1. 冷链物流信息系统设计知识 2. 数据统计与分析方法

续　表

岗位职能	工作内容	技能要求	相关知识
冷链物流系统规划与实施	冷链物流系统规划	1. 能制订、评估、优化冷链物流仓储、配送和运输系统方案 2. 能进行冷链物流网络的规划与设计 3. 能对冷链物流系统进行绩效评价	1. 冷链物流系统规划的知识 2. 冷链物流网络设计与优化的知识
冷链物流战略管理与供应链管理	冷链物流发展战略制定与实施	1. 能对供应链环境进行分析，确定物流发展战略需求 2. 能进行冷链物流组织结构设计 3. 能设计物流系统流程方案和实施方案	1. 物流战略知识 2. 物流核心业务分析的方法
	供应链管理	1. 能制定供应链管理策略 2. 能进行供应链管理流程设计 3. 能进行供应链绩效管理	1. 供应链流程管理的知识 2. 供应链绩效评价的知识
行业前沿发展分析	行业前沿发展分析	1. 能阐述国家战略和产业政策对冷链物流行业及所在组织的影响 2. 能对行业前沿发展进行跟踪和分析	1. 冷链物流行业发展动态 2. 相关领域发展前沿情况

2016—2017 年冷链行业重要法规文件

铁路冷链物流网络布局“十三五”发展规划

为适应铁路货运向现代物流转型发展要求，加快推进铁路冷链物流网络布局，进一步改善鲜活农产品流通环境，拓展铁路冷链物流市场，形成布局合理、技术先进、节能环保的铁路冷链物流服务体系，制定本规划。

一、指导思想

以创新发展、绿色发展理念为指导，充分发挥铁路电气化网络优势，优化配置铁路冷链运输资源，打造高质量的冷链运输通道，为人民群众提供更加高效便捷、安全环保的铁路冷链运输服务。

二、规划原则

（1）以冷链物资产销地为节点，综合考虑铁路冷链运输组织模式及成本优势，构建联结产销地、畅通高效的铁路冷链物流网络通道结构。

（2）以冷链物流强度为基准，结合运量预测，依据沿线铁路载体城市冷链产品的产销情况，构建布局合理、功能完善的铁路冷链物流基地空间结构体系。

（3）以存量设施调整升级为重点，充分利用铁路货运装卸站点、城市配送中心、铁路专线等既有铁路货运设施，适当增加新建和扩建冷链设施，完善铁路冷链物流网络布局。

三、规划目标

到 2020 年，冷链运量规模达到 2000 万吨以上，冷库容量规模达到 300 万 ~500 万吨，冷链物流营业总收入达到 500 亿 ~700 亿元；冷链主通道基本形成稳定的运输班列；新增新型冷藏车（箱）1000 辆；构建畅通高效的铁路冷链物流网络通道结构，形成布局合理、功能完善的铁路冷链物流网络。

四、规划方案

（一）功能定位

根据铁路冷链物流基地在路网中的作用及服务区域不同，主要分为区域级冷链物流基地和地区级冷链物流基地。

1. 区域级铁路冷链物流基地

主要担负全国或区域性冷链货物集散与分拨任务，设置于全国综合交通枢纽或市场需求旺盛地区，到发量 100 万吨以上，用地 200～500 亩，冷库容量 20 万吨以上，具备商务中心、多功能冷藏冷冻及恒温仓储中心、国际食品交易中心、信息结算中心、农副产品加工中心、检验检疫中心、金融及其他增值服务功能。

2. 地区级铁路冷链物流基地

主要担负地区性冷链货物集散任务，选址靠近重要地级市、大型生产制造企业或农贸批发市场附近。年到发量 20 万～100 万吨，用地规模在 50～200 亩，冷库容量 3 万～20 万吨，具备批发、交易、集散、仓储、修理、加工、集中配送、应急储备、电子交易、质量监控、配套服务等功能。

（二）规划方案

1. 冷链通道

根据全国冷链运输强度，结合运量预测，依据沿线铁路载体城市冷链产品的产销情况，综合考虑铁路冷链运输综合成本，主要形成主、次两级铁路冷链运输通道。

（1）冷链运输主通道。针对大批量、固定批次的运输需求，采取“定点、定线、定时、定价、定车次”（按公布开行方案的货物列车）运输方式，减少时间成本，提高实效性，并且争取国家及地方政府财政补贴，建设我国鲜活农产品的“绿色骨干通道”，主要形成“两纵两横三放射”的通道结构。

（2）冷链运输次通道。针对小批量、时效要求高的运输需求，重点采取冷藏集装箱的“特需班列”运输组织方式，保证优先装卸，确保运到时限。冷链运输次干道主要围绕区域及铁路冷链物流基地向外发散，形成“十三条”次要冷链通道结构。

2. 载体物流基地

综合分析主要运输通道上的地区经济总体水平、冷链货品生产市场规模、冷链市场需求规模、地区货运量规模、铁路场站条件、国家特殊扶持政策等24个指标体系，确定铁路冷链物流基地82个。其中，区域级铁路冷链物流基地14个，地区级铁路冷链物流基地68个。

五、建设安排

（1）对已经纳入《铁路物流基地布局规划及2015—2017年建设计划》的项目，根据冷链物流通道建设以及市场实际供给情况，适时启动建设或者预留冷链设施用地，补充完善冷链物资的运输、中转、分拨功能。

（2）对于未纳入《铁路物流基地布局规划及2015—2017年建设计划》的项目，根据市场供给、发展需求和场站改扩建条件，按照优势互补、合作共赢的原则，进一步完善铁路冷链物流基地布局。

六、配套设施

（一）争取政府支持

争取地方政府土地、财政、税收扶持政策，协调地方交通部门为铁路冷链物流基地提供货物集散和配送服务的公路车辆，享受高速公路减免费用和补贴政策，促进冷链物资多式联运发展。

（二）整合冷链资源

有效整合铁路、公路、港口、航空资源，解决全程冷链物流链条衔接不畅问题，逐步建立多方协同、优势互补联动机制。积极与农业合作社、供销社、农产品批发市场、冷链电商平台、冷链地产企业建立战略联盟合作关系，拓展多元化发展渠道，形成运输、商贸一体化的冷链供应链企业。

（三）拓展生鲜电商

依托中国铁路95306网，打造铁路冷链网络平台，拓展铁路冷链电子商务、跨境电商、过境电商，创新发展模式，充分挖掘和扩大铁路冷链物流需求。通过B2B、B2C、O2O等电商商业模式，吸引货源，做大市场。

（四）提升设备水平

按照节约、环保、高效、节能原则，加快研制冷藏运载工具、托盘、容器、包装等各类标准化设备，引入预冷机、压缩机、温控等先进技术设备，进一步拓展装载空间；积极推进车头供电及平板车可插电技术升级，实现通用性、服务多温区、减少维修率，为铁路冷链服务水平的不断提高提供设备支撑。

（五）完善冷链标准

制定完善冷链作业规范、冷链温控标准等，在冷链基础、冷链管理、冷链设施、冷链技术等层面落实规范标准，加快推动铁路冷链标准化、专业化，与国际冷链运输物流标准接轨。基于铁路既有信息技术，逐步构建铁路冷链信息技术标准体系，实现全程信息互联互通。

京津冀农产品流通体系创新行动方案

开展京津冀农产品流通体系创新是贯彻落实京津冀协同发展战略的一项重要任务，有利于推动三地农产品产供销一体化，拓展深化区域合作，为京津冀协同发展注入新活力；有利于提高农产品流通效率和服务质量，降低流通成本，减少产后损失，保障市场供应和食品安全；有利于发挥京津大都市消费的引领作用，带动河北等周边地区农业结构调整和农民持续增收，为全国农产品流通体系创新提供示范借鉴。根据《京津冀协同发展2016年工作要点》等有关部署，特制定本行动方案。

一、总体要求

（一）基本思路

按照京津冀协同发展战略总体部署，深入贯彻落实“创新、协调、绿色、开放、共享”的发展理念，坚持以消费者为主导，以推进供给侧结构性改革为主线，统筹优化三地资源配置，补齐软硬件设施短板，积极发展流通新业态、新模式，促进农产品流通产业提质增效，有效保障农产品供应和质量安全，更好地满足居民日益多样化的消费需求，促进京津冀协同发展。

（二）主要原则

1. 优势互补，协作共赢

发挥京津冀三地比较优势，结合北京非首都功能疏解和重点领域率先突破，加强农产品流通体系建设的统筹规划和分工协作，推进农产品批发市场等产业功能有序转移和有效承接，促进农产品直采直供、全程冷链等流通新业态、新模式健康发展，实现区域农产品产供销良性互动、协同发展。

2. 创新驱动，提质增效

鼓励支持物联网、大数据、云计算等先进信息技术在农产品流通领域推广应用，促进流通业态创新、模式创新，提高流通效率和服务质量，降低农产品流通成本。

3. 市场主导，政府引导

发挥市场在资源配置中的决定性作用，强化企业主体地位，发挥好政府在规划布局、资源整合、法律法规、检验检测、标准化建设、品牌创建等方面的规范引导作用，着力增强农产品流通在带动相关产业发展、满足消费需求方面的重要作用。

4. 试点示范，统筹推进

立足京津冀现有基础，通过试点示范，引导企业开展流通创新，优化资源配置，以点带面、重点突破，统筹推进重要农产品流通设施合理布局和重点项目建设。

（三）行动目标

经过3年左右的努力，基本建立统一开放、分工协作、竞争有序、畅通高效的京津冀农产品流通网络体系，市场布局更加优化，组织化、专业化、标准化程度显著提高，流通效率和服务质量明显提升，流通成本大幅降低，培育壮大一批具有较强竞争力的龙头示范企业，成为全国农产品流通体系创新的先行示范区。

二、主要任务

（一）加强京津冀农产品流通的统筹协调，增强协同发展能力

按照京津冀协同发展要求，结合北京非首都功能疏解和交通、生态、产业三个重点领域率先突破，统筹区域重要农产品流通基础设施布局、功能定位等，畅通农产品流通渠道，加快构建“环京津1小时鲜活农产品物流圈”。北京加快疏解跨区域大宗农产品中转集散功能，突出发挥资本、信息、技术管理的输出与辐射作用，加强城市高效物流配送体系、终端销售模式、农产品电商等创新。天津总结对台冷链物流试点经验，提高全程冷链、生鲜宅配等创新发展能力，发挥港口和自贸试验区等优势，积极打造北方进出口农产品集散中心。河北着力发展一批优质农产品生产基地，加快建设一批农产品加工仓储物流园区，改造升级一批现代化农产品批发市场，扶植引导一批线上线下融合发展、高效物流加工配送、绿色消费优质品牌的现代农产品流通企业，构建面向京津及域内大中城市消费的优质农产品供应链体系。

（二）鼓励支持企业开展流通创新探索，提高农产品流通现代化水平

大力发展农超对接、农批对接、农校对接、农企对接等直采直供模式，鼓励京津大型连锁超市、大中型企事业单位在河北建立生产加工基地，减少流通环节，降低流通成本。鼓励骨干流通企业建立从生产基地到居民餐桌的农产品供应链体系，支持发展“中央大厨房”，引导大中城市农产品流

通由供应原料为主向供应成品、半成品为主转变，促进绿色消费、低碳生活。鼓励线上线下融合的流通新业态发展，支持电商平台与线下社区店开展合作。

（三）加快农产品批发市场转型升级，拓展物流配送等服务功能

加大对主要农产品批发市场信息系统和检验检测系统升级改造的支持力度，推广电子结算，探索发展拍卖、中远期等现代交易方式，提高农产品流通的标准化水平。加强农产品批发市场仓储、物流等公共服务设施建设，增强加工、冷链、配送等综合服务能力，鼓励利用互联网、物联网等先进信息技术，拓展线上交易和线下物流终端配送增值服务，培育一批专业化农产品交易物流服务企业。

（四）大力发展全程冷链，保障食品安全和促进消费升级

支持京津冀农产品流通企业改造或建设一批适应现代流通和消费需求的冷冻、冷藏和保鲜仓库等设施，推广应用冷链新技术、新产品，特别是加强“最先一公里”和“最后一公里”的产地预冷、保鲜加工、保鲜运输、销售终端冷藏等能力建设，有效解决冷链“断链”问题。大力培育发展第三方农产品冷链物流企业。加强区域农产品冷链物流、检验检测认证等标准体系建设，落实产地准出检验，探索三地检验结果互认，发挥认证作用，推动采信第三方检验检测认证结果，强化标准执行，建立全程可追溯的食品安全监控系统。

（五）探索建设京津冀农产品公共信息平台，提升流通信息化水平

选取重点品种开展试点，推动农产品质量等级化、包装标准化、标识规范化，夯实农产品流通的信息化、标准化基础。依托骨干农产品流通企业，将农产品生产、加工、包装、仓储、运输、交易、配送等数据信息汇集到京津冀农产品公共信息平台，组织开展数据分析，及时发布市场信息，引导生产流通，优化资源配置，强化协同发展。结合产品质量安全追溯，推动将农产品流通企业、从业人员等信用状况纳入全国信用信息共享平台，通过“信用中国”网站依法公开。

（六）开展农产品流通国际合作，提高流通国际化水平

加强与日、韩等国在农产品流通体系建设方面的交流，通过举办行业论坛、组织专业培训、企业交流对接等方式，借鉴先进经验，开展深入合作。利用天津自贸区政策环境和条件，建设一批农产品进口、分销中心和直营中心，积极推进单一窗口建设，进一步促进农产品进出口通关便利。积极支持企业利用中韩自贸协定政策优势，提高出口产品竞争力。

三、组织实施

（一）加强组织协调和统筹指导

在京津冀协同发展领导小组的统一领导下，国家发展改革委员会牵头建立司局级层面的京津冀农产品流通体系创新综合协调工作机制，加强统筹布局、创新试点、示范推广等重大问题协调，制定年度创新工作要点，推动京津冀加快农产品流通体系建设区域合作、协同发展。三省市发展改革部门也要牵头建立相应协调工作机制，加强横向联动、有机衔接，形成工作合力，协调解决政策落实、项目推进中遇到的困难和问题，统筹做好本地区农产品流通体系创新工作。

（二）加大投融资、土地等政策支持力度

综合运用中央预算内投资、专项建设基金、现代物流重大工程包等渠道支持京津冀农产品流通体系创新项目建设。引导金融机构加大对农产品流通企业等的信贷支持力度，为项目建设提供便利的融资服务。推动京津冀三地农产品流通企业跨地区兼并重组和投资合作，提高产业集中度，打造龙头企业。继续落实好鲜活农产品运输“绿色通道”政策和支持农产品流通企业发展的用地和相关税收优惠政策，对符合规划要求的农产品流通设施建设项目，加快用地审查报批，保障项目依法依规用地。鼓励和支持保险机构创新针对农产品流通各环节的保险险种和范围，保障企业和农业经营者利益。

（三）充分发挥行业协会、研究机构、骨干企业作用

积极发挥行业协会和研究机构在行业运行监测、标准制定与宣传推广、国际合作、职业培训、行业自律和诚信体系建设等方面的作用，引导行业企业加快技术、管理和服务创新。加快培育大型农产品流通企业集团，鼓励骨干企业制定严于国家标准的企业标准，打造具有较强影响力的农产品优质品牌

（四）加强宣传和舆论引导

充分利用各类宣传媒体，开展农产品流通体系创新相关政策宣传活动，积极推广先进经验和做法，营造推动农产品流通体系创新发展的良好氛围，形成示范带动效应。

福建省冷链物流发展规划（2016—2020）

前　言

冷链物流是指将容易腐烂变质的物品以及其他需要进行温度控制的物品，始终处于规定的低温环境下，使物品以优质状态从生产者输送到消费者手中的物流过程。根据《福建省国民经济和社会发展第十三个五年规划纲要》、商务部等 10 部门制定的《全国农产品市场体系发展规划（2015—2020）》（商建发〔2015〕276 号）、《福建省人民政府关于创建农产品质量安全示范省的意见》（闽政〔2014〕32 号）等，为加快冷链物流发展，减少流通过程中的产品损耗和质量下降，实现生鲜食用农产品跨区域流通、常年均衡销售，促进农民稳定增收，提高生鲜食用农产品的市场供给量，保障食品的质量与安全，切实改善民生，促进经济增长，特制定本规划。本规划主要涉及食品冷链物流。规划期限为 2016—2020 年。

第一章　发展基础和面临形势

第一节　发展基础

近年来，随着居民消费水平的显著提高，生鲜食用农产品产量和流通

量逐年增加。2015 年我省进入流通的肉、禽、蛋、奶、果、蔬、水产等主要生鲜农产品超过 3500 万吨。社会对冷链物流投资的热情持续升温，冷链物流快速发展，主要特点有以下几方面。

一、综合水平位居前列

全省生鲜食用农产品的综合冷链流通率 25%，高于全国平均水平 6 个百分点。肉类、果蔬、水产品冷链流通率分别为 20%、3% 和 50%，与全国平均水平相比，分别为持平、低 6 个百分点和高 20 个百分点。

二、硬件设施建设加快

据不完全统计，到 2015 年年底，我省冷库容量达 282.88 万吨，位居全国前列。其中≥－2℃的高温库 41.92 万吨，≤－18℃的低温库 240.96 万吨；共有冷藏车辆 1356 辆，冷藏集装箱 495 辆，保温车 237 辆。人均冷库容量 73.5 千克，是全国平均水平的 2.85 倍。

从建设时间看，我省冷链物流发展大致可分为三个阶段：第一阶段（2000 年以前）为慢步发展阶段，2000 年年底全省冷库库容 31.7 万吨，冷藏运输车 52 辆，冷藏集装箱 45 个。第二阶段（2000—2005 年）为快步发展阶段，2005 年年底全省冷库库容 88 万吨，冷藏运输车 270 辆，冷藏集装箱 90 个，分别是 2000 年年底的 2.7 倍、5.2 倍和 2 倍。第三阶段（2006 年至今）为加速发展阶段，2015 年年底全省冷库库容总量和冷藏运输车辆分别是 2005 年年底的 3.2 倍和 5.2 倍。

从区域分布看，漳州、福州、泉州、厦门 4 市冷库容量占全省 74.8%；冷藏车辆占全省冷藏运输车辆的 71% 以上。

从冷链涉及的产品看，水产品和调理食品占 65%，畜禽肉制品和速冻食品占 30%，还有少量桂园干、荔枝干、食用菌干品、紫菜、海带干品、茶叶等。新鲜水果、蔬菜、食用菌等植物性食品的冷藏保鲜刚刚起步，总量较少。

三、经营主体不断壮大

一批农产品、水产品加工与流通企业积极拓展冷链物流业务，第三方冷藏运输企业应运而生，并得到较快发展。到 2015 年年底，全省 5000 吨以上库容的企业数达 146 个。中国物流与采购联合会评选公布的全国冷链物流星级企业 27 家，福建省占 5 家。全省第三方冷藏仓储企业仓储能力 68.1 万吨，占总量的 24%，第三方冷藏运输企业 37 家，拥有冷藏运输车辆 632

辆，占全省冷藏运输车辆的46.6%。

四、技术水平明显提升

新技术、新装备、新工艺得到推广应用，涌现出一批科技含量较高的代表性企业。以南平长富乳业、光泽圣农食品、龙岩森宝食品等为代表的一批大型乳制品、肉制品生产企业，在原料获取、分割加工、冷藏运输、终端销售等环节实现了全程低温控制；以厦门万翔、源香，福州名城、民天、漳州大正、海魁、宁德三都澳冷库等为代表的一批第三方冷冻冷藏企业，采用先进的仓储管理模式，应用条码、RFID（无线射频）、电子标签等技术，自动化程度高；厦门正旸物流冷链物流公司，率先推出了以蓄冷板和蓄冷箱技术为基础的多温层配送，大大提高了温控效率。此外，卫星定位、全程监控、可追溯等技术也在我省的冷藏运输和配送环节得到推广应用。

五、技术研发稳步推进

以福建农林大学和福建省农科院等为代表的高校和科研院所持续开展农产品保鲜技术的研发、推广。近年来，福建农林大学省农副产品保鲜技术开发基地研发推广通过温湿度调节、不使用任何化学防腐剂的物理保鲜技术，广泛用于我省特色农产品，如琯溪蜜柚、巨峰葡萄、茶树菇、杏鲍菇、脐橙、海鲜菇、金针菇、双胞蘑菇、杨梅、火龙果、黄花梨等的保鲜，同时为企业解决冷库设计、设备选型等技术难题，大大提高了这些产品的质量和食用安全性，实现了部分产品的出口、远距离销售和常年销售，增加了农民收入，取得了良好的经济和社会效益。泉州市冷冻行业协会编写的《冷库实用制冷技术》，系统介绍了制冷设备的操作规程和安全管理，深受企业好评。

六、集约经营开端良好

福州名城海峡水产品交易中心、海峡农产品物流中心、厦门源香水产品批发市场、漳州海峡两岸农产品物流城等一批集生鲜食品贸易、加工、冷藏、冷藏运输、配送为一体的批发市场强化了冷链运作，冷链资源得到集约化利用。漳州漳龙物流园区冷链专区、宁德三都澳专业冷链物流园区等正加速建设。以永辉、沃尔玛、新华都为代表的大型生鲜超市的冷链产品品种增加，冷链日臻完善。永辉超市股份有限公司以全程冷链为特色的“彩食鲜”中央厨房项目已经启动。

七、公共服务日趋优化

各级党委和政府高度重视，相关部门采取各种措施保障要素供给，促进、规范冷链物流发展。省发展和改革委员会、经济和信息化委员会、商务厅、农业厅、海洋与渔业厅等部门积极安排冷链设施建设项目扶持资金。省商务部门开展冷链物流情况调研，会同财政部门安排专项促进资金，与发展和改革部门联合印发指导意见，牵头会同有关部门将冷链物流列入重点项目指导目录。省交通运输部门大力支持冷链物流基础设施项目。省食药监部门出台食品冷库经营规范和监管指导意见，开展冷库及食品系列专项整治。厦门两岸冷链物流产业合作试点初获成效，先后有11个两岸合作项目签约，6个项目建成并投入运营，项目建设投资近6亿元，引入台资1.3亿元，制定了9个食品冷链物流标准。

第二节 存在问题

一、冷链流通率不高

目前，我省冷链综合流通率为25%，与发达国家相比差距仍然很大。欧、美、日等发达国家动物性食品的冷链流通率达100%，果蔬冷链流通率达90%以上，生鲜和冷加工食品的综合冷链流通率达到95%以上。

二、结构性矛盾突出

冷链设施多集中于沿海，内陆地区少；≤－18℃的低温冷库占85%，≥－2℃的高温冷库只占15%，在技术要求更高的果蔬等农产品冷藏保鲜方面，大大落后于欧、美、日等发达国家；储藏型冷库多，低温加工配送中心等建设相对不足；冷库建设与实际需求不匹配，一方面产地冷库建设相对滞后，另一方面部分地区存在低水平重复建设、冷库利用率低、低价竞争现象。

三、断链环节多

冷库设施发展较快，但其他环节相对薄弱。产品源头的产地预冷严重缺乏；冷藏运力不足，运输、配送环节温控手段粗放，冷藏运输及配送过程缺乏监控；冷藏货物的装卸和进出冷库过程大部分处于断链状态；全程温控系统和质量溯源系统尚未得到广泛应用。

四、部分设施陈旧

2000年以前建设的31.7万吨冷库设备陈旧老化，管理粗放，安全隐患多。2005 年以前建设的 88 万吨冷库，仍使用传统的货物堆垛和人工搬运方式，冷库装备管理等相对落后。

五、配套服务不健全

冷链物流信息化滞后，缺少第三方信息平台，供需信息不对称，导致冷链物流企业间资源共享程度低，冷库和冷藏车的利用率较低。城市冷链配送“最后一公里”瓶颈问题尚未有效解决。支持冷链物流产业发展的金融服务不配套。冷链专业技术、管理人才和操作技工紧缺。规范冷链物流各环节行为的法律法规体系尚未建立。冷链物流标准化建设相对滞后，对冷链环节技术要求和标准的执行情况缺乏有效监督。企业税负重，路桥费无法取得增值税发票不能作为进项抵扣。冷链设施设备的验证费、检测费、校准费负担较重。政府统计部门未建立冷链物流的基本统计分析制度，宏观数据缺乏，行业趋势不明。

六、冷链理念薄弱

监管部门相对关注某一环节的食品状态，而对冷链过程的监管和追溯相对弱化；企业对保证农产品鲜度和质量的重要性认识不足，新技术的应用意识不强；大部分消费者保留着传统的消费习惯（比如对热鲜肉的偏好），食品安全意识不强，对温度变化影响食品鲜度和食品安全的程度认识不足。

第三节　发展环境

从世界各国的发展经验看，当人均 GDP 达到 4000 美元时，冷链物流会进入快速发展通道。我省人均 GDP 已超过 1 万美元。随着我省经济发展以及基础设施的进一步完善，冷链物流需求将保持快速增长，服务质量和创新能力有望进一步提升，冷链物流将进入全面发展的新阶段。

一、人民生活水平的提高对冷链物流提出更高要求

随着人们消费能力、生活水平的提高，消费安全意识增强，对食品的新鲜度和营养价值都提出了更高要求，必将倒逼餐饮、商超等适应这一趋势，强化速冻食品、生鲜农产品冷链流通。

二、流通量的增长急需冷链物流同步发展

随着农业现代化进程的加快，大规模、长距离、反季节的农产品贸易特点越发明显，客观形势需要加快发展冷链物流。

三、电子商务将有力激发冷链物流体系的建设热情

今后5年电子商务将以井喷式势头发展，冷链物流作为生鲜农产品线下配送不可或缺的条件之一，必将随之加速发展。

四、农产品国际贸易增长与冷链物流形成相互促进

“十二五”期间全省农产品出口、进口分别年均增长12.1%和17.2%。预计今后5年我省农产品进出口逐年递增，必将有力促进冷链物流加快发展。

五、食品安全法规的日益完善将对冷链物流形成倒逼

2016年4月国务院常务会议明确提出要解决冷链运输滞后的“硬瓶颈”。一些冷链物流的国家标准、行业标准和地方标准先后颁布实施，《食品安全法》等重要法律法规逐步完善。福建省政府关于创建农产品质量安全示范省、创建食品安全示范省的决策，必将强力推动冷链物流加速发展。

第二章 指导思想与发展目标

第一节 指导思想

深入贯彻党的十八大精神，遵循“市场需求导向，企业自主决策，政府激励规范，部门齐抓共促”的推进原则。全面落实“创新、协调、绿色、开放、共享”的发展理念，以改革、创新为动力，注重体制机制创新、技术创新、管理创新、业态创新和模式创新；以铸造完整链条为主线，推动预冷、低温仓储、运输、配送等各环节协调发展，冷链物流与经济社会协调发展；以绿色发展为总方向，致力于减少损耗、严控污染，推行绿色流通，提倡绿色消费；以全方位多层面开放为基调，将自主发展与引进来、走出去有机结合，整合各种资源；以全民共享发展成果为宗旨，促进农民增收，保障消费安全，提升人民生活品质，为创建农产品质量安全示范省、食品安全示范省做贡献。

第二节 发展目标

到2020年全省基本建成布局科学、结构合理、设施先进、标准健全、绿色低碳、上下游有效衔接的冷链物流体系，冷链物流发展水平居全国前列。

（1）冷链流通率大幅提高。全省果蔬、肉类和水产品的综合冷链流通率达50%左右。果蔬、肉类和水产品冷链流通率分别提高到25%、50%和80%以上。

（2）产品腐损率明显下降。全省果蔬、肉类、水产品的采后损腐率明显下降，分别降至15%、3%、5%以下，分别比2015年降低10个、2个和5个百分点。

（3）装备水平显著提高。新增产地预冷保鲜冷库125万吨，新增现代化冷库库容200万吨，新增冷藏运输车1800辆，冷藏集装箱700个。冷链物流的信息化、自动化、智能化、标准化程度显著提高。

（4）企业竞争力迅速增强。加快建设一批与本省特色产业、商品流通和民生需求共生共长的专业化、现代化冷链物流企业；形成一批具有区域竞争力和国际影响力的冷链物流主体。（如图8－6所示）

表8－6　　福建省2020年冷链物流发展目标

指　标	冷储容量≥5000吨的企业数（个）	产地预冷保鲜冷库（个）	高温库（≥－2℃）（万吨）	低温库（≤－18℃）（万吨）	冷藏车（辆）	冷藏集装箱（个）	保温车（辆）
2015年	146	25	41.92	240.96	1356	495	237
2020年	300	150	100	400	3200	1200	800

指　标	肉类冷链流通率（%）	水产品冷链流通率（%）	果蔬冷链流通率（%）	肉类损腐率（%）	水产品损腐率（%）
2015年	20	50	15	5	10
2020年	50	80	25	3	5

第三章　主要任务

第一节　突出区域特色　优化空间布局

综合考虑本省各区域当前和今后5年内农产品生产布局、人口集中度、消费水平、消费习惯，兼顾现有冷链物流基础以及未来发展潜力，以满足生产、流通发展和消费需求为目标，进一步优化布局。重点布局销区和物流枢纽城市低温物流园区、产地低温集配中心和物流集散地的中转集中区，做到既突出区域特色，又体现各板块互为配套、互为补充和互为带动。

枢纽、节点城市重点布局建设低温物流园区。2020 年前，各设区市至少建设一个与本地产业布局和消费需求发展相适应、有特色和前瞻性的低温物流园区，进驻生鲜农产品批零、低温仓储、冷藏运输配送、冷链流通加工、中央厨房等运营主体，汇聚商品交易、流通加工、低温仓储、运力调度、信息共享、集中配送等功能。低温物流园区以新建为主，也可将大型农产品批发市场改造为园区。福州重点改造提升马尾海峡水产品交易中心，建成水产品低温物流园区；改造升级南通海峡农副产品物流中心，建设果蔬、冻品低温物流专区。厦门在海沧区配套建设低温物流园区，在厦门中埔水果批发市场设立低温物流专区。漳州重点建设漳龙物流园区和海峡农产品物流城低温物流专区。泉州重点在洛江区新建一个低温物流园区，并将华州、祥芝水产品批发市场改造提升为水产低温物流园区。三明在沙县规划建设农产品低温物流园区，另依托三元区名城冷库建设水产、畜禽肉低温物流专区。莆田在涵江区结合水产品批发市场建设一个低温物流园区，在闽中蔬菜批发中心建设低温物流专区。南平在海绿农产品交易中心建设低温物流专区。龙岩在海西农产品物流交易城建设低温物流专区。

产区重点布局农产品低温集配中心。在特色农产品产区分类发展预冷设施，打造一批特色产品低温物流集配基地。漳州、泉州、三明、龙岩、南平等重点发展水果、蔬菜、竹笋、食用菌、鲜花、畜禽肉食品的冷链预冷和冷链物流集配中心；宁德在三都澳食品公司已建成的 5 万吨冷库的基础上，在蕉城区建设一个专业水产品低温物流集配中心。

沿海港口重点布局低温物流中转基地。发挥港口区位优势，突出自由贸易试验各片区、福州新区的政策优势，顺应对台、港、澳地区及海丝沿线国家等经贸往来日益频繁、流量快速扩大新趋势，重点在福州港、厦门港、湄州湾港、新泉州港等沿海港口以及具备海陆联运条件的晋江陆地港等，布局建设一批港口低温物流中转基地，进驻贸易商、第三方冷链物流企业，配以高水平低温储运设施、装备、平台，满足进出口岸肉类及海鲜、水果等商品中转、分拨需求。闽清、南安等围绕进口活牛加工基地，建设一个冷鲜牛肉物流集中区；东山布局建设两岸水产品加工贸易低温物流集中区；平潭发展闽台水果和水产品低温物流中转基地。其他沿江沿海港口、机场以及铁路货运枢纽，建设一批集冷冻、冷藏、恒温、常温为一体的多温层、现代化加工配送中心。

第二节　补短板铸链条　构建完整体系

预冷环节：鼓励果蔬种植、水产捕捞、畜禽屠宰企业选购适用型的冷水预冷、冷风预冷、真空预冷或混合预冷设备，解决产地源头预冷普遍缺失问题，把握收割、采摘、捕捞、宰杀后产品品质下降最快的 2 小时关键期。

运输环节：推动企业尤其是第三方物流公司增加节能、环保、高效、安全的干线、末端低温运输工具，大幅度提升冷藏运输能力，减少“断链”。

仓储环节：新建与改造提升并重。对设备老化、堆垛粗放、管理落后、事故隐患多的老旧冷库进行技术改造，推动建设封闭式装卸站台、电动滑升式冷藏门和防撞柔性密封口等设施，实现全封闭式作业。新建冷库重点发展变温库、气调库、立体自动化冷库等智能型高端冷藏设施。鼓励利用 LNG（液化天然气）冷能建设多温层大型冷库。大力推进一批传统冷库的功能拓展，建设低温加工区，发展增值服务。

零售环节：推动零售商完善冷藏设施，扩大低温零售品类，普遍建立规范的冷藏温度记录制度。发展企业间合作，开展统一配送。

重点品种：按照先急后缓、先易后难、重点突破、梯度推进原则，倾注力量推动流量大且与民众日常生活密切关联的畜禽肉、水产品、果品、蔬菜的全程冷链。

第三节　多管齐下推动　壮大龙头企业

通过重组壮大。通过参股控股、兼并联合、合资合作等方式，进行资产重组、业务融合和流程再造，通过兼并重组等方式，对分散的冷链资源进行整合，壮大企业规模和实力。

通过引进壮大。积极争取省外境外冷链物流企业在我省设立分支机构或总部机构，扶持省内现有物流企业发展。推进与国企、外企、民企三维对接，引进一批组织化程度高、专业服务能力强、辐射区域广、经营效益好的大型物流企业。

通过政策优势做大。鼓励各自贸实验区企业，充分利用保税政策优势，积极拓展低温商品代储、来料加工和发展海外境外捕捞基地等业务，做大冷链物流量，壮大企业实力。

通过价值链再造壮大。鼓励生产企业、国内外贸易批零企业、餐饮企业等将冷链物流业务剥离，交由专业化的第三方冷藏仓储、冷加工、冷藏运输、冷藏配送企业实现，促进一批专业化或全程一体化运作的冷藏企业、第三方冷藏运输企业、末端配送企业的快速形成壮大。鼓励发展第三方中央厨房，从产地到加工车间实施全程温控，为餐馆酒楼、工矿企业、医院、园区、院校、写字楼、机关事业单位食堂提供餐饮半成品。

第四节　持续推进创新　提升行业水平

推广应用新技术、新装备、新材料、新能源、新模式。加快各种新型绿色安全、节能环保冷链物流装备与技术的引进、研发、创新和应用，重点推广高效预冷、速冻设备，自动化分拣、清洗和加工包装设备，仓储智能货架、冷链全程监控追溯系统和移动式冷却装置等冷链物流装备。大力发展多温层冷藏运输车、蓄冷保温箱、联运冷藏集装箱，促进绿色安全、节能环保技术在低温仓储及运输中的应用。研究使用隔热效果好、可重复利用的包装材料，替代泡沫塑料等一次性包装材料，减轻环境压力。推广应用无线射频识别、二维码、电子标签、卫星定位系统、电子化运单、温湿度记录系统、物联网等技术。

支持电商冷链物流配送中心和配送站点建设，鼓励经营鲜活农产品、食品和药品与电子商务平台企业合作，创新经营方式和商业模式，实现线上线下结合。

第五节　夯实管控基础　严格推行标准

加大冷链物流标准的宣贯实施力度。开展物流标准化专项培训工作，积极推行符合国际规范的质量安全认证和市场准入制度。全面落实中国检验检疫总局和标准化委员会已颁布的《食品冷链物流追溯管理要求》《主食冷链配送良好制作规范》和我省食品药品监督管理局2015年下发的《关于食品冷冻库经营规范和监督管理工作的指导意见》等，实行食品全程监控与质量追溯制度。

积极推进标准化建设。健全标准化建设的体制和机制，优化我省冷链物流标准化建设的顶层设计。构建更为全面、科学、合理、系统的物流标准体系，围绕需求和问题导向，制定、修订符合我省的地方标准。构建冷链物流标准信息服务平台，向社会提供标准服务。开展冷链物流标准化试点工作，提升企业在标准化活动的主体地位，支持并鼓励冷链物流企业积极主导并参与国家标准和行业标准的制定、修订工作，强化研制标准的科学性和实际可操作性。

第六节　构筑运营平台　实现资源共享

推进“互联网 + 冷链”工程，建立冷链物流资源交换共享机制，构建集信息发布、在线交易、车辆跟踪、货物查询、技术咨询、产业动态分析等功能于一体的区域性、第三方冷链物流资源交易运营平台，着力整合冷链仓储、运输等物流资源，促进生产、冷藏、运输、批发、零售各环节的冷链物流资源共享，科学配置全社会冷库和冷藏运输资讯，实现策略联盟、协同组合、精准营销、高效配送，提高冷链资源利用率。

支持运营平台采用 O2O 运作方式，在全省各大城市建设信息化、智能化、高效密集型冷藏冷冻的中心综合仓库，新建干线运输和同城冷链配送绿色车队，装载卫星定位系统和全程温湿度监控系统，实现全过程跟踪管理。引进第三方机构实施品质验证，实行货品品质公开化、透明化。平台在本省运作成功的基础上，向省外、全国延伸，打造全国冷链物流示范。

第四章　保障措施

第一节　实施项目带动

以增强发展后劲为目标，加大“三维对接”招商力度，鼓励社会资本投入，创新投资模式，推动一批规模大、水平高、质量优、功能强的支撑项目。加强冷链物流项目筹划生成和储备，建立滚动实施机制，形成每年都能“筹划一批、推介一批、签约一批、开工一批、投产一批、增资一批”的滚动发展态势。

第二节　保障建设用地

冷链物流项目适用国家和地方物流扶持政策。各级政府和有关部门要将冷链物流发展纳入国民经济和社会发展规划，将冷链物流作为准公共服务设施纳入城乡规划和土地利用总体规划，在用地布局、审批、土地登记方面予以倾斜。在符合土地利用总体规划的前提下，对为生产配套的低温流园区、冷链专区、冷藏运输、配送中心等项目用地，执行工业用地政策。经批准开山填海整治的土地和改造的废弃土地，可优先用于发展冷链物流。利用旧工业厂房、仓储用房等存量房产改造建设冷链设施，可暂不变更土地用途和使用权人。

第三节　加大财政支持

条件成熟的地区可设立冷链物流发展专项促进资金，重点支持、推动产地预冷和集配中心、销地低温物流园区、集散地低温分拨中心、终端温控配送和第三方冷链物流平台等薄弱环节的项目建设。冷链物流企业引进国内或国际先进设备和技术，可由当地政府安排一定资金予以财政贴息。对一次性投资大、回报率低，而与当地产业发展和人民生活密切相关的低温物流园区、冷链物流运营平台、农产品批发市场等公益性项目，鼓励市县政府探索采取 PPP（政府和社会资本合作）等公私合作模式建设。

第四节　适当减免税费

冷链物流企业的用水、用电、用气价格实现与工业企业基本同价。全面落实鲜活农产品运输“绿色通道”政策，对本省装运符合规定冷鲜、冻鲜活农产品的运输车辆，免征通行费。对国际标准冷藏集装箱车辆，按《国际标准集装箱车辆高速公路通行费减征暂行办法》执行高速公路通行费优惠计费。冷链物流企业装备和技术的研究开发费用，未形成无形资产计入当期损益的，在按规定据实扣除的基础上，按照研究开发费用的 50% 加计扣除；形成无形资产的，按照无形资产成本的 150% 摊销。冷链物流企业购入固定资产折旧、支付过路过桥费、财产保险费时取得合法有效抵扣凭证的，允许作为进项税额抵扣。对符合城镇土地使用税、房产税困难减免有关规定的，可向主管税务机关提出减免税申请，经核准，可给予减免税优惠。

第五节　拓宽融资渠道

引导鼓励企业多渠道筹集建设资金。公益性大型项目可探索采用 PPP

（政府与社会资本建立合作关系提供公共产品和服务）等公私合作模式建设。鼓励银行业金融机构，尤其是国家开发银行、农业发展银行等与冷链物流企业开展合作，创新金融产品，适当延长冷链物流设施建设固定资产贷款期限，开发、推广冷藏运输车辆、冷藏集装箱等固定资产抵押贷款业务，并给予利率优惠；探索农产品冷链物流金融支持模式，开展仓单质押、存货质押、融资租赁、集中授信等供应链金融业务。积极支持符合条件的企业上市和发债融资，鼓励产业发展基金以及股权投资、创业投资、信用担保等机构面向冷链物流企业开展业务。支持符合条件的冷链物流企业申请专项建设基金，补充抵押贷款等政策性信贷资金。

第六节　改善公共服务

本省高等院校、科研机构、物流协会、制冷学会等以举办培训班、专题讲座、网上互动、上门指导等方式，积极为本省企业开展政策问答、技术咨询、技能培训、难题诊断、项目设计等活动。鼓励本省专家参与国际交流，及时分享最新技术信息。鼓励冷链物流的产、学、研合作，加快科技成果转化。逐步放宽对冷藏运输车辆的城市交通管制，对冷链物流快递企业、大型连锁经营零售企业和配送企业，其城区内配送车辆，由公安交通管理部门核定行驶路线及时段、停靠地点及时段后，给予城区通行权和停靠权。进一步落实鲜活农产品配送车辆24小时进城通行和便利停靠政策。

第七节　加快人才培育

鼓励有资源的高等院校、中等职业（技工）学校根据市场需求，增设冷链物流相关专业，加强人才培养。鼓励校企合作，设立实训基地，共同培养冷链物流人才。委托相关机构，对冷藏加工企业的机房和设备管理人员、操作人员进行在职培训，不断提升其技能水平。确保低温仓储和运输安全运行。建立完善人才引进和激励机制，加大冷链物流业高层次创业创新人才引进力度，引进符合条件的冷链物流人才享受本省引进人才和总部经济技术人员的优惠政策。

第八节　加大科普力度

在报刊、电视、广播等传统媒体和移动互联网等新媒体设立专栏发表科普文章、举办讲座、投放公益广告，免费发放食品科普小册子，持续加强对食品冷链物流重要性的宣传。组织冷链物流专家宣讲团进行科普宣传。在中学、小学有关学科渗透“食育”内容，举办相关冷链知识讲座，从小养成良好的消费习惯，提高公众对食品安全与冷链关联的认知度。以消费者的理念和消费习惯转变，从需求端倒逼冷链物流发展。

第九节　完善监管机制

建立食品质量全程监控平台。在零售终端、餐馆酒店等关键环节把好准入关，全面实施索证、索票，逐步推行温湿度全程可监控、可追溯。对相关供应、批发、零售、仓储、运输、市场等责任主体的依法、依规经营情况进行定期抽查，向社会公布抽查结果，力求信息透明，形成部门监督、公众监督、舆论监督齐抓共促的管控态势。

第十节　强化统计分析

依法建立冷链物流行业统计制度，加强行业数据收集、分析、发布等基础工作。发挥行业协会、第三方冷链物流信息营运平台作用，开展行业统计分析，为科学判断行业状况、预测发展态势、指导企业经营决策和政府部门制定行业发展政策提供依据。

广东省冷链物流“十三五”发展规划

一、基础与形势

（一）发展基础

1. 冷链物流发展环境持续改善

近年来，国家对冷链物流产业给予了高度关注，相继出台有关政策文件，加快部署冷链物流工作，要求推进以鲜活农产品、食品为主的冷链物流发展，构建完善的冷链物流体系，尤其是农产品流通全程冷链系统，为冷链物流健康快速发展提供了良好的政策指引。为支持冷链物流发展，财政部、商务部联合发布了《关于中央财政支持冷链物流发展的工作通知》，将广东省列为全国冷链物流发展示范省，并对广东省冷链项目给予资金支持，全省冷链物流发展环境持续改善。

2. 冷链物流市场规模不断扩大

2015 年广东省农业基础进一步巩固，全省果蔬、肉类、水产品总产量达到6241.30 万吨，同比增长4.5%。“十二五”期间年均增长4.4%。按照全省果蔬、肉类、水产品冷链流通率分别在 20%、30%、35%左右计算，全省仅农产品冷链物流规模约达 1500 万吨。再加上食品及辅料、医药品、速冻食品、花卉等，我省冷链物流市场规模更大。随着市场规模的扩大，广东省冷链物流市场主体也不断扩大。目前，全省具有一定规模的冷链物流相关企业有 200 多家，涌现出了光弘食品集团、广东新供销集团、顺丰速运等一批代表性企业。

3. 冷链物流基础设施日趋完善

广东省冷链物流基础设施建设不断推进，冷链物流硬件支撑不断完善。据不完全统计，截止到 2015 年 3 月，全省拥有进口肉类备案储存冷库的指定仓库 47 个，容量约达 10 万吨。截至 2016 年 6 月，全省拥有大小冷库1700 多座（其中约 85%为低温库，15%为高温库），冷库容量约 300 万吨，主要集中在珠三角地区，其中广州、深圳和佛山地区最为集中，约占全省冷库总量的 80%。冷藏车保有量达 10000 多辆，冷藏船吨位总量超过 160 万吨。

4. 冷链物流技术加快推广应用

近年来，随着国际先进的 HACCP 体系认证、GMP、WMS、虚拟仓储等技术的先后引进，我省冷链物流技术的推广和应用进一步深入，新建冷库、低温物流中心、生鲜食品加工中心、冷藏车、冷藏箱的技术应用水平显著提高，冷链溯源与全程监控等技术逐渐成熟。RFID 技术、3S（GPS、GIS、RS）等信息化技术在冷链物流行业中的应用水平进一步提升，我省规模以上冷链企业中，信息化管理系统、视频监控系统、温度监控管理系统、仓储信息管理系统等信息化系统应用程度不断提高。

5. 冷链物流新业态新模式涌现

随着电子商务、农村经济的蓬勃发展，城乡一体化的推进，催生出了新社区 O2O、冷链宅配等新型业态并快速发展。为了适应消费需求和流通模式的改变，越来越多的企业不断改善自身发展模式，涌现出了以加工龙头企业为主导的直销型冷链物流模式，以批发市场为主导的冷链物流模式以及第三方冷链物流模式等形成多种模式，相辅相成、优势互补、共同发展的格局。

广东省冷链物流总体上呈现更快、更好发展态势，但也存在一些问题。一是冷链物流区域发展不平衡，冷链发展偏于销地，珠三角地区冷链相对发达，粤东西北地区发展较为落后。二是冷链设施结构不合理。低温库所占比例较高，保鲜冷库较少；肉类冷库较多，果蔬类冷库较少；珠三角冷库较多，粤东西北冷库较少。三是冷链物流资源散小旧，可利用冷库少，冷库功能难以满足现代化新模式新技术等的发展需求。四是第三方冷链物流企业小乱差，冷链物流市场集中度不高，企业规模较小，市场管理不规范，第三方冷链物流企业发展滞后，缺乏能够提供全程冷链物流服务的专业性企业。

（二）发展形势

1. 食品药品安全倒逼冷链物流快速发展

食品和医药药品安全直接关系着民生和社会稳定，近期食品和药品安全问题事件频发，冷链不断链的重要性被广泛的关注，社会对冷链物流的发展提出了更高要求。2016 年，《食品安全法实施条例》的修订草案及《医疗器械冷链（运输、储存）管理指南》的发布，预示着食品药品的安全监管逐步趋严，倒逼食品药品冷链物流快速发展。

2. 生鲜电商拓宽冷链物流发展空间

近年来，广东省生鲜电商市场发展迅速，生鲜农产品和跨境生鲜冷链业务日益扩大，2015 年生鲜农产品电商交易额达 24 亿元，且保持较高年增长率，未来仍有较大的发展空间。冷链物流作为生鲜电商产业链的重要组成部分，成为各大电商平台和传统物流企业发力与突破的重点，生鲜电商的快速发展改变了产品的传统流通方式，促进了冷链物流配送的发展，为冷链物流发展创造了新的空间。

3. 互联网 + 加速冷链物流创新发展

当前，“互联网 + 冷链”已经成为冷链物流发展的重要方向。省政府发布的《广东省互联网 + 行动计划》（2015—2022 年）明确指出，要利用互联网信息技术，大力推进冷链物流的智能化建设，在新一轮科技革命浪潮和互联网行动的推动下，主动利用互联网平台和大数据技术，将促进我省冷链物流业的技术创新、模式创新和业态创新，改变冷链物流发展方式和传统格局，重塑冷链物流产业链条，为培育冷链物流新经济提供动力源。

4. 供给侧改革促进冷链物流转型升级

加快实施创新驱动发展战略，着力推进供给侧结构性改革，是广东省乃至全国“十三五”时期的发展重点。当前，冷链物流业降本增效问题已成为广东省物流领域供给侧结构性改革的痛点与难点，供给侧结构性改革的实施势必倒逼冷链物流转变粗放式经营方式，不断优化冷链产品供应链，建立适应社会消费需求和现代流通方式，全程温控、实时监控的冷链物流服务体系，为全省冷链物流转型升级发展带来新的机遇与挑战。

5. 市场主体多元化激发冷链物流市场活力

近年来，冷链物流市场发展空间和蕴含商机逐渐显现，越来越多的新业态企业以及传统企业进入冷链市场，冷链市场主体日趋多元化。一方面，新常态下众多传统行业的企业跨界进入冷链市场，如各大传统物流企业、肉生产加工企业、电商平台陆续推出生鲜产品业务，布局冷链市场这片“蓝海”。另一方面，国际冷链企业陆续登陆中国，扩张其在全球的冷链版图。冷链物流市场主体的多元化，在激发起冷链市场活力的同时，也进一步加剧了竞争格局。如何在新形势下创新商业模式和服务模式，不断推进技术革新，将成为冷链物流企业赢得竞争优势的重点及难点。

二、总体要求

（一）指导思想

全面贯彻党的十八大和十八届三中、四中、五中、六中全会精神。以“创新、协调、绿色、开放、共享”发展理念为指导，以适应市场需求消费模式产品流通方式转变导向，以果蔬、肉类、水产品等农产品为主要品类，兼顾集体用餐及中央厨房配送的食品和半成品，医药等，以提高冷链物流流通率、降低冷链物流损耗、构建全程冷链物流体系为重点，以保障产品安全、稳定市场供应和物价水平、促进农村经济发展为根本目的，通过政企结合、强化监督塑造良好的冷链物流发展环境，依靠现代信息技术、设施设备和手段，全面提升全省冷链物流发展水平。

（二）基本原则

市场主导，政府引导。充分发挥市场在资源配置上的决定性作用，强化企业主体地位，形成社会化、专业化、多元化、集散化发展格局，利用政府在规划制定、政策引导、资金投入、公共服务、监督管理等方面的杠杆作用，引导冷链物流行业健康发展，激发企业活力和创新力。

盘活存量，提升价值。充分整合盘活现有闲置冷库、冷藏车、配送中心等设施设备，通过硬件改造、功能提升技术升级，全面提升闲置设施设备的使用价值，实现资源利用最大化。同时，注重使用绿色、环保设施设备和技术，促进冷链物流业绿色发展。

突出特色，弥补短板。结合新型消费方式和流通方式，充分利用并强化广东冷链物流发展的特点和优势，弥补制约全省冷链物流发展的突出短板，构建广东全程冷链物流发展体系，形成完整的产业发展链条，促进冷链物流行业降本增效，推动全省冷链物流发展。

示范带动，全面普及。立足区域发展基础和条件，在不同产业、不同领域、不同层面培育、认定、壮大一批冷链物流重点企业、重点项目和重点平台，连点成线、以线带面促进全省冷链物流逐渐全面普及，提高冷链物流流通率。

双重驱动，打通链条。发挥新一代信息技术和改革创新在冷链物流发展中的驱动作用，提高冷链物流运作智能化、协同化水平，创新冷链物流发展模式，加快冷链物流与三产的融合发展，打通从源头到餐桌的冷链链条，培育冷链物流新业态和新经济。

（三）发展目标

到 2020 年，基本建成布局合理、运转高效、技术先进、衔接有序、全程可追溯，并与农业现代化发展相匹配、与居民生活需求相匹配、与现代流通方式相匹配、与广东经济发展地位相匹配的现代冷链物流体系。

促进冷链物流也降本增效。全省综合冷链流通率达到 25%，冷藏运输率达到55%，流通环节损腐率下降10%左右。

进一步完善冷链物流设施。全省冷库容量达到450万吨，冷链运输车辆达到15000辆，预冷保鲜比例达到30%。

加快冷链物流示范企业培育。在全省范围内积极培育和认定冷链物流示范园区25个，冷链物流示范企业50个，带动全省冷链物流发展水平的提高。

进一步完善冷链物流发展布局。加快完善全省冷链物流发展布局，优化产地预冷、冷库、冷链配送、冷链运输等设施设备布局，逐渐实现区域均衡发展；推动解决冷链物流发展“最先一公里”“最后一公里”和“断链”的问题，构建辐射多层级的冷链物流网络。

基本形成冷链物流全程可追溯体系。加快物联网、互联网、云计算、大数据等新一代信息技术在冷链物流领域的应用，实现产品来源可查、去向可追、责任可就，探索形成能在全省复制推广的模式和经验。（如表8－7所示）

表8－7　　　　主要任务指标

发展指标	现状	2020年发展目标
综合冷链流通率	19%	25%
冷藏运输率	48%	55%
流通环节损腐率	17%	下降10%
冷库容量	300万吨	450万吨
冷链运输车辆	10000辆	15000辆
预冷保鲜比例	—	30%
冷链物流示范园区	0	25个
冷链物流示范企业	0	50家

三、主要任务

（一）加快优化区域网络布局

围绕产销地和流通节点构建多层级、跨区域、全覆盖的冷链物流网络。加强产地冷链物流集散网络建设，在粤东西北地区的果蔬、肉类主产区，在沿海水产品主产区改造建设一批具有预冷处理、初级加工、分拣、储存、包装、信息处理、交易等功能的冷库和集配中心，打通冷链物流“最先一公里”，完善销地冷链物流配送网络建设，在广州、深圳等冷链产品主销区，改造建设一批冷链配送中心、冷藏箱、冷藏柜等终端销售和配送设施，确保“最后一公里”冷链。推进冷链流通节点城市和区域配送中心建设，依托流通节点城市及贯穿广东的东线沿海流通大通道、中线京港澳流通大通道和珠江西江流通大通道等，连接北部湾经济区和港澳，推进冷链流通节点城市和区域配送中心建设，并将冷链流通区域配送中心建设纳入全国流通骨干网络，完善冷链流通网络。提升流通枢纽冷链物流辐射能力，在具备公路、铁路、航空和海运条件的多式联运枢纽以及空港、海港、保税区、口岸等地，布局建设具备国际中转、加工、存储、分拨、集散、进出口、保税、检验检疫等功能的大中型冷链物流园区和中央大厨房，积极对接“泛珠三角”物流大通道、“一带一路”国际物流大通道等。

（二）构建全程冷链物流体系

以生鲜肉类为突破口，建设覆盖产地预冷、冷链运输、销区冷储、冷链配送、冷鲜销售等环节，全程一体化、低损耗、可追溯的农产品冷链物流体系。在预冷环节，鼓励果蔬种植、水产捕捞、屠宰企业选购适用的预冷技术与设备，鼓励产地型冷库建设，解决产地源头预冷普遍缺失问题，保障源头产品品质。在运输环节，增强冷藏运输能力，推动企业尤其是第三方物流企业配置节能环保的冷链运输车辆，加强物联网技术在冷链运输过程中的应用，实现最佳运输线路的智能化匹配及冷藏运输温湿度的动态监控，加强对冷链运输车辆性能的检查，建立冷链车辆制冷保温性能年检制度，提高冷藏运输质量。在仓储环节，支持改造提升老旧冷库功能，提高老旧冷库可用性、易用性以及安全、环保、节能水平；支持新建变温库、气调库、立体自动化冷库等智能型高端冷藏设施以及跨境电商保税冷库；鼓励利用 LNG 冷能建设多温层大型冷库，利用物联网技术加强冷链仓储信息采集与处理，实现仓储管理的信息化、自动化运作。在配送环节，鼓励采用多温共配冷链物流模式，推广使用多温层城配车辆，实现生鲜农产品在城市内的集约化与规模化配送。

（三）培育壮大冷链物流主体

大力扶持本土第三方冷链物流企业的发展，鼓励省内冷链物流企业与央企、外资等知名企业重组做大做强，培育和壮大一批经济实力雄厚、经营理念和管理方式先进、核心竞争力强的第三方冷链物流企业，提供从源头到消费的全程一体化冷链物流供应链管理方案。扶持壮大冷链物流龙头企业，重点支持冷链仓储设施建设和冷链技术升级改造，促进龙头企业快速发展，发挥示范带动作用。鼓励多元化投资主体进入冷链物流市场，通过战略联盟、参股控股、兼并联合、合资合作或独立运作等方式进行资产重组、业务融合和流程再造。整合冷链资源，扩大企业规模与实力，大力引进国内外具有先进技术的冷链物流服务商和设备供应商，在我省设立总部基地或分支机构，为全省冷链物流发展注入新技术、新理念和新模式，带动整体水平提高。鼓励上下游企业加强冷链物流领域的战略合作，组建多种形式的冷链物流联盟，实现联盟内企业流程再造，共建冷链物流供应链体系。

（四）推进冷链物流技术创新

加强现代化全程冷链物流技术与装备的引进、研发、创新和应用，重点推广高效预冷技术、制冷技术、环境温度和清洁度控制技术、保温材料技术、库温调控技术、移动制冷技术和保温箱制造技术建设，大力发展多温冷藏运输车、蓄冷保温箱、联运冷藏集装箱等新型冷链物流装备。支持冷链物流信息技术创新，大力开展温度实时跟踪技术研发，冷链物流温度实时检测跟踪及网络监测技术等的创新。推进冷链物流节能技术创新，促进冷链物流中心蓄冷节能技术创新、冷源系统优化技术及包装材料技术创新，促进绿色安全、节能环保技术在低温仓储及运输中的应用。

（五）提高冷链物流信息化水平

建立冷链物流公共信息平台，实现上下游企业数据交换和信息共享，整合优化冷链物流资源，全面提升冷链物流业务管理的信息化水平，推广应用无线射频识别、二维码、电子标签、卫星定位系统、电子化运单、温湿度记录系统、物联网等信息技术，建立冷链流通的全过程质量安全管理体系和信息追溯体系。对种植养殖源头、生产加工过程以及流通环节进行动态监控和追溯，实现生产流通各环节的品质可控性和安全性。加强物联网、云计算、大数据、移动互联等先进信息技术在农产品冷链物流领域中的应用，鼓励生鲜电商企业利用信息平台优势开展大数据分析，合理安排采购、库存、配送，提高供应链全程管控能力。

（六）加快实施冷链物流标准化

制定与国际接轨的冷链物流技术标准和操作规范，推行符合国际规范的质量安全认证和市场准入制度，研究制定符合我省的冷链物流地方标准，加强冷链物流全程监控和质量溯源制度建设，规范全程冷涟物流各环节技术服务与能耗标准，制定冷链相关企业互联互通的标准，统一编码规则、基础应用平台的中间件接口标准等。开展冷链物流标准化宣贯和试点工作，强化企业在标准化活动的主体地位，支持并鼓励冷链物流企业积极主导并参与国家标准和行业标准的制定工作，提高标准研制的科学性和实际可操作性。

四、重点工程

（一）冷链物流基础设施建设工程

支持改造、新建一批适应现代流通和消费要求的冷链物流仓储设施设备，加强产地预冷应用，保障生鲜农产品在生产环节的质量；围绕农产品、水产品等大型批发市场，升级改造建设一批冷链储运中心，改善批发市场的冷冻冷藏设施；加快推进冷库、冷链物流园区、低温加工处理中心、中央厨房、冷链配送中心及复合型冷链物流中心等基础设施建设，推进基础设施互联互通；加快冷链物流集散区建设，引导冷链物流产业集聚发展，促进资源整合共享。鼓励有能力的冷链物流企业购置技术先进、节能环保的智能冷链运输车辆，支持积极采用“三段式”冷藏运输车，大幅度提升全省冷链运输能力和效率。支持特殊冷链监管场所建设，延伸口岸功能，促进跨境冷链物流发展。

专栏 1　冷链物流基础设施建设工程

1. 产地预冷设施。大力推广产地预冷观念，在重要农产品产地及食品原料基地，鼓励建设一批具备原料分拣、初级加工、快速冷却到简单包装等功能的一种设施。

2. 复合型冷链物流中心。支持冷链企业建设 TC + DC + PC 复合型冷链物流中心，提高冷链物流中心空间利用率。其中，TC 是以日配食品为主的冷链快速分拨中心，DC 是以冷冻品为主的冷链储存中心，PC 是以拆零包装作业等为主的冷链流通加工中心。

3. 中央厨房。加快推进中央大厨房等建设，完善肉类、蔬果等农产品冷储、加工处理、分装配送等功能，确保全程冷链操作，为客户集中提供经济、高效食材大型综合型中央厨房。

4. 冷链物流集聚区。支持冷链物流集散区建设和发展，吸引相关主体入园发展。整合货物、仓储、装卸、运输、配送等资源，发挥物流园区集散效应，降低物流成本。搭建园区统一物流供需信息平台，促进车货高效匹配，提高物流效率。

5. 冷链物流监管场所。支持在海关特殊监管场所发展冷链物流，鼓励冷链物流监管仓、保税仓等建设，开辟水产及农产品主产区冷链进出口通道，打造延伸到港澳、欧盟、日韩、美国等地的冷链链条。

（二）冷链物流创新发展工程

创新冷链物流组织协作方式，充分发挥市场在资源配置中的决定性作用，形成生产加工企业、批发市场、零售终端及第三方物流企业等多方参与，以及国企、民营、外资等并存供应的多元冷链物流主体融合发展模式。创新冷链物流运输组织方式，探索发展城市配送共同配送城乡配送都是联运等先进运输组织方式，促进冷链物流降本增效。推进冷链物流与商贸流通企业、电子商务企业及平台等融合发展，促进冷链物流普及应用。培育冷链物流新业态和增长点，充分利用物联网、互联网等现代信息技术，提升冷链物流信息化自动化和智能化水平，重塑冷链物流发展体系。

专栏2　冷链物流创新发展工程

1. 冷链联盟计划。探索推动建立贯穿产业链上下游和同业企业之间的“冷链联盟”，精细分工、合作共赢，实现资源高效利用。

2. 共同配送模式。加强供货商、冷链物流企业、交通运输企业、城市配送终端等无缝对接，积极促进共同配送模式发展，形成“干线运输+神经末梢”有机结合的全程低温冷链运输配送网络。

3. 多式联运模式。积极建立冷链多式联运体系，加强多式联运冷链设施设备的配备和衔接，探索标准化、一体化、一单制多式联运运输模式，提高货物流通效率。

4. 融合发展模式。以农超对接为切入点，促进冷链物流与批发市场、大型超市、社区超市等商贸流通企业加强合作，助推冷链产品直销模式发展。以生鲜电商为切入点，促进冷链物流与综合电商平台、垂直电商平台等电商企业加强合作，助推冷链产品线上销售模式发展。

5. 互联网+冷链物流。推进物联网、互联网在冷链物流中的应用，以冷链物流公共信息平台为载体，建立信息采集、交换、共享、追溯机制，实现供与需、车与货等精准对接精准服务。

（三）冷链物流服务体系创建工程

加强冷链物流检验检疫执行力度，提高进口产品冷链查验能力，确保进口水产品、肉类产品、药品等检验检疫处于全程冷链环境，保障进口冷链产品来源品质的安全。完善省内冷链物流安全监管查验体系，强化质量安全意识，加强安全标准与规范执行，形成企业自检与质检部门不定期监控监测相结合的双重检验体系。积极构建冷链物流产品溯源体系，充分利用冷链物流信息平台，结合互联网、物联网等技术应用，建立便捷、高效、低成本的冷链物流信息追溯系统。加快建设冷链物流行业信用体系，支持第三方信用评级机构拓展冷链物流征信业务。

专栏3　冷链物流服务体系创建工程

1. 安全认证体系。根据国际通行的危害分析和关键控制点（Hac-

cp）原理及GAP、GMP、GVP、GSP和ISO等安全认证标准，在生产、加工、销售、包装、运输、储存、标签、品质等级等多方面进行严格专业认证，实行市场准入制度。

2. 溯源机制。加强新一代信息技术应用，建立从种植、采收、预冷、仓储、运输、终端展列、消费等各个环节的信息追溯系统。重点加强对不合格产品追查质量原因，将评估结果及时反馈给相关企业，对于问题频发环节，建立重点监控机制，定时发布冷链物流质量监控信息报告。

3. 冷链产业信用体系。采集冷链相关主体在各环节活动中产生的数据，利用大数据、云计算等技术分析考核冷链主体性情况，建立冷链行业信用“黑名单”，形成动态排名和退出机制。

（四）重点产品冷链物流建设工程

加快建设以肉类、水产品、蔬果、奶制品，集体用餐及中央厨房配送的食品和半成品，药品为主的重点产品，冷链物流服务体系。完善农产品冷链物流体系，鼓励大型肉类、水产品企业应用现代化冷链生产流水线，积极推广冷藏运输和全程温控技术。鼓励蔬菜、水果等重要产地，积极应用产地预冷技术，支持建设具备大规模集散功能和跨区域配送能力的现代化蔬果配送中心。加强集体用餐及中央厨房配送的食品和半成品冷链运输和配送，确保从生产到销售全程冷链物流流通，杜绝“断链”现象，大力推广医药冷链运输，逐步构建医药仓储、干线运输、城市配送等相结合的完整医药冷链物流网络。

专栏4　重点产品冷链物流建设工程

1. 农产品冷链体系。针对肉类、蔬果、水产品等鲜活农产品，严格检验检测，保障源头质量安全，实现从农产品收储、加工，再到运输、配送全过程低温流通及全程监控。

2. 集体用餐及中央厨房配送的食品和半成品冷链体系。针对集体用餐及中央厨房配送的食品和半成品，强化冷链物流流通环节操作规范，保障各个环节始终处于产品所必需的低温环境。

3. 药品冷链体系。积极推进医药冷链运输，大力支持第三方医药冷链物流企业发展，提高医药冷链物流行业集中度，加快推进医药冷链物流标准制定及药品追溯体系建设。

（五）冷链物流示范企业带动工程

开展省级冷链物流示范园区建设工作，创建和培育冷链物流示范园区，加快建成一批集平台建设、加工处理、物流配送、信息发布、流通交易等功能的冷链物流园区。支持和鼓励省级冷链物流园区申报国家示范物流园区，吸引冷链物流产业相关企业落户，促进冷链物流集聚发展。以龙头企业重点培育为切入点，在生鲜农产品、集体用餐及中央厨房配送的食品和半成品、医药品等领域，加快培育和发展一批具有较强资源整合能力和竞争力的冷链物流标杆示范企业和冷链供应链集成服务供应商，提高冷链物流市场集中度和产业竞争力。鼓励大型冷链物流企业积极申报高新技术企业、全国冷链物流企业50强等。积极推广示范园区、企业在商业模式、服务水平、品牌培育等方面滴成功发展经验，充分发挥以点带面的示范作用。

专栏5　冷链物流示范企业带动工程

1. 冷链物流示范认定。在全省冷链物流各领域中遴选一批基础扎实、成长性好的园区企业，严格依据示范标准进行资质认定，对于通过认定的园区企业颁发认证示范证书。

2. 龙头企业重点培育。针对冷链物流企业龙头企业，实施重点培育计划，会同相关部门建立工作协调机制，重点解决其发展过程中遇到的困难，以专项资金、用地、用电等优惠政策重点支持龙头企业加速产业链资源整合，充分发挥龙头企业行业带动作用

3. 发展经验推介交流。选取一批做法先进、模式新颖、具备可复制可推广经验的冷链物流园区、企业，以行业交流会、研讨会、论坛等方式加以推广；组织企业考察学习国内外的先进经验。

五、保障措施

（一）建立组织保障机制

建立省级冷链物流工作部门联席会议制度，见地跨地域跨部门信息共

享和工作协同机制，加强协调配合，形成合力，统一组织规划实施，协调解决“十三五”期间冷链物流发展中的重大问题和突出矛盾，确保本规划目标的实现。各地市要围绕规划确定的目标、任务和工程，明确各部门责任，加强部门间工作的沟通和协同，切实推动本规划的落实。发挥行业组织、科研院所等在冷链物流基础研究、技术开发、标准应用、示范推广、数据统计、人才培养等方面的作用，协助政府合力推动规划的实施。

（二）完善冷链政策支持

进一步放宽冷链运输车辆的城市交通管制，对冷链物流企业、商贸企业、配送企业等科学合理规划其车辆在城区的行驶路线、停靠地点、停靠时段，充分给予城区通行权和停靠权，对从事生鲜农产品运输的企业制定落实24小时进城通行和便利停靠政策，简化冷链物流企业设立前置审批手续，合理保障冷链物流车辆牌照发放数量，对跨区运输车辆、个人挂靠车辆在审验、管理等方面予以更合理的政策管理制度。将冷链物流园区纳入城乡规划和土地利用总体规划，在用地布局、审批、土地登记等方面给予倾斜，对冷链物流项目用地执行工业用地政策，鼓励利用旧工业厂房、仓储用房等存量房产改造建设冷链设施。

（三）加大冷链扶持力度

落实中央财政对冷链物流发展的扶持政策，支持冷链物流发展薄弱环节和重点领域，包括冷链监控、追溯、检测、标准化体系等。鼓励各地市结合实际资金安排对重大冷链物流基础设施建设工程和项目与支持。充分运用好促进现代物流业、农村农业农产品发展的税收优惠政策，全面落实鲜活农产品运输“绿色通道”政策。扩大“营改增”在冷链物流的改革范围，允许冷链物流企业过路过桥费、车辆保险费、场地租赁费等有效抵扣凭证纳入进项税抵扣范围。拓宽冷链物流企业融资渠道，支持银行等金融机构对符合条件的冷链物流基础建设、信息平台建设等项目加大融资支持，并做好配套金融服务。鼓励民间资本进入冷链物流领域，以设立投资发展基金、PPP等多种方式支持大型、高成长性冷链物流企业发展壮大。加快出台冷链物流用能扶持政策，逐步实现冷链物流相关企业用水、用电、用气价格与工业企业基本同价。

（四）强化冷链市场监管

完善冷链物流相关法律法规，确定冷链物流市场准入和退出机制，将不达标的企业清退市场，明确规范社会化冷链物流力量权责利。充分发挥标准委员会、行业协会、研究机构、示范企业、产业联盟等产学研力量，加强冷链物流标准的执行力度和扩大实施范围，保障冷链产品的安全。提高行业安全监管技术和手段，建立冷链物流质量监控体系，逐步推行温度全程可追溯、可监控。加强冷链宣传推广，增强消费者对冷链物流重要性的认识，引导消费者扩大对全程冷链产品的需求，通过市场倒逼社会冷链物流发展。加强冷链物流产品质量监管，对供应、批发、零售、仓储、运输、市场等责任主体的依法依规经营情况进行定期抽查，向社会公布抽查结果，力求信息透明，形成部门监督、公众监督、舆论监督齐抓共管的管控态势，形成冷链物流良好发展环境。

（五）加强冷链人才培育

建立冷链物流专家库，凝聚政府、研究机构、高校、协会、企业等人才资源，组建基础型、复合型、创新型、产业型专家团队，打造全省冷链物流行业高级智库，为冷链物流发展提供决策咨询。引进和培育冷链物流人才，通过建立人才引进和激励政策，以及鼓励企业内部提拔，引进、培育市场急需的冷链物流专门人才。增加适用性冷链物流技术人才的输出，积极引导冷链物流企业加强与高校和科研机构的交流合作，建立校企合作的冷链物流培训和实验基地，增设冷链物流相关专业或方向，有针对性地扩大培养冷链物流企业需要的技术人才。

国务院办公厅关于加快发展冷链物流保障食品安全促进消费升级的意见

国办发〔2017〕29号

各省、自治区、直辖市人民政府，国务院各部委、各直属机构：

随着我国经济社会发展和人民群众生活水平不断提高，冷链物流需求日趋旺盛，市场规模不断扩大，冷链物流行业实现了较快发展。但由于起步较晚、基础薄弱，冷链物流行业还存在标准体系不完善、基础设施相对落后、专业化水平不高、有效监管不足等问题。为推动冷链物流行业健康规范发展，保障生鲜农产品和食品消费安全，根据食品安全法、农产品质量安全法和《物流业发展中长期规划（2014 — 2020 年）》等，经国务院同意，提出以下意见。

一、总体要求

（一）指导思想

全面贯彻党的十八大和十八届三中、四中、五中、六中全会精神，深入贯彻习近平总书记系列重要讲话精神，认真落实党中央、国务院决策部署，紧紧围绕统筹推进“五位一体”总体布局和协调推进“四个全面”战略布局，牢固树立和贯彻落实“创新、协调、绿色、开放、共享”的发展理念，深入推进供给侧结构性改革，充分发挥市场在资源配置中的决定性作用，以体制机制创新为动力，以先进技术和管理手段应用为支撑，以规范有效监管为保障，着力构建符合我国国情的“全链条、网络化、严标准、可追溯、新模式、高效率”的现代化冷链物流体系，满足居民消费升级需要，促进农民增收，保障食品消费安全。

（二）基本原则

市场为主，政府引导。强化企业市场主体地位，激发市场活力和企业创新动力。发挥政府部门在规划、标准、政策等方面的引导、扶持和监管作用，为冷链物流行业发展创造良好环境。

问题导向，补齐短板。聚焦农产品产地“最先一公里”和城市配送“最后一公里”等突出问题，抓两头、带中间，因地制宜、分类指导，形成贯通第一、第二、第三产业的冷链物流产业体系。

创新驱动，提高效率。大力推广现代冷链物流理念，深入推进大众创业、万众创新，鼓励企业利用现代信息手段，创新经营模式，发展供应链等新型产业组织形态，全面提高冷链物流行业运行效率和服务水平。

完善标准，规范发展。加快完善冷链物流标准和服务规范体系，制修订一批冷链物流强制性标准。加强守信联合激励和失信联合惩戒，推动企业优胜劣汰，促进行业健康有序发展。

（三）发展目标

到2020年，初步形成布局合理、覆盖广泛、衔接顺畅的冷链基础设施网络，基本建立“全程温控、标准健全、绿色安全、应用广泛”的冷链物流服务体系，培育一批具有核心竞争力、综合服务能力强的冷链物流企业，冷链物流信息化、标准化水平大幅提升，普遍实现冷链服务全程可视、可追溯，生鲜农产品和易腐食品冷链流通率、冷藏运输率显著提高，损腐率明显降低，食品质量安全得到有效保障。

二、健全冷链物流标准和服务规范体系

按照科学合理、便于操作的原则系统梳理和修订完善现行冷链物流各类标准，加强不同标准间以及与国际标准的衔接，科学确定冷藏温度带标准，形成覆盖全链条的冷链物流技术标准和温度控制要求。依据食品安全法、农产品质量安全法和标准化法，率先研究制定对鲜肉、水产品、乳及乳制品、冷冻食品等易腐食品温度控制的强制性标准并尽快实施。（国家卫生计生委、食品药品监管总局、农业部、国家标准委、国家发展改革委、商务部、国家邮政局负责）积极发挥行业协会和骨干龙头企业作用，大力发展团体标准，并将部分具有推广价值的标准上升为国家或行业标准。鼓励大型商贸流通、农产品加工等企业制定高于国家和行业标准的企业标准。（国家标准委、商务部、国家发展改革委、国家卫生计生委、工业和信息化部、国家邮政局负责）研究发布冷藏运输车辆温度监测装置技术标准和检验方法，在相关国家标准修订中明确冷藏运输车辆温度监测装置要求，为冷藏运输车辆的温度监测性能评测和检验提供依据。（工业和信息化部、交通运输部负责）针对重要管理环节研究建立冷链物流服务管理规范。建立冷链物流全程温度记录制度，相关记录保存时间要超过产品保质期六个月以上。（食品药品监管总局、国家卫生计生委、农业部负责）组织开展冷链物流企业标准化示范工程，加强冷链物流标准宣传和推广实施。（国家标准委、相关行业协会负责）

三、完善冷链物流基础设施网络

加强对冷链物流基础设施建设的统筹规划，逐步构建覆盖全国主要产地和消费地的冷链物流基础设施网络。鼓励农产品产地和部分田头市场建设规模适度的预冷、贮藏保鲜等初加工冷链设施，加强先进冷链设备应用，加快补齐农产品产地“最先一公里”短板。鼓励全国性、区域性农产品批发市场建设冷藏冷冻、流通加工冷链设施。在重要物流节点和大中型城市改造升级或适度新建一批冷链物流园区，推动冷链物流行业集聚发展。加强面向城市消费的低温加工处理中心和冷链配送设施建设，发展城市“最后一公里”低温配送。健全冷链物流标准化设施设备和监控设施体系，鼓励适应市场需求的冷藏库、产地冷库、流通型冷库建设，推广应用多温层冷藏车等设施设备。鼓励大型食品生产经营企业和连锁经营企业建设完善停靠接卸冷链设施，鼓励商场超市等零售终端网点配备冷链设备，推广使用冷藏箱等便利化、标准化冷链运输单元。（国家发展改革委、财政部、商务部、交通运输部、农业部、食品药品监管总局、国家邮政局、国家标准委按职责分工负责）

四、鼓励冷链物流企业经营创新

大力推广先进的冷链物流理念与技术，加快培育一批技术先进、运作规范、核心竞争力强的专业化规模化冷链物流企业。鼓励有条件的冷链物流企业与农产品生产、加工、流通企业加强基础设施、生产能力、设计研发等方面的资源共享，优化冷链流通组织，推动冷链物流服务由基础服务向增值服务延伸。（国家发展改革委、交通运输部、农业部、商务部、国家邮政局负责）鼓励连锁经营企业、大型批发企业和冷链物流企业利用自有设施提供社会化的冷链物流服务，开展冷链共同配送、“生鲜电商 + 冷链宅配”“中央厨房 + 食材冷链配送”等经营模式创新，完善相关技术、标准和设施，提高城市冷链配送集约化、现代化水平。（国家发展改革委、商务部、食品药品监管总局、国家邮政局、国家标准委负责）鼓励冷链物流平台企业充分发挥资源整合优势，与小微企业、农业合作社等深度合作，为小型市场主体创业创新创造条件。（国家发展改革委、商务部、供销合作总社负责）充分发挥铁路长距离、大规模运输和航空快捷运输的优势，与公路冷链物流形成互补协同的发展格局。积极支持中欧班列开展国际冷链运输业务。（相关省级人民政府，国家铁路局、中国民航局、中国铁路总公司负责）

五、提升冷链物流信息化水平

鼓励企业加强卫星定位、物联网、移动互联等先进信息技术应用，按照规范化标准化要求配备车辆定位跟踪以及全程温度自动监测、记录和控制系统，积极使用仓储管理、运输管理、订单管理等信息化管理系统，按照冷链物流全程温控和高时效性要求，整合各作业环节。鼓励相关企业建立冷链物流数据信息收集、处理和发布系统，逐步实现冷链物流全过程的信息化、数据化、透明化、可视化，加强对冷链物流大数据的分析和利用。大力发展“互联网+”冷链物流，整合产品、冷库、冷藏运输车辆等资源，构建“产品+冷链设施+服务”信息平台，实现市场需求和冷链资源之间的高效匹配对接，提高冷链资源综合利用率。推动构建全国性、区域性冷链物流公共信息服务和质量安全追溯平台，并逐步与国家交通运输物流公共信息平台对接，促进区域间、政企间、企业间的数据交换和信息共享。（国家发展改革委、交通运输部、商务部、农业部、工业和信息化部负责）

六、加快冷链物流技术装备创新和应用

加强生鲜农产品、易腐食品物流品质劣变和损腐的生物学原理及其与物流环境之间耦合效应等基础性研究，夯实冷链物流发展的科技基础。鼓励企业向国际低能耗标准看齐，利用绿色、环境友好的自然工质，使用安全环保节能的制冷剂和制冷工艺，发展新型蓄冷材料，采用先进的节能和蓄能设备。（科技部、工业和信息化部负责）加大科技创新力度，加强对延缓产品品质劣变和减少损腐的核心技术工艺、绿色防腐技术与产品、新型保鲜减震包装材料、移动式等新型分级预冷装置、多温区陈列销售设备、大容量冷却冷冻机械、节能环保多温层冷链运输工具等的自主研发。（科技

部负责）冷链物流企业要从正规厂商采购或租赁标准化、专业化的设施设备和运输工具。加速淘汰不规范、高能耗的冷库和冷藏运输车辆，取缔非法改装的冷藏运输车辆。鼓励第三方认证机构从运行状况、能效水平、绿色环保等方面对冷链物流设施设备开展认证。结合冷链物流行业发展趋势，积极推动冷链物流设施和技术装备标准化，提高冷藏运输车辆专业化、轻量化水平，推广标准冷藏集装箱，促进冷链物流各作业环节以及不同交通方式间的有序衔接。（交通运输部、商务部、工业和信息化部、中国民航局、国家铁路局、国家邮政局、中国铁路总公司按职责分工负责）

七、加大行业监管力度

有关部门要依据相关法律法规、强制性标准和操作规范，健全冷链物流监管体系，在生产和贮藏环节重点监督保质期、温度控制等，在销售终端重点监督冷藏、冷冻设施和贮存温度控制等，探索建立对运输环节制冷和温控记录设备合规合法使用的监管机制，将从源头至终端的冷链物流全链条纳入监管范围。加强对冷链各环节温控记录和产品品质的监督和不定期抽查。（食品药品监管总局、质检总局、交通运输部、农业部负责）研究将配备温度监测装置作为冷藏运输车辆出厂的强制性要求，在车辆进入营运市场、年度审验等环节加强监督管理。（工业和信息化部、交通运输部按职责分工负责）充分发挥行业协会、第三方征信机构和各类现有信息平台的作用，完善冷链物流企业服务评价和信用评价体系，并研究将全程温控情况等技术性指标纳入信用评价体系。各有关部门要根据监管职责建立冷链物流企业信用记录，并加强信用信息共享和应用，将企业信用信息归集至全国信用信息共享平台，通过“信用中国”网站和国家企业信用信息公示系统依法向社会及时公开。探索对严重违法失信企业开展联合惩戒。（国家发展改革委、交通运输部、商务部、民政部、食品药品监管总局、质检总局、工商总局、国家邮政局等按职责分工负责）

八、创新管理体制机制

国务院各有关部门要系统梳理冷链物流领域相关管理规定和政策法规，

按照简政放权、放管结合、优化服务的要求，在确保行业有序发展、市场规范运行的基础上，进一步简化冷链物流企业设立和开展业务的行政审批事项办理程序，加快推行“五证合一、一照一码”“先照后证”和承诺制，加快实现不同区域、不同领域之间管理规定的协调统一，加快建设开放统一的全国性冷链物流市场。地方各级人民政府要加强组织领导，强化部门间信息互通和协同联动，统筹抓好涉及本区域的相关管理规定清理等工作。结合冷链产品特点，积极推进国际贸易“单一窗口”建设，优化查验流程，提高通关效率。利用信息化手段完善现有监管方式，发挥大数据在冷链物流监管体系建设运行中的作用，通过数据收集、分析和管理完善事中事后监管。（各省级人民政府，国家发展改革委、交通运输部、公安部、商务部、食品药品监管总局、国家卫生计生委、工商总局、海关总署、质检总局、国家邮政局、中国民航局、国家铁路局按职责分工负责）

九、完善政策支持体系

要加强调查研究和政策协调衔接，加大对冷链物流理念和重要性的宣传力度，提高公众对全程冷链生鲜农产品质量的认知度。（国家发展改革委、农业部、商务部、食品药品监管总局、国家卫生计生委负责）拓宽冷链物流企业的投融资渠道，引导金融机构对符合条件的冷链物流企业加大投融资支持，创新配套金融服务。（人民银行、银监会、证监会、保监会、国家开发银行负责）大中型城市要根据冷链物流等设施的用地需求，分级做好物流基础设施的布局规划，并与城市总体规划、土地利用总体规划做好衔接。永久性农产品产地预冷设施用地按建设用地管理，在用地安排上给予积极支持。（国土资源部、住房和城乡建设部负责）针对制约冷链物流行业发展的突出短板，探索鼓励社会资本通过设立产业发展基金等多种方式参与投资建设。（国家发展改革委、商务部、农业部负责）冷链物流企业用水、用电、用气价格与工业同价。（国家发展改革委负责）加强城市配送冷藏运输车辆的标识管理。（交通运输部、商务部负责）指导完善和优化城市配送冷藏运输车辆的通行和停靠管理措施。（公安部、交通运输部、商务部负责）继续执行鲜活农产品“绿色通道”政策。（交通运输部、国家发展改革委负责）对技术先进、管理规范、运行高效的冷链物流园区优先考虑列入示范物流园区，发挥示范引领作用。（国家发展改革委、国土资源部、住房城乡建设部负责）加强冷链物流人才培养，支持高等学校设置冷链物流相关专业和课程，发展职业教育和继续教育，形成多层次的教育、培训体系。（教育部负责）

十、加强组织领导

各地区、各有关部门要充分认识冷链物流对保障食品质量安全、促进农民增收、推动相关产业发展、促进居民消费升级的重要作用，加强对冷链物流行业的指导、管理和服务，把推动冷链物流行业发展作为稳增长、促消费、惠民生的一项重要工作抓紧抓好。国家发展改革委要会同有关部门建立工作协调机制，及时研究解决冷链物流发展中的突出矛盾和重大问题，加强业务指导和督促检查，确保各项政策措施的贯彻落实。

宁波市中央财政服务业发展（冷链物流）专项资金实施细则

（征求意见稿）

第一章　总则

第一条　为促进我市冷链物流产业发展，规范中央财政服务业发展（冷链物流）专项资金的使用管理，发挥资金使用效益，现根据财政部、商务部《关于中央财政支持冷链物流发展的工作通知》（财建〔2016〕318号），财政部《关于印发〈中央财政服务业发展专项资金管理办法〉的通知》（财建〔2015〕256号），并结合《宁波市冷链物流综合示范工作实施方案》等相关文件规定，制定本实施细则。

第二条　本细则所称中央财政服务业发展（冷链物流）专项资金（以下简称“专项资金”）是财政部下达我市的服务业发展专项资金中，由我市统筹专项用于支持冷链物流建设的资金。

第三条　专项资金由市、县（市、区）两级财政、商务部门共同管理。分别履行以下管理职责：

（一）市财政局：会同市商务委制定专项资金实施细则；会同市商务委

负责专项资金的分配、拨付等工作。

（二）市商务委：会同市财政局负责制定中央财政服务业发展（冷链物流）专项资金实施细则；拟定专项资金分配方案；加强项目监督管理，对专项资金的使用及绩效情况进行监督检查，并组织开展项目竣工验收。

（三）县（市、区）财政部门：负责专项资金管理，配合本级商务部门做好资金使用及绩效情况的监督检查。会同本级商务部门负责组织项目申报、初审、汇总上报；会同本级商务部门及时核拨、收回专项资金补助等相关工作。

（四）县（市、区）商务部门：会同本级财政部门牵头做好项目申报、初审、汇总上报；提出项目管理建议，会同本级财政部门做好专项资金使用及绩效情况的监督检查。

第四条　专项资金管理遵循公开、择优、规范、绩效原则，资金分配和使用情况向社会公示，接受有关部门和社会监督。

第二章　支持范围

第五条　专项资金主要用于支持我市冷链物流发展中的薄弱环节和重点领域，包括肉类、水产、果蔬、奶制品、豆制品等生鲜农产品在产地与加工厂、运输过程、批发市场、配送中心、零售等流通环节中的冷链应用、监控体系及必要的冷链物流标准化建设等方面。

（一）冷链物流信息化服务体系建设。

1. 建立冷链物流监控体系，推动冷库、冷藏车等冷链设施安装温度传感器、温度记录仪等冷链监控设备，建设冷链流通全程温控平台，对冷链物流各个环节温度进行监控管理。具体包括温控、识别、定位、传感、电子标签、信息采集等设施设备的采购等。

2. 开展冷链物流公共信息服务平台建设，整合农产品生产、加工、流通企业冷链物流资源，提升冷链物流信息化水平。具体包括相关软件开发、系统运行，以及设备配置等。

（二）冷链物流基础设施建设（含升级改造项目）。具体包括农产品“三头”（田头、山头、码头）低温保鲜库项目；大中型冷冻（藏）库；低温分拣加工车间；冷链交接货通道、月台、货架等建设及绿色环保冷藏冷冻设施设备技术应用；新增大型社区低温保鲜冷柜设施等。

（三）冷链物流配送体系建设。包括新增冷冻（藏）运输车辆；托盘等冷链物流标准化器皿应用等。

（四）开展冷链物流人才培训、冷链物流标准化研究等。

（五）其他符合我市冷链物流产业发展方向的重点建设项目。

第三章　申报条件

第六条　申报企业应具备以下基本条件：

（一）在宁波市域内依法登记注册，具有独立法人资格；

（二）企业的注册资金达到100万元以上，公司成立2年以上；

（三）申报企业是从事农产品冷链流通或提供信息、监控等服务的企业；

（四）企业财务管理制度健全、管理规范，近5年来无违法违纪行为，企业信用记录良好；

（五）承诺向商务部及省、市、区商务部门报送冷链物流相关数据信息。

第七条　申报项目应具备以下基本条件：

（一）项目应为2016年1月1日后立项或开工建设，并于2018年6月底前竣工或投入运营的；

（二）项目应符合宁波市冷链物流服务体系建设产业导向；

（三）项目具备实施条件，具备企业投资项目备案登记证或主管部门批复；

（四）项目建设资金已落实（提供相关证明）；

（五）农产品“三头”低温保鲜库建设不能少于50立方米（含）；新增社区低温保鲜冷柜不能少于10个（含）。

第四章　支持方式与标准

第八条　专项资金采取项目法分配方式，根据项目建设实际投入资金总额，分类分档，按一定的比例给予补助。

（一）冷链物流信息化服务体系建设项目。

1. 对冷链物流企业监控体系及信息化平台建设项目，按不超过项目实际投入资金的40%给予支持。

2. 对经宁波市政府发文确认的市级重点建设项目，按不超过项目实际投入资金的40%给予支持。

3. 对市级冷链物流监控体系及公共服务平台建设项目，给予全额支持。

（二）冷链物流基础设施建设项目。

1. 对农产品“三头”低温保鲜库建设项目，按不超过实际投入资金的40%给予支持。

2. 对新增社区低温保鲜冷柜的，按不超过实际投入资金的30%给予支持。

3. 对冷冻（藏）库建设项目，按不超过实际投入资金的30%给予支持，单个项目不超过800万元。

4. 对低温分拣加工车间建设项目，按项目实际投入资金的40%给予支持，单个项目不超过200万元。

5. 对冷链交接货通道、月台、货架等建设及绿色环保冷藏冷冻设施设备技术应用，按不超过实际投入资金的30%给予支持，单个项目不超过200万元。

（三）冷链物流配送体系建设项目。

1. 对新增冷冻（藏）运输车辆，按不超过实际投入资金的30%给予支持。

2. 对托盘等冷链物流标准化器皿应用等，按不超过实际投入资金的40%给予支持。单个项目不超过100万元。

（四）对经市商务委确认开展冷链物流人才培训、冷链物流标准化研究等，给予全额支持。

第九条　项目实际投入资金，不包括项目征地拆迁、增值税等费用。单个企业获得支持金额最高不超过1500万元。

第五章　申报、审核及拨付

第十条　申报

对符合第六条、第七条规定的企业，由企业注册所在地商务部门会同财政部门组织项目申报、初审、汇总，并联合行文上报。具体要求及报送时间另行通知。

第十一条　审核

（一）市级成立专项资金项目复核评审小组，对各地申报的冷链物流发展项目进行复核、评审、筛选，确定支持项目。

（二）经复核、评审后拟确定支持的项目，须在市商务委外网公示（5个工作日）。

第十二条　拨付

（一）对经公示无异议的项目，由市财政局会同市商务委联合下发资金下达文件。

（二）各地财政部门收到正式下达资金文件后，会同本级商务部门，根据项目建设的进度，分批次将专项资金下达给项目单位。首期预拨资金不得超过该项目初步核定补助资金总额的40%。

第六章　项目管理

第十三条　各地商务部门会同本级财政部门加强对项目动态管理和资金使用管理，督促加快项目建设进度，规范使用专项资金。每季度结束后5个工作日向市商务委、市财政局报送项目进度和资金使用情况。

第十四条　获得专项资金的企业在收到资金后，应当按照国家财务、会计制度的有关规定进行账务处理，严格按照规定使用资金，并自觉接受财政、商务、审计等部门监督检查。

第十五条　项目单位要严格按照项目申报内容实施项目建设，在规定期限内完工，并做好项目验收相关准备工作。

第十六条　对因企业本身原因造成项目中止、延期的，各地商务部门会同本级财政部门要及时责成项目单位进行整改。整改期间，暂停拨付支持资金；整改超过6个月期限的，由各地财政部门追缴已拨付资金。

第十七条　项目建设完工后，项目单位应向当地商务、财政部门提出竣工验收。各地商务、财政部门将按照相关规定组织开展初步验收，并提请市商务委正式验收。

第十八条　市商务委会同市财政局组织项目竣工验收工作，并由市商务委委托第三方中介机构负责对完工项目的财务审计。具体验收办法另行制定。

第十九条　市商务委会同市财政局，按第三方中介机构出具的审计报告，核定企业获得专项资金支持总数，联合下文，各地商务部门会同本级财政部门完成项目支持资金结算。

第七章　监督及绩效评价

第二十条　各地商务部门会同财政部门按职责分工对专项资金安排使用情况进行绩效评价，并将评价结果作为下年度专项资金预算安排的依据。评价重点包括项目建设实施、资金使用管理、社会及经济效益等情况。评价结果于每年 1 月 15 日前报送市商务委和市财政局。

第二十一条　对于弄虚作假、截留、骗取专项资金等违法行为，一经查实，将收回已拨付资金，并按照《财政违法行为处罚处分条例》（国务院令第 427 号）的相关规定进行处理。

第八章　附则

第二十二条　本实施细则由市财政局和市商务委负责解释。

第二十三条　本实施细则自印发之日起执行。2019 年 6 月 30 日废止。

重庆市关于下达 2016 年中央支持冷链物流发展项目及资金的通知

各区县（自治县）、万盛经开区商务局、财政局：

根据《财政部商务部关于中央财政支持冷链物流发展的工作通知》（财建〔2016〕318 号）、《重庆市商业委员会重庆市财政局〈关于印发重庆市利用中央资金支持冷链物流发展实施方案〉的通知》（渝商〔2016〕161 号）和《重庆市商务委员会重庆市财政局关于加强中央支持冷链物流发展项目及资金管理的通知》（渝商〔2016〕224 号）精神，按照严格企业申报、区县初审、市级核查、专家评审、公示、主任办公会研究决定等程序，确定了 2016 年中央支持冷链物流发展项目及资金，现就有关事项通知如下：

一、抓紧实施

项目实施主体应按照申报项目及实施方案，严格按冷链标准化、信息化建设的要求，精心组织，细化措施，抓紧实施，确保建设工期、质量并发挥效益。

有关区县财政局结合《重庆市财政局关于预下达 2016 年冷链物流示范项目补助资金的通知》（渝财产业〔2016〕240 号）和《重庆市财政局关于

预下达2016年（第二批）冷链物流示范项目补助资金的通知》（渝财产业〔2016〕261号）预下达情况，切实做好资金管理工作。预下达资金与本次下达的项目资金有差异的，由市财政局、市商务委另行文调整。

原则上在今年建成，确系特殊原因不能完成的，建成期限不得超过明年6月底。

凡是补贴资金在100万元以上的，每月报送实施进度。

二、加强监管

区县商务局、财政局要高度重视中央资金支持冷链物流发展项目建设推进工作，落实专人负责，加强指导督查，加强项目及资金全程监管，按要求适时组织绩效评价，重点对冷链流通率、冷链运输率、流通环节损耗率等指标完成情况，以及财政资金使用管理考核评估。

因特殊原因确需调整或撤销的项目，区县商务局、财政局按程序将调整情况及原因报市商务委、市财政局备案，再视其情况对已下达或拨付资金做出收缴、调整或保留的处理意见。

在实施中发现以下行为之一的，在申请过程中提供虚假情况，擅自改变项目总体目标和主要建设内容，违反项目资金使用原则，擅自改变资金使用范围和用途，项目反复督促后仍不能按期完成且超过规定时限，违反国家有关法律法规，要责令限期整改，整改后仍不合格的将取消支持，并按相关规定收回项目资金。

三、项目验收

专项资金要专款专用，增强项目及资金支持的指向性、精准性和有效性，提高投资效果。

项目实施完成后，区县商务局会同财政局抓紧验收，出具有验收组成员签字确认的书面意见，及时报市商务委和市财政局。市商务委会同市财政局根据需要组织抽查，或委托中介机构验收。同时，接受商务部、财政部绩效评价。

单个项目支持资金在50万元及以上的，在项目验收前，建设单位需提供有资质的第三方审计机构出具的审计报告。原则上项目建设完成并验收合格后，区县财政将资金拨付实施单位（也可按渝商〔2016〕224号实行预拨），并报市务商委、市财政局备案。

冷链物流信息化、标准化等项目按相关要求验收。农产品产地集配中心验收标准，以果蔬类为主，水产、肉类为辅，实现产地农产品集散为目的，具备预冷（冷藏）、分选、加工、包装、配货和检测、交易信息等功能；建筑面积不少于500平方米，其中冷藏、分拣、加工面积300平方米以上，集配（收货和配货）面积200平方米以上，冷藏（保鲜）库容100吨以上，与市场（商场）形成销售网络，配套有冷藏车或有第三方物流机构提供的冷藏运输服务。

关于印发《银川市冷链物流综合示范工作实施方案》的通知

各县（市）区人民政府，市政府各有关部门：

为进一步加快发展冷链物流体系，提高流通效率、降低流通损耗，促进流通现代化和保障消费安全，根据《财政部　商务部关于中央财政支持冷链物流发展的工作通知》（财建〔2016〕318号）、《宁夏回族自治区商务厅、财政厅关于下达2016年服务业发展专项资金计划的通知》（宁商发〔2016〕119号）文件要求，结合银川市实际，特制订此方案。

一、指导思想和建设原则

（一）指导思想

贯彻落实2016年中央一号文件和“十三五”规划纲要，坚持创新、协调、绿色、开放、共享的发展理念，以市场为导向，以企业为主体，以提高冷链物流发展水平、满足全面建成小康社会人民生活水平普遍提高的客观需要为目标，开展冷链物流综合示范工作，提升冷链物流信息化水平，完善冷链物流标准化体系，推动解决冷链物流“最先一公里”“最后一公里”“冷链不冷”和“断链”等问题，逐步建成布局合理、设施先进、衔接紧密、功能完善、管理规范、标准健全的冷链物流服务体系，提高我市冷链物流总体发展水平和效率。

（二）建设原则

1. 市场运作，政府引导。使市场在资源配置中起决定性作用和更好发挥政府作用，强化企业的市场主体地位，积极发挥政府在战略、规划、政策、标准等方面的引导作用。

2. 优化结构，提升水平。加快传统物流转型升级，建立和完善社会化、专业化的冷链物流服务体系，大力发展第三方物流，形成一批具有较强竞争力的现代冷链物流企业，扭转“小、散、弱”的发展格局，提升产业规模和发展水平。

3. 创新驱动，协同发展。加快关键技术装备的应用，提升冷链物流行业信息化和智能化水平，创新运作管理模式，提高供应链管理和冷链物流服务水平。

4. 节能减排，绿色环保。鼓励采用节能环保的技术、装备，提高冷链物流运作的组织化、网络化水平，降低冷链物流业的总体能耗和污染物排放水平。

5. 完善标准，提高效率。推动冷链物流行业技术标准体系建设，加强产运销一体化运作，实现农产品各环节、各种冷链物流设备以及冷链物流信息的衔接配套，促进冷链物流服务体系高效运转。

二、目标任务

到2018年，新建改造3～5家标志性的区域冷链物流配送中心，使效率、规模、冷链物流核心技术应用等方面达到现代化水平；在优质农产品基地、农产品批发市场、农产品出口企业、农产品加工与流通企业中发展6～8家重点冷链物流企业，使具备资源整合能力和核心竞争力，初步建成布局合理、设施先进、上下游衔接、功能完善、管理规范、标准健全的农产品冷链物流服务体系，带动产业发展。果蔬、肉类和水产品冷链物流水平显著提高，冷链流通率分别提高到10%、20%、30%以上，冷藏运输率分别提高到20%、30%、40%左右，流通环节产品腐损率分别降到15%、8%、10%以下。

着力建立和完善我市冷链物流监督管理服务体系，与智慧城市、大数据相融合，在我市建设冷链流通全程温度监控管理服务平台，切实保障对冷链物流各个环节的车辆和温度进行监控管理，整合农产品生产、加工、流通企业冷链物流资源，打造我市产运销一体化的冷链物流供应链。加强电商平台对接，提升冷链物流信息化水平、设施利用率和流通效率。

三、支持方式和标准

为最大限度地发挥政府资金的使用效率，建立长期政策引导冷链物流产业发展机制，按照“政府引导、市场运作、保值增值”的原则，结合银川市供销社改革，根据《关于深化供销社综合改革的实施意见》（银党发〔2016〕30号）精神，成立供销集团有限公司作为投资主体。将申请到的

2016 年度 1 亿元中央支持冷链物流综合示范项目资金进行分类使用和支持，其中：产业基金安排 7000 万元，公私合营方式安排 1500 万元，以奖代补、财政补助、购买服务安排 1500 万元。

1. 设立产业引导基金。由专业投资管理团队管理运作，发挥市场的决定性作用，通过股权投资方式，主要投资于“有利于促进冷链物流及物联网技术的普及与应用、有利于提升冷链物流的标准化信息化水平、有利于促进农商互联及供应链效率”等相关领域，具有原始创新、集成创新或引进消化吸收再创新属性的创新型企业，在主要物流节点地区建设冷链物流集散中心等设施。

2. 公私合营（PPP）与政府购买服务相结合。引入社会资本，建设与运营自治区级冷链物流公共信息服务平台和冷链流通全程温控平台，利用市场化力量提高冷链物流监控效率和公共信息服务水平，通过社会化力量参与评估，实现对冷链物流体系建设与专项资金安排使用情况有效量化评价。

3. 以奖代补、财政补助相结合。鼓励冷链物流相关企业推动完善农产品冷链流通标准化示范工作，鼓励冷链物流相关企业积极投入硬件设施建设，重点支持建设标准化的产地预冷集配、低温加工仓储配送和社区末端冷链设施；支持依托已开通的国际航线、班列和肉类口岸、种苗花卉口岸，完善陆港、空港冷链基础设施设备，延伸冷链物流供应链，构建肉类、水产、果蔬、鲜花等生鲜产品的国际冷链物流体系；支持加快绿色环保的冷藏冷冻设施设备与技术应用和冷库封闭式交接货通道、月台、货架标准化改造，支持冷链运输车辆购置更新，逐步形成相互衔接、有机结合、互为支撑的标准化硬件设施体系。

4. 政府购买服务。委托具有培训实力和经验的第三方机构和企业，加强冷链物流人才培养。培养一批具备现代冷链物流管理理论知识，掌握相应制冷技术、低温设备管理、电子商务、物联网技术、农产品食品科学等知识的复合型冷链供应链管理人才及具有娴熟规范操作技能的作业人员。

四、实施进度

本项目分三个阶段建设，第一阶段：2016 年 12 月—2017 年 3 月；第二阶段：2017 年 4—12 月；第三阶段：2017 年年底—2018 年年底。

（一）申报试点阶段（2016 年 12 月—2017 年 3 月）

1. 企业申报（2016 年 12 月）

由各县（市）区商务主管部门会同财政部门根据银川市冷链物流综合示范工作目标和主要任务及支持重点，结合当地商贸物流实际情况，做好银川市冷链物流综合示范项目报送工作，并以正式文件将项目建设的可行性研究报告（包括项目建设的背景、意义、必要性、可行性、建设内容、投资总额、项目进度计划、项目实际完成的投资额以及投资效益分析等）报送市商务局。

2. 确定试点企业（2017 年 1—3 月）

市商务局会同市财政局对申报企业资质进行审查，组织专家评审、论证，按照公开、公平、公正原则，择优确定试点企业，并在银川商务信息网和银川商务微博公示试点企业，公示无异后，报财政部、商务部备案。

（二）项目实施阶段（2017 年 3—12 月）

1. 项目实施（2017 年 3—11 月）

试点企业要严格按照商务部、财政部、自治区有关文件要求开展项目实施，每季度末要向市商务局报送项目实施进度情况，保证项目按期完成。

2. 考核验收（2017 年 12 月）

市商务局会同市财政局并组织第三方机构组成验收组，于 2017 年结束后进行项目验收，并确定项目实际发生投资额。

3. 资金拨付（2017 年 12 月）

项目建设验收合格后，市商务局同市财政局核定支持资金额，并尽快将项目支持资金拨付试点企业。

（三）项目推广阶段（2017 年年底—2018 年年底）

制定相关建设标准和技术规范、管理办法以及资金使用管理等相关制度。进一步加大对全程冷链重要性的宣传力度，提高公众对生鲜农产品冷链的认知度，营造促进品牌生鲜农产品销售的商业氛围，推动企业温度监控和追溯体系建设，实现农产品在生产流通各环节的品质可控性和安全性。

五、保障措施

（一）加强统筹协调

冷链物流体系建设环节多、产业链长，是一个跨部门、跨行业、跨区域的系统工程，需要多方面的配合与支持。在银川市政府的统一领导和自治区商务厅、财政厅的大力支持下，成立银川市冷链物流综合示范工作领导小组，由市政府主要领导任组长，商务局、发改委、农牧局、市场监管局、公安局、交通局、工信局、大数据社会服务局为小组成员单位，领导小组办公室设在市商务局。由市商务局会同有关部门，在全市统一规划的基础上，组织实施全市冷链物流发展。各县（市）区人民政府，要结合各地实际，制定冷链物实施方案。市级各部门要结合各自职能，采取有力措施，共同促进我市冷链物流发展。

（二）加大政策支持

认真落实国家、自治区有关扶持政策，促进我市冷链物流企业加快发展。落实国家关于试点物流企业有关税收政策，对符合条件的冷链物流企业，积极向国家有关部门推荐，纳入试点物流企业名单；对冷库建设需新增用地，在提高土地集约利用的基础上，合理安排用地。加大落实大宗商品仓储用地税收优惠政策。对冷链物流配送车辆在入城方面与道路通行方面给予优先政策。充分考虑冷链运输车辆因增加保温车厢和制冷机组使自重增加的特殊情况，合理确定运输车辆的载重量。支持冷藏运输车辆跨区域加盟，在车辆审验、车辆管理等方面提供支持。冷链物流企业的用水、用电、用气价格与工业企业基本实现同价。

（三）促进资源整合

鼓励企业通过兼并重组、参股控股、合资合作等方式，整合现有生鲜农产品生产加工企业、批发市场、冷链物流企业冷链物流资源，加快升级改造步伐和配套协作，在物流园区和城市周边建立全国性和区域性的大型低温冷链物流中心，并采用现代经营理念、管理手段和运作模式，提高冷链物流整体质量与效率。引导传统的冷藏运输企业在整合原有资源基础上，通过并购等形式，拓宽物流服务领域，向现代专业低温物流企业转变。

（四）推进重点发展

鼓励和支持农产品果蔬生产基地、农产品批发市场、农产品深加工企业和大型农产品流通企业完善冷藏、仓储、运输及零售终端等冷链物流设施，推广使用节能环保、无缝对接、安全高效的先进冷藏物流技术。大力发展第三方农产品冷链物流，鼓励流通企业物流外包，提高农产品物流专业化水平，保障农产品质量。以便捷的公路、铁路、航空运输条件为支撑，采取市场分离物流业务、引入第三方物流企业等新形式和新业态，着力提高农产品批发市场冷链物流服务条件和水平。

（五）增加资金投入

充分发挥市场机制，鼓励企业加大投入，多渠道筹措建设资金投资冷库等设施建设。积极争取中央、自治区财政资金对我市冷链物流项目的支持，市政府切实加大投入力度，对大中型冷藏保鲜设施、冷藏运输工具、产品质量认证及追溯、企业信息化等重要项目给予必要的引导和扶持。大力培育直接融资主体，进一步完善银政企合作平台、银企对接机制，多方面拓宽冷链物流企业的融资渠道，引导各类金融机构开发适应冷链物流发展需要的金融产品，广泛参与冷链物流项目建设。

（六）促进人才培养

积极促进高等学校设置冷链物流相关学科专业，开设相关课程，发展冷链物流职业教育和培训机构。鼓励扶持行业协会、专业合作社、企业及有关高校结合国内外实践开展冷链物流职业技术培训和继续教育，建立产学研联盟，形成多层次的人才教育、培训体系。加强现有物流企业人员的职业培训，提升实施冷链物流的组织管理能力，建立农产品冷链物流行业的人才激励机制，推动高素质人才队伍建设。

山东省关于做好中央冷链物流和重要产品追溯体系建设示范项目申报工作的通知

各市财政局，各省财政直接管理县（市）财政局、商务局，各县级现代预算管理制度改革试点县（市）财政局、商务局，有关省直单位：

根据财政部、商务部《关于中央财政支持冷链物流发展的工作通知》《关于申报2016年重要产品追溯体系建设示范的通知》和《山东省冷链物流发展实施方案》《山东省创建重要产品追溯体系示范省工作方案》等有关要求，为做好中央冷链物流和重要产品追溯体系建设示范项目申报工作，现将有关事项通知如下：

一、工作思路及目标

贯彻落实创新、协调、绿色、开放、共享的新发展理念，以提高冷链物流发展水平，建设肉类、蔬菜、中药材和乳制品等重点产品追溯体系，满足全面建成小康社会人民生活水平普遍提高的客观需要为目标，通过完善冷链物流标准化体系、监控体系，提升冷链物流和追溯体系的信息化水平，建立从生产、流通到消费的全过程信息化追溯链条，实现生产经营全过程质量和风险管控，全面提高我省冷链物流和重要产品追溯体系建设的整体发展水平。力争用2年时间，推动重点地区冷藏冷冻类农产品、食品冷链流通率提高30%，冷链运输率提高10%，流通环节损耗率下降20%，逐步建成布局合理、技术先进、衔接紧密、功能完善、管理规范、标准健全的冷链物流服务和产品追溯体系，推动解决冷链物流发展“最先一公里”“最后一公里”和“断链”等问题，实现产品来源可查、去向可追、责任可究，探索形成能在全省复制推广的模式和经验。

二、重点支持内容

财政资金主要立足于弥补市场失灵、支持冷链物流发展和追溯体系建设中的薄弱环节和重点领域，包括监控体系建设、标准化建设、公共信息服务平台建设、先进适用技术改造、相关从业人员培训等。

（一）支持冷链物流发展方面

1. 加强信息化体系建设，提高冷链物流设施利用率和监管水平。支持建立冷链物流监控体系，推动冷库、冷藏车等冷链物流安装温度传感器、温度记录仪等冷链监控设备，建设冷链流通全程温控平台，对冷链物流各个环节温度进行监控管理。支持建立完善冷链物流公共信息服务平台，通过整合农产品生产、加工、流通企业冷链物流资源，提升冷链物流信息化水平，提高设施利用率和流通效率。

2. 推动冷链物流标准化建设，促进标准推广应用。完善冷链物流标准体系，推动标准更新，弥补标准体系短板，形成“不断链”的冷链物流整合性标准体系。支持相关企业实施冷链物流标准，规范冷链物流操作和管理，提高流通标准化水平。支持冷链设施标准化改造，促进冷链物流运输标准化器具使用，降低流通损耗，提高流通效率。

3. 夯实基础设施，强化冷链物流硬件支撑。推动标准化产地预冷集配、低温加工仓储配送等设施建设，支持冷库封闭式交接货通道、月台、货架标准化改造，鼓励绿色环保冷藏冷冻设施设备与技术应用，支持冷链共同配送，探索社区“最后一百米”冷链配送服务模式。

4. 强化专业技术技能培训，提高冷链物流从业人员素质。支持面向冷链物流行业从业人员开展的专业技术知识和实操技能培训，培养一批具备现代冷链物流管理理论知识，掌握相应制冷技术、低温设备管理、电子商务、物联网技术、农产品食品科学等科学技术知识的复合型冷链供应链管理人才及具有规范娴熟操作技能的作业人员。

（二）支持重要产品追溯体系建设方面

1. 推进肉菜中药材追溯体系建设。以开展肉菜流通追溯体系示范城市建设、建立食用农产品合格供应商制度和大中型超市追溯系统电子化改造为重点，按照建设到位、运行高效、可持续的要求，扩大肉菜追溯体系建设实施范围，升级已有追溯体系建设项目。重点培育拥有严格的质量控制体系、可信的检验检测体系和全链条追溯信息体系的食用农产品合格供应商，支持创建相关规范和标准。对通过第三方评价的合格供应商给予奖励和集中宣传推介。积极支持超市、批发市场等关键环节电子结算系统升级改造，推广应用二维码等先进适用追溯技术，提升用户体验；适度扩大节点覆盖率，支持与种植养殖环节追溯系统对接，健全追溯网络；支持更新改造现有老旧设备，优化升级追溯流程，保证正常运转；支持建立追溯体系专用标识标记制度，培育可追溯产品消费市场；鼓励创新建设管理模式，建立保障追溯体系可持续运行的长效机制。

2. 开展特色产品全过程追溯体系建设。按照因地制宜、注重实效的要求，选择具有传统特色和品牌优势、链条完整但受假冒伪劣影响较重的“老字号”品牌产品和阿胶、扒鸡等特色产品开展追溯体系建设。重点支持产业链条上下游各环节企业按照统一标准建设追溯体系，实行品牌化生产、规范化经营、电子化交易、信息化追溯，打造特色产品绿色供应链；支持向线上延伸追溯链条，打造线上线下有效衔接全过程追溯体系；支持第三方认证机构建立追溯体系专门认证制度，形成市场化认证服务体系

3. 开展乳制品追溯体系建设。根据我省乳制品生产、消费总体格局，以婴幼儿配方奶粉为突破口，推动开展乳制品追溯体系建设，在全省乳制品企业健全完善原料进厂、生产监控、出厂检验、问题产品召回等制度规范，打造全过程的乳制品追溯体系。

4. 建设重要产品追溯管理平台。按照统一、信息互联互通的要求，规划建设全省重要产品追溯管理平台，以中药材追溯信息管理平台为基础，建立完善的省级追溯信息管理服务平台。汇集生产经营企业追溯信息，形成权威统一的追溯大数据；完善政府追溯数据共享交换机制，将追溯管理

平台打造成跨环节、跨部门追溯信息互联互通的统一通道；依托追溯管理平台建设一站式公共服务平台，对社会有序开放追溯数据资源，探索追溯数据增值利用。

三、申报要求

（一）扶持对象

财政资金重点扶持冷链物流发展示范城市、肉菜追溯体系建设示范城市、冷链物流重点项目以及重要产品追溯体系建设项目。

冷链物流发展示范城市，是指围绕我省肉类、果蔬、水产品等生鲜农产品重点产区和生产加工集散中心，构建冷键物流公共信息服务平台，建设覆盖生产、储存、运输及销售整个环节全程冷链物流体系，并辐射带动全省冷链物流发展的重点节点城市。

肉菜追溯体系建设示范城市，是指通过运用先进适用的追溯技术手段，建立覆盖机械化定点屠宰厂、大中型连锁超市、标准化菜市场、大型批发市场以及部分团体消费单位的肉类蔬菜流通追溯体系示范性城市。

冷链物流重点项目，是指冷藏冷冻设施设备、信息化水平和管理服务能力达到一定标准，具有较强核心竞争力的专业冷链物流企业，生鲜农产品生产、配送、批发零售企业或冷链物流相关行业协会建设的冷链监控体系、公共信息服务平台、冷链物流标准化改造、冷链从业人员培训等符合重点扶持内容的项目。

重要产品追溯体系建设项目，是指依据政务云建设相关要求，统一建立的省级追溯信息服务平台；食用农产品合格供应商项目和大中型超市追溯系统电子化改造项目；乳制品和“老字号”品牌产品、阿胶、扒鸡等特色产品追溯体系建设项目。

（二）扶持标准

对确定支持的冷链物流发展示范城市，每个市支持 3000 万元，资金分两年安排，2016 年安排 1500 万元，2017 年根据工作考核和绩效评价情况再拨付剩余资金。对确定支持的肉菜追溯体系建设示范城市，每个市 2016 年安排一次性扶持资金 2000 万元。对冷链物流重点项目和重要产品追溯体系建设项目采取贷款贴息、投资补助或以奖代补的方式，其中，贴息项目贴息率不超过银行一年期贷款基准利率的 50%；除省级冷链物流和追溯信息服务平台项目外，其他项目补助标准原则上不超过项目实际支出的 20%。

（三）申报资料与要求

各市可根据本地实际情况和自身优势，自行选择申报冷链物流发展示范城市或者肉菜追溯体系建设示范城市（原则上不同时申报；前期已经开展肉菜追溯体系建设的7个市，原则上不得重复申报），并申请冷链物流重点项目或重要产品追溯体系建设项目补助（已被确定为全国物流标准化试点的临沂、德州、淄博3市只申请冷链物流重点项目或重要产品追溯体系建设项目补助）。其中，申请冷链物流重点项目补助的，每市申报项目数量不得超过4个，每个省财政直管县（市）和县级现代预算管理制度改革试点县各限报1个项目；申请重要产品追溯体系建设项目补助的，每市申报项目数量不得超过15个，每个省财政直管县（市）和县级现代预算管理制度改革试点县各限申报2个项目。

1. 申请冷链物流发展示范城市资金支持的市，应结合当地情况，制订实施方案。申报实施方案应包括但不限于以下内容：冷链物流发展现状（包括冷链物流基础设施情况、供给和需求情况、存在的问题、促进冷链物流发展的相关配套政策措施情况），冷链物流建设工作目标、任务内容、时间进度安排、资金配套情况、重点支持的项目和内容、绩效评价、保障措施、风险防控等内容。

2. 申请肉菜追溯体系建设示范城市资金支持的市，应结合当地情况，制订相关实施方案。实施方案应包括但不限于以下内容：本市近年来在追溯体系建设方面开展的主要工作、进展及成效、开展示范工作的有利条件；本市开展追溯体系建设示范工作的总体思路、目标、任务、措施、时间进度安排；本市追溯体系建设示范工作项目资金计划（包括总投资额、资金支持方式、当地配套资金情况等）。

3. 申请冷链物流或重要产品追溯体系建设项目资金支持的单位，应提供下列资料：

（1）资金申请报告；

（2）与申报项目相对应的资格证明文件，实施相关项目的批准文件，与申报项目有关的可行性研究报告等；

（3）申请单位上年度经注册会计师审计的财务报告或相关的专项审计报告；

（4）与申请项目资助资金有关的资金筹集方案或相关费用支出凭证

资料；

（5）申请单位对附属文件及材料真实性负责的声明，示范城市商务、财政部门关于承担项目推进责任的承诺书；

（6）要求报送的其他材料。

4. 如果同一个项目既有冷链物流又有追溯体系方面内容的，应在申报材料中明确各自的投资额度和申请扶持资金的额度。

（四）申报时限

申请资金扶持的市，请于2016年7月20日前将资金申请报告，冷链物流发展示范城市或肉菜追溯体系建设示范城市建设实施方案，冷链物流及重要产品追溯体系建设项目相关材料，分别报送省商务厅（4份）、省财政厅（1份），逾期不报视为放弃。

（五）项目评审方式

省商务厅、省财政厅将委托专家组织开展评审工作，并根据评审结果，择优确定扶持项目。

广东省关于组织申报2016年中央财政冷链物流发展项目的通知

各地级以上市、顺德区商务主管部门、财政（税）局，省直有关部门，省属企业集团，中央驻粤单位，有关单位：

为促进我省冷链物流发展，提高流通效率、降低流通损耗，促进流通安全，根据《财政部、商务部关于中央财政支持冷链物流发展的工作通知》（财建〔2016〕318号），现组织开展中央财政支持我省冷链物流发展项目申报工作，具体如下：

一、支持方向

（一）加强信息化体系建设，提高冷链物流设施利用率和监管水平。建立冷链物流监控体系，推动冷库、冷藏车等冷链设施安装温度传感器、温度记录仪等冷链监控设备，建设冷链流通全程温控平台，对冷链物流各个环节温度进行监控管理。开展冷链物流公共信息服务平台建设，整合农产品生产、加工、流通企业冷链物流资源，提升冷链物流信息化水平，提高设施利用率和流通效率。

（二）推动冷链物流标准化建设，促进标准推广应用。完善冷链物流标准体系，推动标准更新，弥补标准体系的短板，形成“不断链”的冷链物流整合性标准体系。通过标准实施，规范冷链物流操作和管理，提高流通标准化水平。加快冷链设施标准化改造，促进使用冷链运输标准化器具，降低流通损耗，提高流通效率。

（三）夯实基础设施，强化冷链物流硬件支撑。推动建设标准化的产地预冷集配、低温加工仓储配送等设施，对冷库封闭式交接货通道、月台、货架进行标准化改造，加快绿色环保冷藏冷冻设施设备与技术应用。发展冷链共同配送，探索社区“最后一百米”冷链配送服务模式。重点支持冷库节能改造及技术改造。

（四）强化专业技术技能培训，提高冷链物流从业人员素质。加强对冷链物流行业从业人员的专业技术知识和实操技能培训，培养一批具备现代冷链物流管理理论知识，掌握相应制冷技术、低温设备管理、电子商务、物联网技术、农产品食品科学等科学技术知识的复合型冷链供应链管理人才及具有娴熟规范操作技能的作业人员。

鼓励冷链物流企业开展以上四个方向（不仅限于其中一个方向）的冷链物流建设内容，积极推进冷链物流企业发展。

二、支持对象

（一）申报主体必须为广东省境内（不含深圳）注册的企业法人或其他社会经济组织，具备相关经营资质和条件。

（二）扶持范围：2016 年 1 月 1 日后启动，于 2017 年 12 月 31 日前完成的建设内容；在该期限后完成的项目，须设定该扶持期限内的建设完成程度（完成比例、投资规模、达成目标等）。

（三）申报项目未曾获得其他财政资金扶持。

三、支持内容

（一）冷链物流信息化建设方向。

1. 冷链物流信息化体系建设项目。

（1）申报主体为农产品及食品类的生产流通企业；

（2）申报主体自有冷库面积 1000 平方米或冷藏车 5 台以上；

（3）需制订冷链物流信息化建设实施方案。

2. 冷链物流公共信息服务平台建设项目（此项须单独申报）。

（1）申报单位具备整合全省冷链物流企业信息的资源和经验；

（2）需按照《生鲜农产品冷链流通监管平台建设指南》要求（在商务厅公众网上下载）制订冷链物流公共信息服务平台建设工作方案。

（二）冷链物流标准化建设方向。

1. 冷链物流标准化建设项目。

（1）申报主体为农产品及食品类的生产流通企业；

（2）申报主体自有冷库面积1000平方米或冷藏车5台以上；

（3）需制订冷链物流标准化实施方案。

2. 冷链物流标准制订项目（此项需单独申报）。

（1）申报单位参与过全国性、地方性或行业冷链物流相关标准的制订；

（2）具有标准化修制订资质条件；

（3）需制订冷链物流标准制（修）订工作方案。

（三）冷链物流基础设施建设方向。

冷链物流基础设施建设项目：

（1）申报主体为农产品及食品类的生产流通企业；

（2）申报的冷链物流基础设施建设项目已开工或者未开工但已合法取得相关开工手续；

（3）单个项目冷链物流节能及技术建设改造项目总投资额，珠三角地区企业不低于800万元，粤东西北地区企业不低于500万元。

（四）冷链物流专业技术技能培训方向。

冷链物流专业技术技能培训项目（此项须单独申报）：

（1）申报单位具有为冷链物流企业提供培训服务的经验和条件；

（2）申报单位需制定冷链物流专业技能培训方案；

（3）鼓励高校与行业协会等联合组织开展培训。

除有特别要求外，申报企业如开展上述两项及以上建设内容的，须合并一个项目汇总进行申报。

四、申报材料及申报程序

（一）申报材料要求。

项目单位应提交的申报材料包括：

（1）申报资料目录；

（2）地级以上市、顺德区商务主管部门、财政局，省直有关部门、省属企业集团、中央驻粤单位推荐文件；

（3）《项目申报表》；

（4）申报项目具体实施方案，主要包括项目申报单位基本情况（企业概况、2015 年营收利税情况、经会计师事务所审计的 2015 年企业财务会计报告等）、项目情况（项目名称、实施地点、建设内容、实施期限、进度安排、预期成效等），项目投资情况（项目总投资规模，其中有 2016—2017 年投资金额、此次申报财政补助金额、申报财政资金使用方向）等。除此之外，还需根据所申报项目建设方向和内容，按照附件 1～6 中各个方向列明所需的材料清单，提供相应的证明材料；

（5）项目能够提出切实可行且量化的项目中期检查和最终验收指标。

（6）《企业法人营业执照》复印件；

（7）项目实施完成部分的支出明细清单（须附相关合同、银行支付凭证、现金签收凭据、发票等材料的复印件），未完成或未开工项目无须提供；

（8）申报企业对申报材料和附属材料真实性、完整性的承诺书；

（9）其他应提供的材料；

（10）申报单位及项目无重大商业或法律纠纷。

申报材料严格按照上述要件及顺序要求制定，并统一用 A4 纸双面打印，编写页码后装订成册，封面加盖申报单位公章。复印件均需加盖申报单位公章。

（二）申报程序。

1. 地级以上市、顺德区商务主管部门、财政局，省直有关部门、省属企业集团、中央驻粤单位、有关单位根据通知要求，组织所属地区（单位）符合申报要求的单位进行项目申报，出具正式推荐文件，并附《项目汇总表》，统一报送财政厅（工贸处）1 份、商务厅（市场处）7 份。

2. 项目申报截止时间为 2016 年 9 月 23 日，逾期不报的视同放弃。

五、支持方式和标准

中央财政支持我省冷链物流发展项目采用财政补助方式进行扶持。依据《财政部关于印发〈中央财政服务业发展专项资金管理办法〉的通知》（财建〔2015〕256 号）安排项目财政补助资金。财政补助项目扶持资金不超过项目投资额的 40%。

六、项目评定和资金下达

省商务厅会同财政厅组织技术、财务方面专家对申报项目材料进行评审，提出项目安排意见，并按有关规定向社会公示。对公示无异议的项目，省商务厅会同省财政厅研究拟定资金分配方案，并按规定程序下达补助资金。

七、资金监督和检查

各项目承担单位应严格按照《财政部关于印发〈中央财政服务业发展专项资金管理办法〉的通知》（财建〔2015〕256号）要求使用项目资金，不得用于征地拆迁、土建工程、人员经费等经常性开支、不得提取工作经费。省商务厅将联合省财政厅对项目资金使用情况不定期检查，如发现违规行为的，收回项目补助资金，取消扶持资格，并3年内不得申请财政资金扶持。

2016—2017 年冷链物流相关企业名单

表 8 – 8　　　　农产品冷链流通标准化试点企业名单

序　号	企业名称	所在省（市、区）
1	北京卓宸畜牧有限公司	北京
2	北京京东世纪信息技术有限公司	
3	海航冷链控股股份有限公司	
4	康新物流（天津）有限公司	天津
5	天津百肯食品科技有限公司	
6	天津东疆港大冷链商品交易市场有限公司	
7	天津市月坛物流服务有限公司	
8	天津自贸试验区国际清真产业园有限公司	
9	华锐全日物流股份有限公司	
10	天津宝迪农业科技股份有限公司	
11	承德怡达食品股份有限公司	河北
12	承德牧原生态食品开发有限责任公司	
13	河北美食林商贸集团有限公司	
14	永年县农产品蔬菜产业集团有限公司	
15	石家庄双鸽食品有限责任公司	
16	邢台邢业通冷链物流有限公司	
17	泊头亚丰果品有限公司	
18	昌黎县嘉诚实业集团有限公司	
19	清徐县美特好农产品配送物流有限公司	山西
20	太原市裕吉经贸发展有限公司	
21	太原田和食品集团有限公司	
22	太原市鸿新农产品有限公司	
23	晋城市果品冷库	
24	临汾市彦畅春养殖有限责任公司	
25	山西省果品公司	

续　表

序　号	企业名称	所在省（市、区）
26	锡林郭勒盟正林畜产品有限责任公司	内蒙古
27	鄂尔多斯市四季青农业开发有限公司	
28	赤峰新新杰果菜保鲜有限公司	
29	满洲里诚林贸易有限责任公司	
30	华蒙通物流控股有限公司	
31	呼伦贝尔市中荣食品有限公司	
32	内蒙古食全食美股份有限公司	
33	通辽市三元冷鲜食品仓储配送有限公司	
34	正镶白旗蒙盛肉类有限责任公司	
35	内蒙古塞飞亚农业科技发展有限公司	
36	沈阳副食集团有限公司	辽宁
37	丹东辽宁双增食品开发（集团）有限公司	
38	丹东泰宏食品有限公司	
39	营口港对外经济合作发展有限公司	
40	营口港盖州物流有限公司	
41	朝阳北票市宏发食品有限公司	
42	盘锦辽宁金社裕农乡村百货超市连锁有限公司	
43	盘锦旭海河蟹有限公司	
44	沈阳安邦海得食品配送有限公司	
45	朝阳北票市庄头营蔬菜批发市场有限公司	
46	大连味道水产品连锁有限公司	大连
47	獐子岛锦通（大连）冷链物流有限公司	
48	长春东北亚物流有限公司	吉林
49	吉林华正农牧业开发有限公司	
50	吉林市东北亚农产品批发市场有限公司	
51	珲春兴阳水产有限公司	
52	烟台大宸珲春水产有限公司	
53	珲春东扬实业有限公司	
54	长春远方实业集团有限公司	

续　表

序　号	企业名称	所在省（市、区）
55	哈尔滨市黑龙江宾西牛业有限公司	黑龙江
56	齐齐哈尔市星光蔬菜加工有限责任公司	
57	牡丹江市牡达农副产品有限公司	
58	牡丹江市盛祥冷冻食品加工有限公司	
59	佳木斯市佳天德颐实业有限公司	
60	双鸭山市黑龙江四达农副产品有限公司	
61	鹤岗市黑龙江比优特商贸有限责任公司	
62	黑河市北安华升食品有限公司	
63	上海农产品中心批发市场经营管理有限公司	上海
64	上海爱森肉食品有限公司	
65	上海都市生活企业发展有限公司	
66	上海清美绿色食品有限公司	
67	上海菜管家电子商务有限公司	
68	上海郑明现代物流有限公司	
69	上海领鲜物流有限公司	
70	上海交荣冷链物流有限公司	
71	上海顺衡物流有限公司	
72	上海新天天低温物流有限公司	
73	江苏润恒物流发展有限公司	江苏
74	江苏省苏食肉品有限公司	
75	徐州源洋商贸发展有限公司	
76	江苏凌家塘市场发展有限公司	
77	江苏随易信息科技有限公司	
78	江苏雅仕保险产业有限公司	
79	昆山众品冷链物流有限公司	
80	江苏荷仙食品集团有限公司	
81	扬州亲亲万吨冷储物流有限公司	

续　表

序　号	企业名称	所在省（市、区）
82	舟山路港物流有限公司	浙江
83	浙江兴业集团有限公司	
84	舟山群岛新区水产品交易中心有限公司	
85	台州兴旺水产有限公司	
86	浙江愚公生态农业发展有限公司	
87	浙江农华优质农副产品配送中心有限公司	
88	浙江统冠物流发展有限公司	
89	杭州泽大仪器有限公司	
90	杭州五丰联合肉类冷藏有限公司	
91	杭州百乡缘农业开发有限公司	
92	奉化市兴洋水产食品有限公司	宁波
93	宁海县金龙浦农业开发有限公司	
94	宁波南联冷冻食品有限公司	
95	宁波爱默生鲜连锁有限公司	
96	宁波安和达菜篮子配送有限公司	
97	宁波市绿盛菜篮子商品配送有限公司	
98	宁波五龙潭芽菜有限公司	
99	三江购物俱乐部股份有限公司	
100	宁海县食品有限公司	
101	宁波市肉禽蛋批发市场有限公司	
102	阜阳瑶海农产品市场批发有限公司	安徽
103	阜阳华联股份有限公司	
104	阜阳市三原食品有限公司	
105	安徽青松食品有限公司	
106	合肥文杰食品有限公司	
107	安徽惠之园食品有限公司	
108	合肥周谷堆大兴农产品国际物流园	
109	福建新华都综合百货有限公司	福建
110	福建富庚农业发展有限公司	
111	百鲜食品（福建）有限公司	
112	漳州大正冷冻食品有限公司	

续 表

序 号	企业名称	所在省（市、区）
113	龙岩泰华实业有限公司	福建
114	上杭县众发蔬菜专业合作社	
115	福建信运冷藏物流有限公司	
116	厦门夏商农产品集团有限公司	厦门
117	厦门夏商水产集团有限公司	
118	厦门古龙食品有限公司	
119	厦门银祥肉业有限公司	
120	厦门广物商贸有限公司	
121	厦门福慧达果蔬股份有限公司	
122	厦门市快行线物流有限公司	
123	厦门市同安源水水产有限公司	
124	厦门青田食品工业有限公司	
125	福建省源香冷储物流有限公司	
126	江西玉丰实业有限公司	江西
127	南昌市恒旺肉食品有限责任公司	
128	江西新地冷冻大世界有限公司	
129	新余星辉农产品批发市场开发有限公司	
130	宜春市赣西农副产品批发市场集团有限公司	
131	江西意蜂实业有限公司	
132	江西荣通农业发展有限公司	
133	宜春市绿龙现代农业发展有限公司	
134	黎川浦晨物流有限公司	
135	希杰荣庆物流供应链有限公司	山东
136	山东中超物流供应链管理有限公司	
137	山东中凯兴业贸易广场有限公司	
138	山东宏大生姜市场有限公司	
139	潍坊艺德龙生态农业发展有限公司	
140	家家悦集团股份有限公司	
141	赤山集团有限公司	
142	山东乐物信息科技有限公司	
143	山东喜地实业有限公司	
144	泰安先锋物流服务有限公司	

续　表

序　号	企业名称	所在省（市、区）
145	青岛福兴祥物流有限公司	青岛
146	青岛万福集团股份有限公司	
147	青岛南村蔬菜有限公司	
148	青岛春明调味品有限公司	
149	青岛盛客隆食品有限公司	
150	青岛济青水产品冷冻有限公司	
151	青岛钱谷山有机农庄有限公司	
152	青岛天驰仓储有限公司	
153	郑州华夏易通物流有限公司	河南
154	三门峡二仙坡绿色果业有限公司	
155	（鹤壁）河南大用实业有限公司	
156	漯河双汇物流投资有限公司	
157	漯河双汇商业连锁有限公司	
158	周口市黄淮物流港农产品批发市场	
159	（许昌市）河南鲜易供应链有限公司	
160	驻马店市鑫长源食品有限公司	
161	（焦作）河南伊赛牛肉股份有限公司	
162	武汉山绿农产品集团股份有限公司	湖北
163	宜昌三峡物流园有限公司	
164	湖北正英实业集团股份有限公司	
165	武汉肉联食品有限公司	
166	湖北中和农产品大市场有限责任公司	
167	武汉中百物流配送有限公司	
168	湖北联海食品集团有限公司	
169	湖北众诚物流集团有限公司	
170	黄冈安必达冷链物流有限公司	
171	湖南唐人神肉制品有限公司	湖南
172	湖南新五丰股份有限公司	
173	玮鸿农产品冷链物流有限公司	
174	湖南红星盛业食品股份有限公司	
175	湖南湘经牧业有限公司	

续 表

序 号	企业名称	所在省（市、区）
176	湖南临武舜华鸭业发展有限责任公司	湖南
177	顺祥食品有限公司	
178	湖南惠农物流有限公司	
179	湖南果秀食品有限公司	
180	湖南梅尼股份有限公司	
181	广州江南果菜批发市场经营管理有限公司	广东
182	湛江市霞山水产品批发市场有限公司	
183	广东何氏水产有限公司	
184	东莞市江南市场经营管理有限公司	
185	广东雪印商贸实业有限公司	
186	华润万家生活超市（广州）有限公司	
187	广东新供销天业农产品有限公司	
188	广州松洋冷链物流有限公司	
189	广东羽威农业集团有限公司	
190	广州市穿梭物流有限公司	
191	顺丰速运有限公司	深圳
192	沃尔玛（中国）投资有限公司	
193	深圳市小田冷链物流股份有限公司	
194	深圳市中央大厨房物流配送有限公司	
195	深圳市彭成海产有限公司	
196	深圳市文德丰商贸有限公司	
197	深圳市易流科技股份有限公司	
198	广西北海保通食品股份有限公司	广西
199	广西田阳古鼎香农产品综合批发市场	
200	广西华兴食品有限公司	
201	钦州九联食品有限公司	
202	玉林市新润农业有限公司	
203	广西玉林市润民肉类联合加工有限公司	
204	百色市百新食品有限公司	
205	广西海吉星农产品国际物流有限公司	
206	钦州宏进农副产品批发市场有限公司	

续　表

序　号	企业名称	所在省（市、区）
207	昌江田丰瓜果开发有限公司	海南
208	海南罗牛山食品集团有限公司	
209	临高思远实业有限公司	
210	重庆万吨冷储物流有限公司	重庆
211	重庆农投恒天冷链物流有限公司	
212	重庆公路运输（集团）有限公司	
213	成都银犁冷藏物流股份有限公司	四川
214	四川金忠食品股份有限公司	
215	四川高金实业集团有限公司	
216	成都农产品中心批发市场有限责任公司	
217	成都濛阳农副产品综合批发交易市场	
218	四川三联家禽有限责任公司	
219	四川康源农产品有限公司	
220	绵阳市高水农副产品批发有限公司	
221	绵阳市森泰农业开发有限公司	
222	雅安市一民农资有限责任公司	
223	贵阳地利农产品物流园有限公司	贵州
224	贵州柳江畜禽有限公司	
225	贵州省晴隆县海权清真肉羊食品公司	
226	沿河县鑫龙农牧开发有限责任公司	
227	云南锦苑国际物流有限公司	云南
228	云南速鲜商贸有限公司	
229	通海高原农产品有限公司	
230	玉溪凤凰生态食品有限责任公司	
231	保山市映山红果蔬开发有限公司	
232	姚安佳祎云菜产业科技发展有限公司	
233	通海象腾蔬菜有限公司	
234	腾冲市强辉食用菌种植农民专业合作社	
235	陕西华圣企业（集团）股份有限公司	陕西
236	陕西华蒙通子午仓储物流有限公司	

续 表

序 号	企业名称	所在省（市、区）
237	白水县盛隆果业有限责任公司	陕西
238	铜川和庆科工贸有限公司	
239	酒泉市特尔鲜农产品有限责任公司	甘肃
240	张掖市嘉禾绿色农业发展有限责任公司	
241	张掖市绿涵农产品有限责任公司	
242	甘肃黄羊河农工商（集团）有限责任公司	
243	甘肃丰润农业科技有限公司	
244	泾川县陇原红果品贸易有限责任公司	
245	西峰区天禄水产食品批发市场有限公司	
246	甘肃清河源清真食品股份有限公司	
247	青海裕泰畜产品有限公司	青海
248	青海三江雪生物科技集团有限公司	
249	青海绿草源食品有限公司	
250	湟中红高原果蔬种植专业合作社	
251	西宁中心冷链物流有限公司	
252	青海省三江集团商品储备有限责任公司	
253	青海天露乳业有限责任公司	
254	青海农丰果蔬开发有限公司	
255	青海雪峰牦牛乳业有限责任公司	
256	格尔木红伟实业集团有限公司	
257	宁夏四季青冷链物流有限公司	宁夏
258	宁夏万齐农业发展集团有限公司	
259	吴忠市茂鑫通冷藏运输有限公司	
260	宁夏新华百货现代物流有限公司	
261	银川夏林水产有限公司	
262	宁夏领鲜物流有限公司	
263	宁夏中卫四季鲜农产品综合批发市场	
264	宁夏虹桥有机食品有限公司	
265	新疆帕戈郎清真食品有限公司	新疆
266	新疆拓普农业股份有限公司	
267	阿克苏华丰果业有限责任公司	

续　表

序　号	企业名称	所在省（市、区）
268	新疆海联三邦投资有限公司	新疆
269	阿勒泰市绿健生态农业发展有限公司	
270	伊宁县白杏子进出口商贸有限公司	
271	新疆果业集团有限公司	
272	新疆御农果业有限责任公司	
273	新疆青山果业有限公司	
274	新疆三海保险园有限责任公司	
275	新疆九鼎农业集团有限公司	新疆生产建设兵团
276	新疆西部绿珠果蔬有限公司	
277	新疆叶河源果业股份有限公司	
278	新疆哈密瓜乡农业集团股份有限公司	
279	新疆阿拉尔聚天红果业有限责任公司	
280	新疆天昆百果果业股份有限公司	
281	新疆金沙山果业有限公司	
282	新疆生产建设兵团果业有限公司	
283	第二师永兴供销有限责任公司	
284	新疆绿翔牧业有限责任公司	
285	中粮肉食投资有限公司	—

表 8－9　　2016 年中国餐饮企业百强名单

序　号	企业名称	序　号	企业名称
1	百胜中国控股有限公司	10	聚德华天控股有限公司
2	天津顶巧餐饮服务咨询有限公司	11	内蒙古三千浦餐饮连锁有限责任公司
3	重庆五斗米饮食文化有限公司	12	迪欧餐饮管理有限公司
4	四川海底捞餐饮股份有限公司	13	安徽包天下餐饮管理有限公司
5	福建佳客来食品股份有限公司	14	江苏七欣天餐饮管理连锁有限公司
6	重庆朝天门餐饮控股集团有限公司	15	成都市源创巴国布衣餐饮股份有限公司
7	重庆刘一手餐饮管理有限公司	16	洛阳餐旅（集团）股份有限公司
8	北京黄记煌餐饮管理有限责任公司	17	重庆奇火哥快乐餐饮有限公司
9	山东凯瑞餐饮集团	18	湖南湘西部落餐饮连锁有限公司

续 表

序号	企业名称	序号	企业名称
19	内蒙古小尾羊餐饮连锁股份有限公司	49	安徽岸香国际企业管理有限公司
20	北京华天饮食集团公司	50	香港唐宫饮食集团
21	真功夫餐饮管理有限公司	51	四川麻辣空间餐饮管理有限公司
22	江苏品尚餐饮连锁管理有限公司	52	大娘水饺餐饮集团有限公司
23	小南国（集团）有限公司	53	重庆和之吉饮食文化有限公司
24	重庆秦妈餐饮管理有限公司	54	济南嘉和世纪酒店管理公司
25	北京李先生加州牛肉面大王有限公司	55	宁波海曙新四方美食有限公司
26	北京西贝餐饮管理有限公司	56	名都晓荷塘主题火锅
27	重庆陶然居饮食文化（集团）股份有限公司	57	重庆佳永小天鹅餐饮有限公司
28	呷哺呷哺餐饮管理有限公司	58	大连彤德莱餐饮管理集团有限公司
29	重庆巴将军饮食文化发展有限公司	59	武汉市小蓝鲸酒店管理有限责任公司
30	北京东来顺集团有限责任公司	60	深圳面点王饮食连锁有限公司
31	味千（中国）控股有限公司	61	黑龙江省星期天餐饮有限公司
32	四川香天下餐饮管理有限公司	62	江西季季红餐饮管理有限公司
33	重庆德庄实业（集团）有限公司	63	北京汉拿山餐饮管理有限公司
34	广州酒家集团股份有限公司	64	老娘舅餐饮有限公司
35	外婆家餐饮集团有限公司	65	哈尔滨市辣莊餐饮管理有限公司
36	重庆市巴江水饮食文化有限公司	66	厦门市舒友海鲜大酒楼有限公司
37	浙江凯旋门澳门豆捞控股集团有限公司	67	望湘园（上海）餐饮管理股份有限公司
38	中国全聚德（集团）股份有限公司	68	河南百年老妈饮食管理有限公司
39	永和大王餐饮集团	69	上海中饮食品集团有限公司
40	宁波白金汉爵酒店投资有限公司（慈溪阳明餐饮有限公司）	70	温州云天楼实业有限公司
41	合兴餐饮集团控股有限公司	71	北京比格餐饮管理有限责任公司
42	重庆菜香源餐饮文化有限公司	72	河北大胖人餐饮连锁管理有限责任公司
43	重庆骑龙饮食文化有限责任公司	73	四平李连贵饮食服务股份有限公司
44	眉州东坡（北京）实业有限公司	74	福建令狐冲餐饮管理有限公司
45	绍兴市咸亨酒店有限公司	75	福州豪亨世家餐饮管理有限公司
46	陕西一尊餐饮管理有限公司	76	重庆香锅年代餐饮管理有限公司
47	上海避风塘美食有限公司	77	莱芜琦龙豆捞餐饮股份有限公司
48	乡村基（重庆）投资有限公司	78	厦门豪亨来餐饮娱乐有限公司

续　表

序　号	企业名称	序　号	企业名称
79	北京首都机场餐饮发展有限公司	90	贝拉吉奥（上海）餐饮管理有限公司
80	亚惠美食有限公司	91	宁波石浦酒店管理发展有限公司
81	王品（中国）餐饮有限公司	92	徐州海天管理有限公司
82	年记餐饮品质涮坊	93	常州丽华快餐集团有限公司
83	南京大惠企业发展有限公司	94	权金城企业管理（北京）有限公司
84	上海世好餐饮管理有限公司	95	北京旺顺阁餐饮管理有限公司
85	同庆楼餐饮股份有限公司	96	重庆沈洪存餐饮管理有限公司
86	兰州东方宫清真餐饮集团有限公司	97	哈尔滨东方众合餐饮有限责任公司
87	广州九毛九餐饮连锁股份有限公司	98	北京便宜坊烤鸭集团有限公司
88	丰收日（集团）股份有限公司	99	武汉市半秋山餐饮管理有限公司
89	宁波市海曙顺旺基餐饮管理有限公司	100	浙江向阳渔港集团股份有限公司

资料来源：中国烹饪协会。